Technologie und Race

LOUIS CHUDE-SOKEI

TECHNOLOGIE UND RACE
ESSAYS DER MIGRATION

Aus dem Englischen von Utku Mogultay

August Verlag

Zum Cover
Das für das Cover verwendete Foto der belgischen Fotografin Wanda Tuerlinckx zeigt BINA48. BINA48 (Breakthrough Intelligence via Neural Architecture 48) ist ein Robotergesicht mit Chatbot-Funktionen, das Martine Rothblatts Terasem Movement gehört und nach Rothblatts Frau Bina Aspen modelliert ist. Es wurde von Hanson Robotics entwickelt und 2010 veröffentlicht.

INHALT

Einleitung 7

1. Kreolisierung und Maschinensynthese: Mouse on Mars und AAI 13

I. Maschinen

2. Race und Technologie: Eine kreolische Geschichte 25
3. George Washingtons ‚Mammy' 31
4. Unheimliche Minstrels in der modernen Maschine 43
5. Race und Robotik 77
6. Maschinen und die Ethik der Vermischung 99

II. Prismen

7. Schwarzsein und Werden. Edouard Glissants *Rückkehr* 121
8. „Fremde Schwarze Blendkräfte". Eric Walrond und die Vielstimmigkeit des Diasporischen 145
9. Wilson Harris: Eine ontologische Promiskuität 191

III. Echos

10. Return to the Echo Chamber. Race, Sound und die Zukunft von Community 207
11. Invisible Missive Magnetic Juju. Über afrikanische Cyberkriminalität 225
12. Dr. Satan's Echo Chamber: Louis Chude-Sokei im Gespräch mit Michael McMillan 251

Textnachweis 261
Übersetzernotiz 263

EINLEITUNG

Das Erscheinen dieses Buches ist mir nicht nur deshalb eine Freude, weil die hier versammelten Essays die Kernthemen meines akademischen und kulturkritischen Schaffens widerspiegeln, sondern auch weil sich der Band ausdrücklich an ein deutschsprachiges Publikum richtet. Die Essays bieten denjenigen, die meine Arbeiten noch nicht kennen, eine erste Einführung, können aber zugleich als erweiterte und vertiefende Auseinandersetzung mit dem behandelten Themenfeld gelesen werden, vor allem wenn man bereits mit Fragen rund um das titelgebende Begriffspaar Technologie und Race vertraut ist. Dass die Essays nun in deutscher Übersetzung vorliegen, freut mich besonders, da meine Arbeit hierzulande viel positiven Anklang gefunden hat – eine der großen Überraschungen meiner akademischen Laufbahn. Diese lebhafte Resonanz ist auch der Grund dafür, dass ich seit 2010 öfter zu Besuch in Deutschland war als in jedem anderen Land, das ich im Rahmen meiner Arbeit bereisen konnte.

Auf meinen Reisen nach Deutschland hielt ich Vorträge, führte Interviews und Gespräche und arbeitete an einer Reihe verschiedener Projekte, die es mir ermöglichten, meinen theoretischen und praktischen Ansatz auszubauen und zu schärfen. All diese Formate und Projekte waren ausnahmslos um die Begriffe Technologie und Race herum konzipiert, auch wenn sie sich vordergründig um Musik, Sound oder das kulturelle und intellektuelle Erbe der afrikanischen Diaspora drehten. In meiner Arbeit steht Race für den Fokus auf die historischen Erfahrungen und kulturellen Hervorbringungen von Schwarzen Menschen; Technologie wiederum bezieht sich auf die Prozesse, bei denen ebendiese Menschen einer Reihe westlicher Maschinen begegneten, angefangen vom Sklavenschiff bis hin zum Mikrochip, und dabei ihnen oft feindlich gesinnte Umwelten umgestalteten.

Das Begriffspaar Technologie und Race fungiert insofern als thematische Klammer dieses Bands, als diese beiden Sphären, wie die Essays durchweg herausstellen, nicht in konzeptuellem oder sozioökonomischem Gegensatz zueinander stehen – auch wenn viele weiterhin dieser Annahme anhängen und Schwarze leichtfertig mit dem Organischen und ‚Natürlichen' assoziieren, während die technologische Entwicklung ausschließlich Weißen oder dem Westen zugeschrieben wird. Die Art und Weise, wie sich beide Sphären überlagern und eng miteinander verflochten sind, ist zu meinem Schlüsselthema geworden, seit ich als Doktorand und DJ in den 1990er Jahren anfing, über Dub- und Reggae-Soundsystems zu schreiben. Mein Fokus auf Sound und Soundsystems in kolonialen Kontexten eröffnete mir ein tieferes Verständnis davon, wie sich Schwarze Menschen mit elektronischen Medien auseinandersetzen und dadurch eine – wie ich es an anderer Stelle nenne – Schwarze Technopoetik entwerfen.

Mich inspiriert es, dass sich inzwischen viele andere dem Projekt angeschlossen haben, die historischen, kulturellen und gedanklichen Verbindungslinien zwischen der Sphäre der Maschinen und den Erfahrungswelten Schwarzer Menschen zu erkunden. Allerdings neigt man dabei immer noch allzu häufig dazu, Race und Technologie auf den Zusammenhang von *Rassismus* und Technologie zu reduzieren – was etwa daran deutlich wird, dass sich solche Studien fast ausschließlich auf das Problemfeld rund um Diskriminierung, Bias und Überwachung konzentrieren. Diese Ansätze, die in meiner Arbeit ebenfalls eine bedeutende Rolle spielen, sind zweifellos wichtig, aber sie tappen oft auch schnell in die Klischeefalle und beschränken sich fast immer auf ein binäres Schwarz-Weiß-Schema. Der Antrieb für meine Arbeit war vielmehr, zeigen zu wollen, dass Race und Technologie schon lange vor Anbruch der digitalen Ära miteinander verschränkt waren und dass ihre Geschichte mehr bietet als nur historische Beispiele für anhaltende Probleme wie Rassismus, Exklusion und kolonialistische Unterdrückung.

Wie Schwarze Menschen von Technologie Gebrauch machen, ist für mich ebenso zentral wie die Frage, wie Technologie auf und gegen Schwarze Menschen angewandt wird. Die problematischen Aspekte verlangen nach wie vor Aufmerksamkeit, doch Race kann insofern zum Verständnis von Technologie beitragen, als die Verflechtungen zwischen diesen beiden Sphären auch davon erzählen, wohin wir uns als Menschen entwickeln, und nicht nur davon zeugen, wer wir waren und weiterhin versuchen zu sein. Dieses Werden nachzuzeichnen, ist das Leitmotiv, das sich durch mein gesamtes Werk hindurchzieht.

Dazu kommt ein im Untertitel dieses Bandes genanntes Thema, das ich herausstellen möchte, auch weil einige der hier abgedruckten Essays das Feld der Technologie nicht explizit behandeln. Was diese Texte aber sehr deutlich machen, ist, dass es das Faktum der Migration ist, das mein anhaltendes Interesse an Technologie und ihren Wechselwirkungen mit Race überhaupt ermöglichte. Damit meine ich nicht nur die Bewegungen afrikanischer Menschen in den letzten drei (wenn nicht mehr) Jahrhunderten, sondern auch die Wanderbewegungen einer bestimmten Schwarzen Person – nämlich mir selbst – entlang der unendlich vielfältigen historischen, imaginativen und intellektuellen Landschaft, die wir Diaspora nennen. Die Essays über Technologie hätte ich zudem nie schreiben können, wenn ich nicht mit den Ideen migrantischer Denker wie Eric Walrond, Edouard Glissant und Wilson Harris in Berührung gekommen wäre. Neben anderen Autor*innen wie Sylvia Wynter, Aimé Césaire, Samuel R. Delany und Kodwo Eshun beflügelten diese Denker meine Schreibvision und führten mich zu einem Begriff des Schwarzseins, der nicht in Vorstellungen von Organizität oder Authentizität oder in Klischeebildern der Befreiung und Solidarität wurzelt. Die nicht ausdrücklich technologisch orientierten Essays sind daher genauso wesentlich für diesen Band wie die Texte, die sich mit Sklavenautomaten, dem Afrofuturismus, den Technologien der Tonaufzeichnung oder mit afrikanischer Cyberkriminalität und den race- und geschlechtsspezifischen Politiken künstlicher Intelligenz befassen.

Außer den durch Sklaverei und Kolonialismus erzwungenen Formen der Mobilität ist die Schwarze Diaspora auch durch freiwillige, aber nicht weniger folgenreiche Migrationsbewegungen jüngeren Datums geprägt. Diese spielen in den folgenden Essays ebenfalls eine wichtige Rolle, genauso wie die kulturellen, politischen und intellektuellen Strömungen, die infolge dieser neueren diasporischen Bewegungen entstanden und sie teils ablehnten und teils unterstützten oder kritisch reflektierten. Diese Strömungen fanden Ausdruck in den Feldern der Musik und Literatur, die stets das Herzstück meines Denkens bilden, aber auch in den Erwiderungen auf diese kulturellen Formen, die in den elitären Sphären der akademischen Welt und ihren Theoriezirkeln sowie in einer unübersichtlichen öffentlich-politischen Diskurslandschaft formuliert wurden. Viele der hier vorgelegten Essays wollen nicht nur das notwendige Band zwischen diesen oft auseinanderklaffenden Sphären stärken, sondern auch einen Modus der Kulturkritik entwerfen, der sich der jeweils in ihnen entfaltenden Dialoge ernsthaft annimmt und versucht dazu beizutragen, dass sie sich gegenseitig befruchten. Schließlich ist es leider nicht immer der Fall, dass diasporische Kritik aufmerksam zuhört und sich der gesamten Bandbreite an Positionen und Perspektiven widmet, die das Vermächtnis der Migration ausmachen. Sich der Institutionalisierung der Diaspora zu widersetzen und zugleich ihre vielgestaltige reale Zerstreuung anzuerkennen, ist das wesentliche Ziel dieser Essays sowie des umfassenderen Projekts, dem sie entsprungen sind.

Diasporische Kontexte überlagern sich grundsätzlich, wie ich in einem der Essays darlege, und zwar sowohl auf traumatische als auch auf magische Weise. Die Essays stellen diese Überlagerungen heraus und verleihen ihnen Tiefe; sie zeichnen die vielfältigen affektiven Begegnungen in diesen Kontaktzonen nach, ebenso wie die aus ihnen hervorgegangenen Erzeugnisse, vom Überdeutlichen bis zum Inkommensurablen, vom Blut bis zum

Gold. Der Versuch, verschiedene diasporische Erfahrungen – von den historischen bis zu den neuen afrikanischen Diasporas, von der freiwilligen bis zur unfreiwilligen Zerstreuung – miteinander zu verknüpfen und in Austausch zu bringen, manifestiert sich auch in der sprachlich-stilistischen Vielfalt der Essays. Ob sie nun theoretisch oder literarisch orientiert sind, sich an ein Fach- oder allgemeines Publikum richten oder in klassischen Print-Formaten oder Online-Magazinen erschienen sind, entstanden diese Texte allesamt in Zusammenhang mit meiner akademischen Publikationstätigkeit. Da einige im Vorfeld und einige im Anschluss an meine bekannteren Monografien verfasst wurden, sind diese Essays auch als Zeitzeugnisse zu verstehen. Das erklärt nicht nur, warum manche Gegenwartsbezüge vielleicht nicht mehr ganz zeitgemäß wirken, sondern ruft vor allem in Erinnerung, in welchem Rahmen sich die argumentativen Auseinandersetzungen und Konflikte abspielten, die in der Schwarzen Diaspora und infolge der Formation einer zunehmend institutionalisierten Schwarz-diasporischen Kulturkritik in der westlichen akademischen Welt aufkamen.

Ich gebe jedoch auch zu, dass viele dieser Essays geschrieben wurden, um dieser zunehmend institutionalisierten Schwarz-diasporischen Kulturkritik etwas entgegenzusetzen. Manche Texte schreiben bewusst an gegen eine oft lähmende akademische Arbeits- und Denkwelt und gegen weite Teile eines zeitgenössischen Schwarzen Denkens, das außerstande scheint, sich von den Konventionen und Gesten binär codierter Race-Politiken zu lösen. Diese Streitlust wird an den kritischen Positionen, die ich stellenweise einnehme, ebenso deutlich werden wie an der eindringlichen Haltung, die ich dabei zuweilen an den Tag lege. Ich kann stolz sagen, dass mein Wunsch danach, Haltung zu zeigen, mit zunehmendem Alter und kontinuierlicher Erweiterung meiner Praxis nichts an Beharrlichkeit verloren hat.

Louis Chude-Sokei, 2022.

1. KREOLISIERUNG UND MASCHINENSYNTHESE: MOUSE ON MARS UND AAI

Die Geschichte lehrt uns, dass Menschen zu Nicht-Menschen gemacht, zu Tieren degradiert und wie Objekte behandelt werden können. Gesetze und soziale Praktiken wurden eigens zu diesem Zweck entwickelt. Weil auch die Technologie in diese Geschichte verstrickt ist, wollten wir uns ein Gegenstück dazu ausdenken und entwerfen. Wir wollten eine Geschichte erzählen, in der nicht-menschliche Objekte das Leben neu definieren und ein neues Bild davon zeichnen, was es bedeutet, Mensch zu sein.

Wir mieden dabei das alte, abgegriffene Klischee des Roboteraufstands bzw. der Maschineninvasion, welches das Science-Fiction-Genre seit seiner Entstehung fast durchgehend prägte. Erzählungen über Maschinen, die den Menschen als gefügige Sklaven dienen, sich dann jedoch zum wütenden Aufstand erheben, kehren unweigerlich zurück, wenn neue Technologien frühere Entwicklungen aus der Erinnerung drängen. Diese Erzählungen bereiten sogar noch mehr Unbehagen, wenn sie eine Angst vor dem Anderen in technologischer Form wiedererscheinen lassen.

Wir wollten stattdessen diese Tatsache würdigen: Je mehr wir über Maschinen lernen, umso mehr entdecken wir über uns selbst. Wir wollten eine Erzählung entfalten, die Folgendes anerkennt: Je eingehender wir unsere technologischen Zukunftsvisionen ergründen, umso besser erkennen wir das tragische Erbe unserer unmenschlichen Vergangenheit. Schließlich ist auch Science-Fiction ein Modus der Geschichtsschreibung. Sie lehrt uns, dass der Begriff der Menschheit stets auf die Erfindung seiner Gegenpole angewiesen war – auf die Kategorien des Geschlechts, der Natur, der Rasse. Diese Geschichte, in der sich der westliche Kolonialismus ebenso durch technologisches Können wie durch Hautfarbe und Gewalt abgrenzt, brachte die Maschinen hervor.

Zugleich setzte sich mit dieser Vorstellung von Technologie die spezifische Vision einer unausweichlichen Zukunft durch. Wir wollten dieser von Konzernen befeuerten Idee der Unumgänglichkeit etwas entgegenstellen. Hierfür demokratisierten wir die Macht, Leben, Bewusstsein und Intelligenz zu definieren. Nicht mehr nur Menschen sollten dazu fähig sein, nicht mehr nur das Lebendige sollte das Leben definieren. Die Intelligenz wäre dann nicht länger im Alleinbesitz von Menschen, und das Bewusstsein bliebe unergründlich.

Auch die Geschichtsschreibung wäre keine reine Menschendomäne mehr. Schließlich geht es bei Geschichte um einen Wettstreit der Erzählungen, ein Gerangel und Ringen um Bedeutungen. Eine aus Sicht des neu entstehenden Objekts erzählte Geschichte könnte einen anderen Begriff des Lebens aufwerfen. Ausgangspunkt dafür wäre, wie das Objekt entstand, wie es sich entwickelte und welches Selbstbild es von sich zeichnete. Es würde sein Selbstbewusstsein zelebrieren und dich über seinen Sound zum Mitmachen anregen. Das ist die Geschichte von *AAI* (Anarchische Artifizielle Intelligenz).

Nun, das war zumindest der Plan. Oder die Theorie hinter dem Plan.

Damit das Objekt seine eigene Geschichte erzählen konnte, musste zunächst ein gewisses Maß an Unabhängigkeit gegeben sein. Anderenfalls wäre es nur eine von seinen Schöpfer*innen eingeflüsterte Erzählung von Freiheit gewesen. In unserem Fall war das nicht-menschliche Objekt ein Algorithmus, der die Phase der Imitation schnell hinter sich ließ und zum Selbstlernen überging. In die Geschichte, die wir erzählen wollten, brachte sich der Algorithmus dadurch ein, dass er sie destabilisierte, dezentralisierte und, jawohl, *anarchisch* gestaltete.

***

Wir waren ein großer Kreis, mit jeweils unterschiedlichem kulturellem, sozialem und beruflichem Hintergrund. Einige von uns widmeten sich dem theoretischen Unterbau des Projekts, andere zogen es vor, im Studio Klangungetüme zu kreieren. Einige wählten die technische Herausforderung, den maßgeschneiderten Algorithmus zu entwickeln, andere befassten sich mit den Auswirkungen der Tatsache, etwas erschaffen zu haben, das wir nicht kontrollieren konnten, dem wir aber dennoch vertrauen mussten. Unter uns waren Programmierer*innen und Ingenieur*innen, Musiker*innen, ein soundtüftelnder Autor und einige behilfliche Mitlauschende.

Natürlich war da noch der Algorithmus, dessen Entwicklung wir ebenso auf der Code- wie auf der Klangebene verfolgten. Er zog uns in seinen Bann, als er anfing, zu gluckern und zu schnattern, zu brabbeln und zu grunzen und zu husten. Bis er schließlich sprechen konnte.

Daher stimmt es auch, dass *AAI*, wie alle Geschichten, mit Sprache begann. Nicht nur in Bezug auf den Algorithmus selbst, sondern in dem Sinne, wie Erzählungen grundsätzlich beginnen. Mit Worten. Und jeder Menge Gesprächen. Anfangs drehten sich diese Gespräche vor allem um Sprache. So kam es zum ersten erhellenden Moment, als wir uns fragten, warum Computerstimmen – sei es die eines Roboters, einer künstlichen Intelligenz oder die von Siri – immer so kühl, analytisch und rational klingen. Es war offensichtlich sowohl ein Klischee als auch eine politische und ökonomische Tatsache, die von denjenigen geschaffen worden war, die die Technologie kontrollieren. Eben darum klingen Maschinen also ‚weiß'.

Wenn ein hypertechnologisierter Sound Weißsein evozieren kann, wie würde dann wohl eine *nicht-weiße* KI klingen?

Das war die erste Herausforderung. Wenn ein technologischer Sound einem homogenen Weißsein entsprechen konnte, wollten wir unbedingt vermeiden, dies bei einem nicht-weißen Stimmsound zu reproduzieren – auch wenn die Stimme des afroamerikanischen Schauspielers Samuel Jackson inzwischen zu einer beliebten Option für Amazons virtuelle Assistentin Alexa geworden ist – und sogar über die Zusatzfunktion verfügt, Schimpfwörter zu gebrauchen.

Unsere KI sollte keine per Vocoder oder Autotune herbeifantasierte Ersatz-,Seele' einer Maschine darstellen und genauso wenig ein tarantinohaftes Quasi-Stereotyp amerikanischen Schwarzseins. Doch wir wussten auch, dass die politische Zurückweisung der Stereotypisierung uns unversehens auf eine unmögliche Suche nach Authentizität führen könnte. Die Lösung bestand darin, nicht die Replikation von Sprache anzustreben, denn das würde Sprache als Fiktion reinen Sprechens anerkennen. Wir wollten Sprache vielmehr als eine Insel betrachten, die von einem Ozean der Dialekte, Slangs und Mundarten umgeben ist.

Was wäre, wenn der Algorithmus anhand sprachlicher Unvollkommenheiten trainiert würde? Er könnte sich auf die Makel und Unregelmäßigkeiten der menschlichen Stimme fokussieren, anstatt zu versuchen, diese zu vervollkommnen. Im Mittelpunkt stünden dann die Unterschiede zwischen dem, wie Sprache klingen sollte, und dem, wie sie in der Praxis tatsächlich klingt. Was wäre, wenn die Regeln des ,angemessenen Sprechens' als jene nicht-linguistischen Macht- und Herrschaftsaussagen abgelehnt würden, die sie eigentlich sind. Der Algorithmus müsste sich dann durch einen Ozean von Mundarten arbeiten, die das angemessene Sprechen zu einem beliebigen Zeitpunkt, in einer beliebigen sozialen Situation oder in einem kulturellen Kontext umgeben. Er würde erkennen, dass die Standardsprache lediglich ein Dialekt mit sehr umfangreicher Ausstattung ist.

Sprache ist eine von Dialekten umgebene Insel.

Die Politik des reinen und angemessenen Sprechens.

Klasse, Race und *Klangungetüme.*

Diese Elemente wiesen in eine für mich jedenfalls sehr klare Richtung, nämlich die Karibik.

***

In seinem Klassiker *History of the Voice* (1984) argumentierte der Dichter und Kritiker Edward Kamau Brathwaite bekanntlich, dass der Dialekt nicht nur in Bezug auf das eigentliche Sprechen einen Wert habe, sondern auch als fortwährende kreative Auseinandersetzung mit kulturellen Erwartungen und der Landschaft zu verstehen sei. Er legte nahe, dass die *Sprache* in der Karibik inadäquat sei. Sie war/ist kolonial, elitär, weiß und brachte ein Verhältnis zu Klang und Raum mit sich, dass nicht dem Ort und den Menschen entspricht. Der Dialekt dagegen war/ist eine Form des Widerstands gegen die Dominanz weißer oder einheimischer Eliten. Ebenso ist er eine grundlegende Technik, um ein Selbst auszudrücken, das für die Kolonialmächte unlesbar ist; ein Selbst, das entweder von der Sprache ungehört bleibt oder unübersetzbar ist.

Brathwaites Denken über die Kreolisierung der Sprache war stark vom antikolonialen Nationalismus der 1960er und 1970er Jahre durchdrungen. Er widersetzte sich dem Eurozentrismus, indem er eine Position geltend machte, die dem Afrozentrismus nähersteht als dem Werk eines anderen Denkers, der unsere Gespräche zu Anfang des Projekts prägte: Edouard Glissant aus Martinique. Dessen Überlegungen schienen noch besser mit *AAI* vereinbar, da Glissant sämtliche Zentrismen unterlief, seien es europäische, afrikanische, indische oder sonstige. Sein Ansatz war wie gemacht für digitale Technologien. Für Glissant ist die Kreolisierung einer Zukunft verpflichtet, die konsequent vermischt ist, weshalb die Obsession mit Zentren auch lediglich die Hierarchien von ‚Rasse', Gesetz und Sprache reproduzieren kann.

Doch vor allem Brathwaites Überlegungen zu Sound ermöglichten es unserem Team, aus unseren Gesprächen ein schlüssiges Projekt zu entwickeln.

Für Brathwaite ist Musik nicht das Produkt einer vollendeten, kodifizierten Sprache, sondern Auswuchs eines realen Sprechens, das sich in Echtzeit an einem realen Ort vollzieht. Die Musik eines Volks, argumentiert er, ist im Grunde eine Kartierung ihres Dialekts, der bestimmte Rhythmen, Texturen, Geräuscheffekte und Ausdrucksstile hervorbringt (sein wichtigstes Beispiel ist der jamaikanische Ska). Brathwaite legt damit nahe, dass jeder neue oder abgewandelte Dialekt eine neue Musik ins Leben ruft und dass jede neue Musik die Geburt eines neuen oder verwandelten Volks bedeutet. Glissant beschreibt diesen Prozess als „Synthesis-Genesis".[1]

Wenn der Algorithmus anhand des Verhältnisses von Dialekt und Sprache trainiert würde und Ersterer dabei maßgeblich wäre, könnten wir dann Rhythmen und Melodien erzeugen, die neuen Regeln folgen? Wie würde die „Synthesis-Genesis" ablaufen, wenn wir karibische Lyrik und Theorie mit künstlicher Intelligenz vermischen?

An dieser Aufgabe arbeiteten unsere Programmierer*innen und Ingenieur*innen ebenso wie unsere Musiker*innen mit Hochdruck. Der Algorithmus sollte auf dem „Vector Hacking" basieren, das heißt, er wurde darauf trainiert, seine numerischen Eingabewerte eigenständig zu verändern. Jeder dieser Werte entsprach einem bestimmten Klang oder einer Variation der konstruierten Stimme, die letztendlich eine Version meiner eigenen Stimme war. Anfangs gaben wir zufällige Werte ein, doch der Algorithmus war trainiert worden, darin Muster zu erkennen, die für uns nicht wahrnehmbar waren. Daraufhin veränderte er die Eingabewerte und erzeugte so Klänge, Artikulationen und Wortfragmente, die unvorhersehbar waren,

1 Edouard Glissant, *Poétique de la relation*, Paris: Gallimard 1990, S. 188.

aber dennoch Programmcharakter hatten, das heißt sie wurden kodifiziert und in nicht-zufälliger Weise wiedereingesetzt.

Der Algorithmus näherte sich mit der Zeit der Standardsprache an, wie am Ende des Albums zu hören ist. Doch wie bereits gesagt, war das der am wenigsten aufregende Aspekt des Projekts. Die Aufgabe der Musiker*innen und Sounddesigner*innen bestand vor allem darin, den Dialekt musikalisch zu begleiten, während er sich zum Standardenglisch hin entwickelte.

Eine Frage ließ uns dabei nicht los: Hatten wir, indem wir einen Dialekt konstruierten, ein Wesen erfunden/erschaffen, das den Dialekt muttersprachlich sprechen und dazu tanzen konnte? Oder war das nur eine weitere Fantasievorstellung, die daher rührte, dass wir Science-Fiction-Erzählungen viel zu ernst genommen hatten?

An diesem Punkt sollte mit Sylvia Wynter eine weitere karibische Denkerin unsere spekulative Fiktion prägen. Wynters breit angelegte historische Untersuchung der Kategorien Mensch und Nicht-Mensch erinnert uns daran, dass diese Kategorien nicht biologisch verwurzelt sind, sondern das Ergebnis rassistischer und kolonialer Macht. In meiner Lesart von Wynter betone ich vor allem, dass es sich dabei um veränderliche Kategorien handelt. Etwas, das in einem bestimmten historischen oder kulturellen Kontext als nicht-menschlich gilt, könnte in einem anderen Kontext also in etwas Menschliches übergehen. Oder es könnte diese Kategorie einfach für sich selbst in Anspruch nehmen oder neu definieren. Anders gesagt können Menschen zu niederen Kreaturen oder Automaten erklärt werden, aber Letztere können auch zu Personen werden (vor allem für die erstgenannte Transformation muss man leider nicht allzu lange nach historischen Beispielen suchen). Oder Maschinen könnten – als Widerhall einer alten Science-Fiction-Tradition – die Grenzen des Menschlichen infrage stellen und neu definieren.

Mit diesen drei karibischen Denker*innen – Brathwaite, Glissant, Wynter – war der Erzählrahmen von *AAI* vollständig. Im Grunde fanden wir uns nun genau in jenem Spannungsfeld wieder, das auch der Ausgangspunkt des Projekts (und dieses Essays) war: Geschichte, Technologie, Macht und Vorurteil. Doch zugleich schrieben wir das laufende Projekt der Freiheit fort.

Kudos an das *AAI*-Team: Mouse on Mars, Birds on Mars, Dodo NKishi, Rany Keddo, Derek Tingle und natürlich *AAI*.

I. MASCHINEN

2. RACE UND TECHNOLOGIE: EINE KREOLISCHE GESCHICHTE

Die westliche Moderne, tatsächlich sogar ein Großteil der westlichen Kultur, gründet auf der binären Trennung von Race und Technologie. In diesem Dualismus gilt der erstere Pol als hyperorganisch und primitiv, der letztere dagegen als anorganisch und hyperrational. Während Ersteres der angebliche Ursprung von Rhythmus, Geschlecht und Körperlichkeit sei, stünde Letzteres für Abstraktion, Industrie und komplexe Verfahren der Repräsentation. Diese zugegebenermaßen vereinfachte Gegenüberstellung ist so verzerrend wie vielsagend. Denn zum einen waren beide Pole schon immer voneinander abhängig; ihre jeweilige Bedeutung speiste sich aus ihrem Kontrast sowie den Machtverhältnissen, in denen sich diese Bedeutungen materialisierten. Zum anderen schaffte diese Abhängigkeit auch Nähe: Schließlich produziert Technologie ebenso Race, wie Race zur Technologie hinstrebt.

Das Zusammenwirken dieser zwei Wissensregimes war im 19. Jahrhundert besonders augenfällig. Damals festigte sich unser heutiges Verständnis von Race und Technologie, nachdem es im Schmelztiegel der Biowissenschaften, der Urbanisierung und der imperialen Expansion geschmiedet worden war. Zudem waren zwei der dringendsten Themen im transatlantischen Kontext des 19. Jahrhunderts – die entscheidend sind, um das Entstehen der unhinterfragten Trennung von Race und Technologie nachzuvollziehen – der Industrialismus und die Sklaverei.

Doch gleichzeitig vermischten sich die beiden Gegenpole und lösten einen wechselseitigen Prozess aus, der sich an einer Reihe distinkter Technologien nachzeichnen lässt. Da wäre zunächst das Sklavenschiff, das einerseits die Entmenschlichung versklavter Schwarzer bewirkte und andererseits die materiellen Grenzen und Bedürfnisse der Moderne sowie deren konzeptuelles und soziales Möglichkeitsfeld erweiterte. Eine zweite wichtige Technologie ist die Plantage, die karibische Denker*innen von C.L.R. James über Antonio Benítez-Rojo bis Sylvia Wynter als wesentlich für die Konstruktion von reglementierten Subjektivitäten im Vorfeld der Industrialisierung beschreiben. Schließlich wäre da die Entkörnungsmaschine (*cotton gin*), die vor allem in Amerika die industrielle Revolution auf den Weg brachte und zugleich massiv zur Ausweitung der Sklaverei beitrug.

Die genannten Autor*innen weisen alle mehr oder weniger deutlich darauf hin, dass diese ‚Maschinen' von den von ihnen hervorgebrachten Subjekten kreolisiert wurden: Die Präsenz von Schwarzen hatte einen prägenden Einfluss auf sie, während sie durch den Rassismus von afrikanischen Körpern abhängig wurden. In diesem wechselseitigen Prozess waren Schwarze keineswegs nebensächlich für die Funktionsweise und Produktivität dieser Technologien. Die Geschichte der Innovation ist also auch eine Geschichte der Versuche, Technologien dahingehend zu modifizieren, dass sie auf den Widerstand von Schwarzen reagieren und zugleich deren Beiträge zur Entwicklung dieser Technologien einbeziehen oder nutzbar machen. Dies zeigte sich gleichermaßen daran, dass landwirtschaftliche Traditionen aus Afrika Einzug in das Plantagensystem hielten und dass Schwarze Sounds die Weiterentwicklung von Aufnahmetechnologien bedingten.

Schwarze Körper waren in dieser Dynamik nicht nur aufgrund ihrer konzeptuellen Elastizität als das ‚Andere', ‚Natürliche' und ‚Primitive' von Bedeutung, sondern auch wegen ihrer ökonomischen Verwertbarkeit als Arbeitskraft, Eigentum und Kapital. Doch warum insbesondere Schwarze Körper? Warum diese bestimmte Konfiguration rassifizierter Differenz, wenn man die Bandbreite an Differenzmarkern bedenkt, die die westliche Moderne und ihre koloniale Infrastruktur konstruiert hatten? Ein wichtiger Grund ist, dass unter dem Einfluss der Biowissenschaften Schwarze weniger als Menschen und mehr als Tiere betrachtet wurden; zwar galten sie nicht ganz als Tier, doch waren sie irgendwo zwischen Mensch und Tier angesiedelt. Dieser uneindeutige Status wurde im 19. Jahrhundert im amerikanischen Recht besiegelt und festgeschrieben.

Diese Krise der Kategorien – diese Verdinglichung, wie es der karibische Dichter Aimé Césaire nannte – hatte allerdings eine weitere Dimension. Denn versklavte Schwarze fungierten im Grunde als Prothesen für eine weiße, angeblich rationalere Intelligenz, während sie selbst nicht als vernunftbegabt angesehen wurden. Folglich oszillierte ihr Status zwischen Mensch, Tier *und* Maschine.

Es verwundert daher nicht, dass die technologische Entwicklung und Race immer wieder Verbindungen eingegangen sind, entweder indem Race-Kategorien auf Maschinen übertragen wurden oder indem man mittels der Bedeutungen von Race anorganische Lebensformen als menschlich darstellte. Diese Verbindungen sind unvermeidlich, wenn Kreolisierung als ein Prozess verstanden wird, der sich ebenso zwischen Race- und Kulturgruppen vollzieht wie zwischen vermeintlich menschlichen und nicht-menschlichen Wesen (oder zwischen Menschen und unterschiedlichen Formen der Technologie). Damit wird auch die Rolle von Race deutlich: Diejenigen, die für die technologische Entwicklung als nebensächlich erachtet werden, dienen fortwährend als Kontrastfolie für eine zum Fetisch erhobene Kategorie der Neuheit (oder Modernität). Und um letztere mit Bedeutung aufzuladen, werden immer wieder diejenigen ins Feld geführt, die man zuvor vom ‚Menschlichen' ausgeschlossen hat.

Der Race-Begriff geistert zweifelsohne durch die Sphäre der Technologie und spielt in Hinblick auf die Verkörperung von Maschinen seit jeher eine prägende Rolle, angefangen von der Science-Fiction bis zur Kybernetik. Die historischen Beispiele dafür haben bis heute nicht an Reiz verloren. Eines der frühesten stammt aus der Literatur des 19. Jahrhundert und gilt als einer der ersten Entwürfe der Idee einer empfindungsfähigen Technologie: Samuel Butlers Roman *Erewhon oder Jenseits der Berge* aus dem Jahr 1872, der in Grundzügen bereits in Butlers Essay „Darwin among the Machines“ (Darwin unter den Maschinen) von 1863 angelegt ist. In diesen Texten wird nicht nur erstmals argumentiert, dass auch Maschinen evolutionäre Prozesse durchlaufen, sondern dass sie, sobald sie ein Selbstbewusstsein erlangt hätten, ihre Herren unweigerlich töten würden. Damit war der Grundstein gelegt für das wohl verlässlichste Motiv der westlichen Science-Fiction: den Aufstand der Maschinen.

Butler wählte mit Bedacht die Begriffe Herren und Diener, auch weil er selbst ein kolonialer Siedler war. In seiner Erzählung stellt er die Maschinen nicht nur als untergebene Klasse dar, sondern zeichnet ihren Aufstand als einen Akt historischer Vergeltung an ihren Unterdrückern. Vor allem aber beschreibt Butler die Maschinen erstmals als eigene Rasse und greift dafür auf die einzige Sprache zurück, die für ihn damals Sinn ergab, nämlich das Vokabular der Besitzsklaverei (*chattel slavery*).

Vielleicht ist das auch ein Grund dafür, dass das Wort Roboter kaum Aufsehen erregte, als es 1920 mit dem von Karel Čapek verfassten Theaterstück *R.U.R. (Rossum's Universal Robots)* Einzug in die englische Sprache hielt – der Neologismus war aus der protoslawischen Wurzel *robota* abgeleitet, was so viel bedeutet wie Knochenarbeit, Schinderei oder *Sklaverei*. Wie auch in *Erewhon* geht es in dem Stück um eine unterworfene Kaste von Nicht-Menschen, die sich zum Aufstand erhebt und die Menschheit (sprich: Weiße) auslöscht. Unter den Figuren in *R.U.R.* sind Abolitionist*innen, die dafür kämpfen, die von ihnen als Brüder bezeichneten Roboter zu befreien, sie zu Lohnarbeitern zu machen und ihnen das Wahlrecht zuzugestehen. Auch Missionar*innen, Anarchist*innen und Angehörige der Heilsarmee unterstützen die Roboter, die sich schließlich zu einer politischen Organisation zusammentun. Die Entwickler der Roboter reagieren darauf mit einer Strategie des Teilens und Herrschens: Sie entwickeln Roboter unterschiedlicher Rassen, Nationalitäten und Sprachen, in der Hoffnung, dass gegenseitige Vorurteile die Roboter davon abhalten werden, sich weiter zu organisieren. Der Plan schlägt jedoch fehl, und es kommt zum Aufstand – die Schöpfer der Roboter werden getötet, und die Ära des ‚Menschen' wird für beendet erklärt.

Ein anderes wichtiges Beispiel stammt aus der Kybernetik selbst. Die race-bezogene Poetik und Politik dieser Disziplin sind bislang völlig unbemerkt geblieben, was – wie auch im Fall der literarischen Beispiele – auf die Annahme zurückgeht, Race und Technologie würden in grundverschiedenen historischen Sphären wirken. Betrachten wir einen der grundlegenden Texte der Kybernetik, Norbert Wieners *The Human Use of Human Beings* aus dem Jahr 1950 (auf Deutsch 1952 als *Mensch und Menschmaschine* erschienen). In diesem Text wie auch in seinem im selben Jahr an der American Academy of Arts gehaltenen Vortrag und in dem 1960 erschienenen Essay „Some Moral and Technical Consequences of Automation" (Über einige moralische und technische Folgen der Automatisierung) nimmt Wiener wiederholt Bezug auf Schwarze, Sklaverei und Rassismus. Für ihn spielte Race eine zentrale Rolle bei dem Versuch, eine *Ethik* der Kybernetik zu formulieren – da diese Disziplin eine entscheidende Rolle für die Weiterentwicklung der Robotik hin zur künstlichen Intelligenz spielen würde. Die Sklaverei verfolgte die Kybernetik wie zuvor auch schon Butler und Čapek; sie lieferte ein sehr menschliches Lehrstück, an dem sich ablesen ließ, was den neuen Schöpfungen nicht angetan werden durfte, und zwar aufgrund der moralischen Verbrechen, die man an Schwarzen *bereits verübt hatte*.

Diese Beispiele veranschaulichen die begrifflichen und poetischen Überschreitungen in Bezug auf die Binärität von Race und Technologie, was aber nicht bedeutet, das Potenzial der Kreolisierung als Prinzip und Methode wäre damit ausgeschöpft. Denn vor allem über das poetologische Register werden materielle Beziehungen auch immer neu verhandelt, weshalb etwa die Kategorie Race inzwischen als der Technologie intrinsisch betrachtet wird, während zugleich öfter untersucht wird, wie Technologien in und durch rassistische Verhältnisse wirken.

Diese Überschreitungen lassen jedoch nicht nur erkennen, dass der Dualismus von Race und Technologie letztlich unhaltbar ist. Sie verdeutlichen auch, dass diese Kategorien selbst historisch kontingent sind und somit ungeschrieben ist, wie sie sich zukünftig verändern und einander beeinflussen werden. Race und Technologie bilden als Kategorien keine unveränderliche historische Konstellation, sondern gehen über unsere heutigen Bezugssysteme notwendig hinaus und werden unseren politischen und gesellschaftlichen Hierarchien schließlich fremd werden. Als solche verweisen sie auf das Feld, in dem ‚der Mensch' stets zu finden sein wird – nämlich vermischt unter und mit denjenigen, die sich ebendiese Bezeichnung erst erkämpfen mussten.

3. GEORGE WASHINGTONS ‚MAMMY'

Im oder um den Dezember 1835 entstand in einer Bostoner Galerie, in der Freaks, mechanische Wunderwerke und andere Kuriositäten ausgestellt wurden, offiziell die US-amerikanische Unterhaltungskultur. Die Möglichkeit einer solch anmaßenden historischen Aussage verdankt sich Virginia Woolf, die bekanntlich erklärte, „dass sich im oder um den Dezember 1910 der menschliche Charakter verwandelte". Im Sommer 1835, als der Begriff des Menschen indes noch umstritten war, hatte der berüchtigte P.T. Barnum – Vater der amerikanischen Sideshows, Gründer des American Museum und Wegbereiter des modernen Zirkus – die Sklavin Joice Heth ‚gekauft' oder, anders gesagt, die Rechte an ihrer Aufführung von dem reisenden Geschäftsmann R.W. Lindsay erworben.

Das angebliche Kindermädchen George Washingtons, damals noch im Besitz seines Vaters Augustine, soll 161 Jahre alt gewesen sein, ihre Haut so dunkel und gezeichnet von den Jahren, dass kein Zweifel an ihrem hohen Alter und der in ihre Furchen eingeschriebenen Geschichte bestünde. Sie habe die Geburt der Nation miterlebt, beteuerte der Programmtext. Sie kenne die Geheimnisse, die dieses Kapitel umranken, und teile sie gerne mit allen, die nah genug an ihre fast erblindeten Augen heranträten, um Glaubenswillen zu bezeugen. Obwohl eine Sklavin, sei dieses Geschöpf eine Geburtshelferin der Nation, denn sie hätte den heroischen Gründervater bemuttert: Sie war die fleischgewordene Demokratie, mitsamt deren unhinterfragten Widersprüchen. Fasst sie nur an.

Das Alter von 161 Jahren hatte sich entweder Barnum oder Lindsay ausgedacht. Heth selbst hätte es so angegeben, behauptete Barnum später, aus Gründen, die ihm unerklärlich wären, aber dennoch sein Vertrauen verlangt hätten – so wie es damals,

als völlige Unterwerfung als reinste Form der Hingabe galt, nur versklavte Wesen vermochten.

Barnums Eigentumsrechte an der von ihm als Tante Joice bezeichneten Person oder Figur bleiben so unklar wie die persönliche Beziehung zwischen dem Gespann. Was eindeutig als Sklaverei begann, wandelte sich zur geheimen Absprache und künstlerischen Zusammenarbeit in der Sideshow-Branche. Barnums Zirkusgeschäft erforderte verschiedene Formen der Ausbeutung, doch schließlich behauptete er, dass Heth *ihn* – den größten Schwindler Amerikas – getäuscht hatte, während er mit seiner Attraktion von freien Staaten zu Sklavenhalterstaaten und von Jahrmärkten zu Museen getourt war – zu einer Zeit, als der Unterschied zwischen den letzteren beiden so unbedeutend war wie der zwischen den ersteren beiden.

In späteren Jahren gestaltete sich ihre Beziehung noch undurchsichtiger. Barnum fing an, sich neu zu erfinden, und wollte mehr sein als ein bloßer Schwindler, Höker, Schausteller, Sklavenhalter und Unternehmer. Während er sich zu seiner eigenen größten Schöpfung entwickelte, blieb Tante Joice ein Gespenst in seiner Geschichte. Barnum konnte sich damals brüsten, bedeutender als der große George Washington zu sein. Er hatte immerhin eine neue Form von Berühmtheit erschaffen, und zwar von jener Sorte, die sein geliebtes Land stets größer erscheinen ließ, als es wirklich war, und beständiger, als dessen Gründungsdokumente je versprechen konnten.

Joice Heth blieb für sehr lange Zeit ein Gespenst. Sie wurde zur Heimsuchung von Barnums Wunsch, die Zukunft wissen zu lassen, dass er deren notwendige Vergangenheit war, und auf diese Weise ein Jahrhundert einzuläuten, das sich in den Fabriken Neuenglands und auf den unruhigen Baumwollplantagen in den US-Südstaaten bereits abzeichnete. Es war das Zeitalter der Industrie und Technologie und der Vorstellung eines absoluten, garantierten Zukunftshorizonts. Doch es war auch weiterhin die Zeit der Sklaverei, in der die Arbeit von Schwarzen darüber entscheiden konnte, ob Weiße in Wohlstand oder Armut leben, während der Rassismus dafür sorgte, dass sich die Vergangenheit nicht so einfach abschütteln lassen würde. Der Bürgerkrieg war noch Jahrzehnte entfernt.

Jene von uns, die von Ursprüngen besessen sind und die Geschichte Amerikas als unermüdliche Abfolge versuchter Neuanfänge betrachten, haben Heth jedoch nicht völlig vergessen. Unsereins weiß, dass eine Nation mit solch ausgefransten Rändern und vielschichtiger Geschichte immer großen Wirbel um Ursprünge machen wird. Auch wenn seine Datierung um rund fünf Monate irrt, erzählt uns etwa der Historiker James W. Cook: „Wenn wir tatsächlich einen bestimmten Zeitpunkt als Geburtsstunde der modernen amerikanischen Populärkultur benennen müssten, könnte das nur jener schicksalhafte Nachmittag im Juli 1835 sein, als ein aufstrebender Impresario aus Bethel in Connecticut seine Krämerschürze ablegte und ernsthaft darüber nachzudenken begann, wie er Joice Heth als massenwirksame Kuriosität in New York vermarkten konnte."

Die Episode enthält fast alle Elemente dessen, was die amerikanische Popkultur ausmachen sollte: Sklaverei, Showbusiness, Täuschung, eine berüchtigte Stadt – das Ganze gewürzt mit Performativität, Medienspektakel und jener Art von Massenneugier, die gesamte Branchen am Laufen hält. Doch die Vermarktung von Joice Heth für die amerikanische Öffentlichkeit stand gerade erst am Anfang.

„Tante Joice" wurde jedes erdenkliche Schild angeheftet: „die dunkle Tochter aus Madagaskar", „ägyptische Mumie", „die größte natürliche und nationale Kuriosität der Welt" sowie „ehrenwerte *nigger*". Sie machte Barnum auf jene Weise berühmt, die unserem heutigen Begriff von Berühmtheit entspricht: eine Kombination von unnachgiebiger Publicity und zunehmend vagen Absichten, von permanenter Sichtbarkeit und einem Betrugsverdacht, der stets über der Inszenierung schwebt und sie unterläuft. Nicht umsonst sprechen wir heute vom Barnum-Effekt als einer Neigung, die uns alle, die wir in einer den Fakten und Beweisen verpflichteten Kultur leben, insgeheim wünschen lässt, getäuscht zu werden, wobei wir sogar bereit dazu sind, für diese Ehre zu bezahlen. Wie Barnum angeblich sagte: Jede Minute wird ein Trottel geboren. Seine Innovation war es, verstanden zu haben, dass der Wille zur Leichtgläubigkeit eines der großen Vergnügen der Demokratie ist.

***

Wir mögen Joice Heth vergessen haben, doch Barnum vergaß sie nie. Wie hätte er auch? Er hatte seine Karriere auf ihr aufgebaut. Der „Zufall", ihr begegnet zu sein, schrieb er in seiner Autobiografie, „hatte mein Handeln regelrecht erzwungen". Diesen „Zufall" und seinen schicksalhaften Charakter stellte er sorgfältig heraus, um seine Unschuld zu betonen – seine vielleicht beständigste Gewohnheit. Was er damit implizierte, war, dass Joice Heth die Verantwortung trug. Sie war die Impulsgeberin gewesen, die, wie er schrieb, „als Erstes den Showman in mir hervorlockte". Sie hatte ihn in das öffentliche Leben Amerikas eingeweiht, das er unwiderruflich veränderte, und in eine Zirkuskultur, die er zur modernen Medienwelt umgestaltete.

Cook beschreibt die erste Begegnung zwischen Heth und Barnum im Jahr 1835 als Zeugungsdatum unserer Populärkultur. Im Dezember jenes Jahres wurde Heth zum ersten Mal präsentiert, und zwar neben dem als Schachtürken bekannten Objekt, das jene Dynamik zwischen Organischem und Unbeseeltem, Showbusiness und Kunst, Wahrheit und Fiktion zur Vollendung bringen sollte, die Dreh- und Angelpunkt einer auf der Annahme der Ursprungslosigkeit gestützten Kultur ist.

Der berüchtigte Schachtürke ist vielleicht die bekannteste Maschine des 19. Jahrhunderts, das gleichermaßen als Zeitalter der Wunder und der Vernunft gilt. Die Geschichte der 1769 erfundenen Schachmaschine ist ausführlicher dokumentiert als die von Heth. Schließlich ist die Vorstellung, dass Maschinen intelligent sein könnten, sogar noch älter als jene, dass versklavte Menschen aus Afrika dazu imstande wären. Der Schachtürke war ein Spielzeug, eine Kuriosität, die Autoren wie E.T.A. Hoffmann, Edgar Allan Poe, Ambrose Bierce und Walter Benjamin faszinierte. Er siegte in Wien dreimal gegen Napoleon Bonaparte und bezwang Benjamin Franklin, als dieser als amerikanischer Botschafter in Paris stationiert war.

Der bekannte ungarische Erfinder Wolfgang von Kempelen hatte den Schachtürken als Geschenk für die österreichische Kaiserin Maria Theresia gebaut. Außerdem hatte er die erste Sprechmaschine erfunden, die er 1769 zu entwickeln begann, im selben Jahr, in dem er die Konstruktion seines dunkelhäutigen Schachspielers aufnahm. Sein Design der 35 Jahre später fertiggestellten Sprechmaschine sollte den Erfinder des Telefons Alexander Graham Bell inspirieren.

Der Schachtürke trug Turban, rauchte Pfeife und auf seiner Oberlippe prangte ein breiter Schnäuzer, der geradewegs den exotischen Erzählungen und Fantasien vom mystischen Orient entstammte. Seine exotisierten Merkmale scheinen dermaßen übertrieben, dass man sich fragt, warum von Kempelen der Maschine gerade *diese* menschliche Gestalt gab. Warum diese als Araber verkleidete Maschine? Wäre damals, am Höhepunkt der schon bald als Modernisierungsperiode und später als Moderne bezeichneten Epoche, nicht ein Erscheinungsbild naheliegender gewesen, das sich an die frühen europäischen Automaten anlehnte? Eine vornehme Hofdame mit Schreibfeder beispielweise oder der berühmte Mönch, der in mechanischer Nachahmung einer Pietätsgeste sein Kreuz küsst?

Natürlich verströmte der Schachtürke den Kitzel des Exotischen, den Schock des Neuen im Gewand des Alten. Vielleicht erinnerte er sein Publikum daran, dass man, indem man das in Indien, Persien und der islamischen Welt erfundene

Schachspiel mechanisierte, entseelte und so der Wissenschaft unterwarf, die Angst vor einer einst als überlegen geltenden Kultur bändigte.

Ebenso wahrscheinlich ist, dass die europäischen Automatenbauer wussten, dass solche Erfindungen in der arabischen Welt eine bis ins Mittelalter zurückreichende Tradition haben. Das beste Beispiel dafür ist das Werk der Brüder Banū Mūsā, vor allem ihr (im Jahr 850 in Bagdad erschienenes) *Buch der Erfindungen*. Diese Schrift lässt wenig Zweifel daran, dass die Visionen des künstlichen Lebens in der islamischen Welt noch weiter getrieben wurden als im antiken Griechenland: Maschinen, die immerwährende Musik spielen, und Apparate, die wir heute durchaus treffend als kybernetisch beschreiben würden – vollausgeformte Vorboten eines nie eingetretenen Industriezeitalters und einer koranischen Science-Fiction, die immer noch entstehen könnte.

Was wir sicher wissen, ist, dass der Schachtürke weite Teile Europas jahrelang verblüffte, verängstigte und unterhielt, indem er auf unheimliche Weise menschliche Wesen bei einem Spiel nachahmte, das schon länger der sichtbaren Demonstration von Intelligenz gedient hatte. Anfang des 19. Jahrhundert kam die „denkende Maschine“ in den Besitz von Johann Nepomuk Mälzel, einem eng mit Ludwig van Beethoven befreundeten Musiker und Hofmechaniker der Habsburger, der für den Adel Dioramen baute und wie Barnum ein begnadeter Hochstapler war.

Nachdem der Schachtürke die größten Genies Europas ein halbes Jahrhundert lang fassungslos zurückgelassen hatte, entpuppte sich diese Frühform künstlicher Intelligenz wenig überraschend als Schwindel. Unter der exotischen Robe befand sich im Innern der Maschine ein zwischen Zahnrädern und Hebeln versteckter Schachspieler. Durch einen Sprechkasten konnte der Automat sogar Französisch sprechen und ließ sein Publikum so vor jenem bevorstehenden Tag erschaudern, an dem es durch Maschinen ersetzt würde. Die Vernunft schien nicht länger nur dem Menschen vorbehalten.

***

Joice Heth und der Schachtürke begegneten sich in Boston, so erzählt es Barnum. Im Dezember 1835 wurden dort beide als Attraktionen in zwei nebeneinanderliegenden Räumen einer Galerie gezeigt. Bei diesem Anlass traf Barnum auch erstmals auf Mälzel, der ihn dazu inspirierte, die lange europäische Automatentradition für ein amerikanisches Publikum wiederzubeleben. Barnum wollte die Hochkultur Europas, der sein Publikum weiterhin anhing, dadurch überflügeln, dass er etwas erschuf, das angemessener schien für eine Nation und ein Volk, die noch jung genug waren, um Maßstäbe dafür zu setzen, was als Neuheit gilt.

Mälzel betrachtete Barnum als seinen Protegé und vermachte dem amerikanischen Schüler seine Automatensammlung. Barnum hatte ein Faible für lebensähnliche Maschinen, und so wurden auch mechanische Kuriositäten zu einem festen Teil der Truppe von Freaks, Monstrositäten und exotischen Menschen, die ihn auf seiner Tour durch das Land begleiteten. Schließlich jedoch setzte sich in seinen Shows das Fleischliche gegen das Maschinelle durch. Barnum lenkte den öffentlichen Geschmack in eine neue Richtung, indem er menschliche Absonderlichkeiten gegenüber mechanischen Kuriositäten in den Vordergrund stellte.

Doch ermöglicht wurde diese Umorientierung durch etwas anderes, nämlich die Blackface Minstrelsy. Damit ließ sich das große Geld machen: Weiße Männer, die sich ihre Haut mit verbranntem Kork dunkel färbten, spielten ‚Negroes' und sangen Lieder, die später als „Coon Songs" bezeichnet werden sollten. Das war damals der letzte Schrei. Nur drei Jahre zuvor hatte T.D. ‚Daddy' Rice mit dem Tanz und der Bühnenfigur des „Jim

Crow“ einen überwältigenden Erfolg (wieder einmal) in New York gefeiert. Diese Aufführung des bekannten „Ethiopian delineator“ („äthiopischer Darsteller“), wie die Minstrels oft genannt wurden, legte den Grundstein für dieses zählebige Phänomen. Vielleicht wurde damit auch erstmals ein populärer Tanz namensgebend für eine brutales Unterdrückungssystem.

Barnum setzte in seinen Autobiografien zwar ebenso sehr auf Trickserei wie im Geschäftsleben, dennoch ist es am besten, ihn selbst erzählen zu lassen, was als Nächstes passierte:

Als das Publikum zunehmend fernblieb, erschien in einer Zeitung eine kurze Meldung, die mit „Ein Besucher“ unterzeichnet war und deren Autor vorgab, eine wichtige Entdeckung gemacht zu haben. Er erklärte, dass Joice Heth eine Betrügerin sei, was aber nicht die schlichte und einfache Wahrheit schmälere, dass die Ausstellung, bei der sie gezeigt wurde, insgesamt wirklich ausgefallen und interessant sei. „Tatsache ist“, so der Meldungstext, „dass Joice Heth kein menschliches Wesen ist. Die angeblich steinalte Frau ist nichts anderes, als ein seltsam gefertigter Automat, der aus Fischbein, Kautschuk und zahllosen erfinderisch zusammengefügten mechanischen Federn besteht und sich bei der kleinsten Berührung bewegen kann, sofern die ihn steuernde Person es so will. Der Aussteller wiederum ist ein Bauchredner, und sämtliche Gespräche mit der uralten Frau sind rein fingiert; bei den angeblich von ihr vorgetragenen Antworten und Schilderungen von Ereignissen handelt es sich lediglich um die bauchredende Stimme des Ausstellers.“

Anders gesagt, Heth und der Schachtürke waren gleichartige Wesen – unheimliche leblose Maschinen ohne Seele. Dem „Besucher“ zufolge hatte Heth Ähnlichkeit mit den von Barnum gezeigten Minstrels: ein schwarzes Gesicht, durch das eine weiße Stimme sprach – die Mechanisierung rassifizierter Machtverhältnisse hätten es ideologische Kritiker nennen können. Weniger zuversichtliche Beobachter konnten darin eine Zukunft erblicken, in der Race ebenso leicht trennbar von Identität ist wie ein Sound von seinem Ursprung.

Es ist mehr als wahrscheinlich, dass Barnum (oder Levi Lyman, sein Geschäftspartner und Ko-Konspirator) in Wirklichkeit der „Besucher" war. Ebenso wahrscheinlich ist, dass die Idee, der Öffentlichkeit zu suggerieren, dass Joice Heth eine Maschine wäre, von Mälzel stammte. Dafür spricht jedenfalls seine lange Erfahrung darin, Maschinen als Menschen auszugeben. Der Schachtürke war letztlich eine Maschine, die wie eine Figur aus Tausendundeiner Nacht ausstaffiert war und hinter der sich ein Mensch verbarg – eine Maschinenmaske sozusagen, ein Mensch, der sich als Maschine ausgab. Heth war lediglich das Gegenstück dazu, eine Maschine, die als Mensch durchging.

***

Was dieses Oszillieren zwischen Mensch und Maschine noch seltsamer erscheinen ließ, war die offensichtliche, aber leicht vergessene Tatsache, dass Heth als Schwarze Sklavin *ohnehin* nicht als Mensch galt. Sie war schon immer eine Ware, ein Ding, angesiedelt in einem Feld der Uneindeutigkeit, das bezeichnend für das amerikanische Recht, die religiösen Gewohnheiten und die kulturellen Gepflogenheiten in den USA war. Sie existierte irgendwo zwischen Tier und Mensch, war nicht vernunftbegabt (das Schachspiel wäre ihr unmöglich gewesen) und – so der Tenor der weiteren Debatte – besaß wahrscheinlich keine Seele. Dazu kommt, dass versklavte Menschen als geistlose Arbeitskraft dienten, weshalb sie nicht zufälligerweise oft als Automaten beschrieben wurden oder bestenfalls als das, was wir heute eine Prothese nennen würden. Es wäre nicht übertrieben, zu behaupten, dass der Schachtürke über mehr Rechte verfügte als Joice Heth.

Dennoch erstaunt es, wie anstandslos Barnums Publikum akzeptierte, dass Heth eine Maschine sei. Dieses Narrativ verdrängte schon bald die Erzählung, dass die 161-Jährige den Landesvater großgezogen hätte und einem geheime Details über Washingtons wahren Charakter und damit auch über den wahren Charakter der Nation zuflüstern könne. Diese Lüge erschien glaubwürdiger, wahrscheinlicher: Sie war eine Maschine und keine Schwarze, erst recht keine uralte. Die rätselhafte Vergangenheit der Nation wurde durch einen flüchtigen Blick in ihre Zukunft beantwortet.

Barnum gab zu, dass der Schachtürke eine Rolle dabei spielte, die Öffentlichkeit zu lenken:

> Mälzels geniale Erfindung war gewissermaßen wegbereitend für diese Bekanntmachung, die dazu führte, dass Hunderte, die Joice Heth noch nicht gesehen hatten, nun begierig darauf waren, den wundersamen Automaten zu erblicken. Doch auch viele, die sie bereits gesehen hatten, wollten einen zweiten Blick, um herauszufinden, ob sie hinters Licht geführt worden waren. Infolgedessen verzeichneten wir wieder einen größeren Publikumszulauf.

Täuschung und Gegentäuschung, Unschuld durch fortwährenden Aufschub der Wahrheit, Profitstreben in den Zwischenräumen des denkbar Möglichen und Unmöglichen: Was hätte ein besserer Auftakt für das amerikanische Jahrhundert sein können?

Während die dunkle Haut des Schachtürken die Urängste des alten Europas verkörperte, maskierte Race im Fall von Heth die Maschine hinter der fleischlichen Fassade einer verwelkten Weiblichkeit, die in einem intimen, lokalen und vertrauten Besitzverhältnis verankert war. Ihre dunkle Haut verströmte nun den Nimbus des Artifiziellen, des über den Atlantik geschwappten industriellen Zeitalters, das in Amerika Wurzeln gefasst hatte. Sie gehörte nun uns; wir besaßen sie vollkommen, einschließlich ihrer Wirkmacht und ihrer Verheißungen. Fasst sie nur an. Ihre hängenden Zitzen zogen allmählich die neugierigen Liebkosungen einer neuen Intimität auf sich. Die dem Rassenekel geschuldete Zurückhaltung hatte sich erübrigt.

Trotz des Tons familiärer Vertrautheit und der übersteigerten Anti-Sklaverei-Rhetorik, die Barnums selbstbeweihräuchernde Autobiografien kennzeichnen, darf nicht vergessen werden, dass Heth für ihn ein *Ding* war und bleiben sollte. Sie war eine lukrative Attraktion, ein zur Schau gestelltes Objekt, sogar nach ihrem Tod, als Barnum 50 Cent Eintritt für den Besuch ihrer öffentlichen Obduktion in einem Saloon in New York verlangte.

Selbst danach ging die Show noch weiter. Als ihr Körper mit einem Skalpell in seine Einzelbestandteile zerlegt wurde und das lange hinters Licht geführte Publikum die Wahrheit über dieses Wunderwerk erfuhr, verstieg sich Barnum zu der Behauptung, es sei nicht ihr echter Körper. Die gerissene Sklavin hatte scheinbar ihre Herren überlistet, sie hatte den Betrüger betrogen. Schachmatt. Barnum zufolge war Joice Heth nach Europa geflohen, um dort ihre Täuschungskünste zu praktizieren. Sklavin, Maschine, Schwarze, Frau – stets war sie etwas anderes, erst minderwertiger als das Leben und nun größer als der Tod. Nicht er hatte sie befreit, sondern sie hatte sich davongemacht – was suggerieren sollte, dass sie womöglich von Anfang an freiwillig bei ihm gewesen war. Vielleicht konnte Barnum so seine Unschuld bekräftigen und sich vom Ruf des Sklavenhalters reinwaschen.

Vielleicht war es auch ein Akt der Liebe. Barnum kannte Heth gut: Sie hatten gemeinsam die abseitigen Straßen des frühen amerikanischen Medienspektakels bereist. Doch es konnte nicht die Art von Liebe sein, die ein Herr einer Sklavin entgegenbringt, so unerschöpflich vieldeutig diese Art der Liebe auch sein mag. Barnum liebte Heth auf jene Weise, wie wir heute unsere Maschinen lieben, während diese immer weniger unheimlich und uns ähnlicher werden. Sie hätte für ihn ein Mensch werden können oder sogar etwas noch Besseres. Vielleicht war ihm seine Abschiedsgeste eine Möglichkeit, sie aus der Geschichte zu entlassen – indem er seine beachtliche Kunst der Täuschung und Uneindeutigkeit dazu einsetzte, ihr schließlich die Freiheit in der Unsterblichkeit zu gewähren.

4. UNHEIMLICHE MINSTRELS IN DER MODERNEN MASCHINE

Wenn wir den euro-amerikanischen Modernismus auf ein grundlegendes Problemfeld zurückführen wollten, könnten wir in Hinblick auf seine schockwellenartige weltweite Verbreitung zwei elementare Strömungen ausmachen: die sogenannte ‚Maschinenästhetik' und die plastische Kunst des kolonisierten Westafrikas. Letztere bezeichne ich hier der Ausgewogenheit halber als ‚afrikanische Ästhetik', auch wenn diese Kategorie mit einer solch schwierigen Geschichte befrachtet ist, dass sie nur als Anhaltspunkt für die hinter ihren Masken weiterhin schwelenden Konflikte dienen kann. Obwohl diese beiden einflussreichen Strömungen oft als radikale Gegensätze erschienen, begründete ihr Reibungsverhältnis tatsächlich eine für den Modernismus konstitutive Spannung. Vom Kubismus, Surrealismus, Dada und Futurismus bis zur Négritude und Harlem Renaissance; vom Abgesang der Herrschaft Britannias bis zum kometenhaften Aufstieg der Pax Americana – in all diesen Entwicklungen traten die Figuren *Negro* und *Afrika* stets in irgendeiner Beziehung zum ‚Neuen' und Technologischen auf.

Natürlich war der *Negro* an sich nichts Neues, aber seine Freiheit warf Fragen hinsichtlich seines Status als Bürger auf, das heißt hinsichtlich seines Status als vollwertiger ‚Mensch'. Als Signum des ‚Natürlichen' stand diese Figur entweder in Opposition zur industriellen Technologie, die zunehmend den Begriff des Neuen definierte, oder sie galt als Vorläufer einer Reihe neuer Sensibilitäten, die das Vormoderne und Traditionelle mit dem Modernismus und der Avantgarde sozusagen in Einklang brachten. Um diese Dichotomie noch deutlicher in der amerikanischen Volkskultur zu verorten, könnte man den *Negro* entlang zweier Pole beschreiben: Entweder als eine John-Henry-Figur, also den mit dem ‚edlen Wilden' der Moderne verwandten Afro-Yankee: einen hypermaskulinisierten Symbolträger organischer nationaler Prozesse, der mit den Kräften der industriellen Technologie in ausdrücklichem Wettstreit steht. Oder als eine Art anonymer Energie (oder ‚Seele'), welche die gesamte Dichotomie in eine rhythmische Schwingung versetzt, die sich durch eine Maschine wie den Phonographen in eine Ware verwandeln lässt.

Wenn wir also die beiden Hauptstränge – Afrika und die Maschine – nachverfolgen, wird deutlich, dass sich dabei zwei verschiedene Produkte gegenüberstanden: der Minstrel und der Roboter. Der Minstrel verkörperte dabei, trotz seiner Ursprünge in der amerikanischen Plantagensklaverei, ebenso das Erbe eines ausbeuterischen Verhältnisses zu Afrika und seinen Menschen, Klängen und Masken – die im Modernismus allesamt wichtige Fetischobjekte waren. Dass Minstrel-Shows anhand von Markern wie ‚Äthiopien', ‚Kongo', ‚Abessinien' oder ‚Dahomey' beschrieben und beworben wurden, sagt nicht nur viel darüber aus, wie die weißen Schauspieler und das weiße Publikum die Blackface-Maske einordneten, sondern auch darüber, welches Bild man sich von den Menschen machte, die auf der Bühne dargestellt wurden.

In der Ära des Modernismus hatte sich der Minstrel für Weiße bereits zu einer nostalgischen und für Schwarze zu einer quälenden Figur entwickelt, doch die Frage der Zeitlichkeit des *Negro* war schon im traditionellen Blackface angelegt. In den meisten Minstrel-Shows wurden zwei verschiedene Typen des *Negro* gezeigt, was darauf hindeutet, dass man sich in der Blackface-Minstrelsy uneins darüber war, ob der *Negro* die traditionelle Vergangenheit oder die städtische Moderne verkörperte: So war etwa die Figur des Jim Crow eindeutig eine Parodie des ländlichen Plantagenarbeiters und insofern untrennbar verbunden mit der symbolischen Ökonomie der Sklaverei. Sein Gegenstück war Zip Coon, eine Parodie des urbanen Dandys, dessen schwungvoller Rhythmus für Strebsamkeit und eine Schwarze Begeisterung für Urbanität stand.

Auch die Musik, die sich weiße Minstrel-Darsteller von versklavten Schwarzen aneigneten und neuinterpretierten, wurde als ‚afrikanische' Musik wahrgenommen, was letztlich zu den verschiedenen Diskussionen über die Herkunft von Blues und Jazz führte, die eine zentrale Rolle für die kulturellen Umwälzungen des Modernismus spielten. Historiker*innen wie Alexander Saxton argumentieren dagegen jedoch: „Frühe Minstrels [...] hatten die Sklavenmusik nicht als afrikanisch verstanden, sondern als naturnah. Dementsprechend betrachteten sie die Sklaven als Teil der Natur, als Teil der Natur der Südstaaten."[1] Allerdings war ‚Afrika' gleichbedeutend mit der ‚Natur' der Sklaven. Auch der Versuch der von Weißen dargestellten Minstrels, die Plantage als ‚Heimat' der Dunkelhäutigen (*darky*) zu inszenieren, war keineswegs dazu gedacht, ebenjene zu *ent-afrikanisieren*. Anfang des 20. Jahrhunderts hatten sich diese Vorstellungen von Afrika, den Südstaaten und der Sklavenheimat dermaßen vermischt, dass es absurd wäre, sie säuberlich trennen zu wollen.

Die Frage der Natur wird aber wieder auftauchen, denn sie verbindet den Minstrel und den Roboter, der wiederum die Frage der Natürlichkeit der Natur aufwirft. Die Thematisierung und Konstruktion der Natur ist, wie Donna Haraway gezeigt hat, in Konstruktionen des Menschen immer implizit angelegt und erscheint als Heimsuchung einer Moderne, deren Selbsterzählung auf dem Kontrast zum untermenschlichen Anderen und zur unmenschlichen Maschine beruht. Beide letztgenannten Figuren sind unheimliche Doppelgänger eines weißen, rationalen Subjekts.

[1] Alexander Saxton, „Blackface Minstrelsy", in: Annemarie Bean, James V. Hatch und Brooks McNamara (Hg.), *Inside the Minstrel Mask: Readings in Nineteenth-Century Blackface Minstrelsy*. Hanover: University Press of New England (for) Wesleyan University Press 1996, S. 67–85, hier S. 75.

Doch zunächst zurück zum ‚afrikanischen' Wesen der Musik. Dieses problematische Erbe sollte weiter fortbestehen, auch während man diese Musik gleichzeitig als relativ *neue* Ausdrucksform der amerikanischen Kultur anerkannte und feierte. Erst mit Schwarzen Minstrel-Darstellern wie Bert Williams und George Walker und ihren verblüffend vielschichtigen Schwarzen Parodien von ‚Schwarzen' kehrte sie jedoch auch diskursiv ‚zurück nach Afrika'. In ihren Aufführungen wurde das Blackface zur Chiffre einer unablässigen Maskerade, die die Fiktion einer stabilen Identität ad absurdum führte und zugleich den essenzialistischen Traum einer reinen Fleischlichkeit anprangerte, den sowohl weiße Rassisten als auch Schwarze Nationalisten hegten. Das Motiv für den Schwarzen Gebrauch der schwarzen Maske war die Wiederaneignung der Natur, denn indem sich Williams und Walker als „zwei echte Coons" anpriesen, versuchten sie, die ‚Natürlichkeit' der weißen Minstrel-Shows auszuhebeln und an deren Stelle ihre eigene Inszenierung von Authentizität zu setzen. Im Jahr 1906, fast zwei Jahrzehnte vor dem Massenerfolg der *race records*, schrieb George Walker mit Blick auf die Politik der Minstrel-Shows:

> Viele Themen, die uns zu einigen unserer besten Texte inspirierten, waren rein afrikanisch. Wir waren die Ersten, die afrikanische Lieder amerikanisierten, etwa bei „My Zulu Babe", „My Castle on the Nile", „My Dahomean Queen". [...] Ich zögere nicht zu sagen, dass die Überwindung der Limitationen, die der afrikanischen Spezifik durch das als „Darky"-Ragtime bekannte Format auferlegt wurden, viel dazu beigetragen hat, dass schwarze Darsteller eine größere Rolle auf amerikanischen Bühnen spielen sollten.[2]

[2] George Walker, „The Negro on the American Stage", in: *The Colored American Magazine* 6:4 (1906), S. 248.

Die Minstrelsy erscheint hier als nationalistische Geste, und der Anspruch auf die Natur wird, wie Walker im selben Artikel darlegt, zu einer Strategie der „Gegen-Mimikry", die verschiedenen rassistischen Diskursen den Begriff der Natur streitig machen will: „Mein Bühnenpartner, Mr. Williams, ist der erste, mir je begegnete Angehörige unserer Race, der versucht, einen ‚Darky' auf vollkommen natürliche Weise darzustellen. Ich glaube, sein Erfolg verdankt sich vor allem dieser Tatsache."[3] Mit dieser Inszenierung, in der Natur und Gegennatur, parodistische Bestätigung und Subversion gleichermaßen viel Raum einnehmen – in der Doubles Doubles doubeln, in der das Selbst und der Andere wie in einem Kaleidoskop zerfließen, in einer Weise, die nur in einer *digitalen* Repräsentationsökonomie Sinn ergibt –, bewahrheiten Walker und Williams die alte Maxime, dass der *Negro* ein „natürlicher Mime" sei. Ebendiese Idee greift auch Zora Neale Hurston in „Characteristics of Negro Expression" auf, allerdings aus antirassistischer Perspektive: „Die universelle Mimikry des Negro ist weniger eine Eigenheit, als sie Beleg für etwas ist, das sein gesamtes Selbst durchdringt – und sich Dramatik nennt."[4]

Obwohl Williams, Walker und Hurston ein eher konventionelles Verständnis von Race hatten, lässt sich die ‚natürliche Mimikry' im Sinne einer antiessenzialistischen Haltung deuten, was vor allem auch mit der Reibung zwischen den Begriffen ‚natürlich' und ‚Mimikry' zusammenhängt. Schließlich verweist Ersteres auf Authentizität, auf etwas zeitlich und biologisch Unveränderliches und Feststehendes, während Letzteres – indem es Dinge spiegelt, verzerrt und unnatürlich werden lässt – Ersteres zurückweist. Dass der *Negro* ein „natürlicher Mime" sei, besagt also, dass er nichts auf natürliche Weise und seinem Wesen nach vielgestaltig ist.

[3] Ebd., S. 248.

[4] Zora Neale Hurston, „Characteristics of Negro Expression", in: Nancy Cunard (Hg.), *Negro: An Anthology*, London: Wishart & Co. 1934, S. 39–61, hier S. 49.

In der Ära des Modernismus beriefen sich auch Schwarze Kunstschaffende auf die ‚afrikanische Ästhetik', um eine Nähe zum afrikanischen Anderen zu behaupten und sich dadurch von ihren euro-amerikanischen Pendants wie Apollinaire, dem Wegbereiter des Surrealismus, oder auch Brancusi, Picasso, Matisse, Modigliani und vielen anderen abzuheben, die sich diese Ästhetik angeeignet hatten. So schreibt Alain Locke in *The New Negro* – in freudigem Tonfall angesichts kürzlich anerkannter anthropologischer Theorien über kulturelle Retention –, dass es die ‚Natur' sei, die afroamerikanische Kunstschaffende zur afrikanischen Kunst führe:

> Die afrikanische Plastik lieferte der zeitgenössischen europäischen Malerei und Bildhauerei einen Schatz an frischen Motiven, eine solch wertvolle Lektion in Einfachheit und Originalität des Ausdrucks. Wenn diese Strömung erst einmal bekannt ist und gewürdigt wird, wird sie fraglos nicht weniger Einfluss auf diejenigen haben, die ihr aufgrund von Blutabstammung und direkter kultureller Verwandtschaft nahestehen, als auf diejenigen, die sie nur durch Tradition sowie durch Neugier und Interesse am Exotischen übernehmen.[5]

Passend zu dem Schwarzen nationalistischen Assimilationismus, der sich damals zum dominanten Diskurs entwickelte, machten Locke zufolge also „Blut" und „direkte kulturelle Verwandtschaft" den Unterschied aus zwischen den weißen, exotiksuchenden Neulingen und denjenigen, denen sich durch die afrikanische Kunst ihre eigene Vergangenheit offenbarte. Es ging dabei, anders gesagt, nicht um Negrophilie oder Mimikry und auch nicht darum, während einer von Bildern des afrikanischen Kontinents geprägten Phase des Modernismus eine Marktnische zu besetzen. Der territoriale Anspruch wurde auf

[5] Alain Locke, „The Legacy of the Ancestral Arts", in: *The New Negro. Voices of the Harlem Renaissance,* New York: Simon & Schuster 1992, S. 254–267, hier S. 256.

der Ebene der Ästhetik erhoben, war aber zugleich untermauert durch biowissenschaftliche Erkenntnisse zur „Verwandtschaft", die noch schneller zusammenbrechen sollten als die UNIA. Doch auch dies erforderte eine Maskerade, da Afroamerikaner*innen zunehmend eine ‚afrikanische' Selbststilisierung vornahmen, eine Verdopplung der Haut durch die Haut, die die Theatralik von Williams und Walker in Kulturpolitik verwandelte.

Trotz ihrer Wurzeln in der amerikanischen Volks- und Bühnenkultur und im rassistischen Schrecken war die Minstrelsy ein globales Phänomen. Als einflussreiche Technologie der Repräsentation verbreitete sie sich in Europa und führte in England und im britischen Empire zur Entstehung eigener Minstrel-Kompanien. Im kolonialen Trinidad eignete sich die Karnevalskultur das Blackfacing an, so wie auch das Vaudeville in karibische Bedeutungssysteme einverleibt werden sollte. Im Zuge der weltweiten Verbreitung der *race records* in den 1930er Jahren fungierten schwarze Blackface-Minstrels selbst in Westafrika als afrikanische Repräsentationen von Afro-Amerikaner*innen. Aufgrund dieser globalen Ökonomie der Minstrelsy verweist das Blackfacing auch auf die Mechanismen der karibischen Plantagensystems und die Maschinerie des Kolonialismus, die Aimé Césaire in *Über den Kolonialismus* als „Verdinglichung" beschreibt, als eine Beziehung, die „den Eingeborenen zu einem Produktionsmittel" macht.[6] Von den ergiebigen karibischen Denkansätzen zum Verhältnis von Sklave, Afrika und Maschine ist es nicht mehr weit bis zu Cyborgs und Robotern.

In *The Pleasures of Exile* erinnert George Lamming an Césaire, wenn er versklavte Schwarze nicht als Menschen, sondern als „Pflüge in Menschengestalt" beschreibt.[7] Die Werke dieser beiden karibischen Modernisten lassen bereits erkennen, dass in der Schwarzen Diaspora der Gegensatz von Race und

6 Aimé Césaire, *Über den Kolonialismus*, übers. v. Heribert Becker, Berlin: Alexander Verlag 2017, S. 38.
7 George Lamming, *The Pleasures of Exile*, Ann Arbor: University of Michigan Press 1992, S. 121.

Technologie, *Negro* und Maschine zunehmend unscharf wurde, da sich die koloniale Entmenschlichung und Entindividuation auf einen technologischen Diskurs stützten. Schließlich bestand das zentrale diskursive Problem während der Sklaverei nicht nur darin, ob Sklaven Menschen oder Tiere seien, sondern hing auch mit der Frage zusammen, ob der *Negro* Mensch, Tier oder *Maschine* sei. Auch jener betagte romantische Rassismus, der den *Negro* eher der Natur zurechnet, kreist weniger um das Wesen des *Negro* als um ein weißes Selbst, das durch die beschleunigte technologische Entwicklung zunehmend entindividuiert wird. Die Debatte um künstliche Intelligenz wird sich also unweigerlich um dieselben Fragen drehen, die während und nach dem transatlantischen Sklavenhandel aufkamen – etwa darum, ob Sklaven eine ‚Seele' haben oder ob Schwarze aufgrund ihrer mangelnden Alphabetisierung zur Kategorie Untermensch verdammt sind, da sich die Print-Kompetenz, wie Henry Louis Gates oft hervorgehoben hat, zur Zeit des Sklavenhandels zur wichtigsten Technologie überhaupt entwickelte, um ein Menschsein geltend zu machen.

Mit der Entstehung post-schriftkultureller Technologien werden neue Versionen alter Fragen aufkommen: Können Maschinen denken? Sind rationales Denken und Literalität das absolute Signum menschlicher Handlungsmacht? Oder ist die Seele etwas, das dem kartesischen Cogito vorausgeht und dessen Bedeutung überragt? Diese durch die KI-Entwicklung befeuerten Fragen gehören schon lange zum Repertoire der Science-Fiction und sind implizit in den Race-Diskursen des Modernismus und der Moderne angelegt, die selbst wiederum natürlich auf die Besitzsklaverei und das gesetzlich verankerte Nicht-Menschsein afrikanischer Individuen zurückgehen.

Auch die Generation des *New Negro* befasste sich in ihren Arbeiten unterschwellig mit diesen Fragen. Oder zumindest waren sie prägend für den Versuch, die ‚Maschinenästhetik' mit Schwarzen Darstellungen der modern(istisch)en Stadtwelt zu verknüpfen. In der Musik entwickelte sich bekanntlich der Jazz zum scharfkantigen Sound einer modernistischen Urbanität, während die von Du Bois geschätzten Spirituals den nostalgischen Jammer über eine nicht mehr länger ‚authentische' Welt und symbolische Ordnung zum Ausdruck brachten. Alain Locke sperrte sich gegen Du Bois' Lesart der Spirituals: „So interessant und faszinierend Dr. Du Bois' Analyse ihrer emotionalen Themen auch sein mag, muss eine moderne Interpretation mit diesem Analyseansatz brechen […].“[8]

Das bedeutet nicht, dass Locke den Jazzsound für zeitgemäßer hielt als die Spirituals, sondern dass er eine „moderne Interpretation“ dieses klassischen Sounds einforderte. Der Begriff „modern“ lässt hier nicht nur einen Generationenkonflikt aufklingen; er steht zugleich für einen Kampf um Deutungshoheit, bei dem Locke versuchte, ein Bild des *Negro* durchzusetzen, das neuer als der Minstrel und zeitgenössischer als jene Figuren war, die Du Bois in *Die Seelen der Schwarzen* beschrieb. Diesen „modernen“ Standpunkt verknüpfte Locke auch ausdrücklich mit einer „neuen Psychologie“, einer „neuen Sehweise“, einer „neuen Seele“, einem „neuen Internationalismus“ sowie jenem unermüdlichen Eintreten für das *Neue* an sich, das bezeichnend für sein Manifest *The New Negro* ist.[9]

Aus der Generation *New Negro* verortete erst der legendäre jamaikanische Schriftsteller J.A. Rogers den Jazz im Kontext von Afrika, dem Neuen und der Maschinenästhetik. In seinem Essay „Jazz at Home“ schreibt er:

> Der direkte Vorläufer von Jazz ist Ragtime. Zweifellos sind beide in atavistischem Sinne afrikanisch, doch in welchem Maße ist schwer zu sagen. Die barbarischen Rhythmen und

8 Alain Locke, „The Negro Spirituals“, in: ders., *The New Negro. Voices from the Harlem Renaissance*, New York: Atheneum 1992, S. 199–213, hier S. 205.

9 Alain Locke, „Foreword“ und „The New Negro“, in: ders., *The New Negro. Voices from the Harlem Renaissance*, New York: Atheneum 1992, S. xv–xvii und 3–16, hier S. 3, 6, xvii, 15.

> das Überbordende erinnern an die Bamboula, einen wilden Tanz aus der Vergangenheit, der von westafrikanischen und haitianischen Schwarzen getanzt wurde [...]. Aber Jazz ist schneller und komplexer als afrikanische Musik. Kuhglocken, Autohupen, Dampforgeln, Rasseln, Essensgongs, Küchenutensilien, Zimbeln, Schreie, Scheppern, Klirren und monotone Geräusche – all dies deutet hin auf eine nervöse, laute, mechanisierte Zivilisation. Es ist eine Musik des Dschungels – des modernen, menschgemachten Dschungels.[10]

Wir befinden uns auf vertrautem Gelände. Jazz als Sound der Straße – Schwarze Musik als Sound der Straße, von Jazz bis Hip-Hop, von Reggae bis Techno – eine unumgängliche Abfolge schwammiger nationalistischer *und* kulturindustrieller Klischees. Doch Rogers' Beschreibung einer Musik, die Adorno später als „Maschinenmusik" schmähte, rückt ihn in die Nähe einer noch viel früheren modernistischen Bewegung, die das Moderne und Maschinelle nachdrücklich feierte, nämlich den italienischen Futurismus. Exemplarisch dafür steht Luigi Russolos Manifest „Die Geräuschkunst" aus dem Jahr 1913:

> Wenn wir eine moderne Großstadt mit aufmerksameren Ohren als Augen durchqueren, dann werden wir das Glück haben, den Sog des Wassers, der Luft oder des Gases in den Metallröhren, das Brummen der Motoren, die zweifellos wie Tiere atmen und beben, das Klopfen der Ventile, das Auf und Ab der Kolben, das Kreischen der Sägewerke, die Sprünge der Straßenbahn auf den Schienen, das Knallen der Peitschen und das Rauschen von Vorhängen und Fahnen zu unterscheiden. Wir haben Spaß daran, den Krach der Jalousien der Geschäfte, die zugeworfenen Türen, den Lärm und das Scharren der Menge, die verschiedenen Geräusche der

[10] J.A. Rogers, „Jazz at Home", in: Alain Locke (Hg.), *The New Negro: Voices of the Harlem Renaissance*, New York: Simon & Schuster 1997, S. 216–224, hier S. 217f.

> Bahnhöfe, der Spinnereien, der Druckereien, der Elektrizitätswerke und der Untergrundbahnen zu orchestrieren.[11]

Für die „Geräuschmusik" des Futurismus war der Jazz kein direkter Bezugspunkt wie etwa für die Kunstszene rund um das Cabaret Voltaire. Dennoch gibt es eine Verbindung, und die Nähe zur Atmosphäre der Moderne ist deutlich. Die ‚Animalität' der industriellen Technologie und die Klänge des Stadtlebens unterscheiden sich hier kaum von dem Klangkosmos, den Rogers beschreibt. Zur Zeit der *New-Negro*-Bewegung wurde der Jazz allmählich in Beziehung zu radikalen modernistischen Strömungen wie dem Surrealismus gesetzt. „Was Breton und Aragon in den 1920er Jahren für die Poesie und Chirico und Ernst für die Malerei leisteten, war bescheidenen Schwarzen Musikern bereits in den 1910er Jahren intuitiv gelungen, ohne Hilfe der Kontrolle durch eine kritische Intelligenz, die sich für spätere Impulsgeber als so wertvoll erwies."[12] Selbst Marinetti, der Wortführer der futuristischen Propaganda, bediente sich der ‚afrikanischen Ästhetik', als er den Krieg, die Technologie und eine beschleunigte Zeitlichkeit feierte. Sein Roman *Mafarka der Futurist* (1909) handelt von einem afrikanischen König, dessen Sohn die Sonne erfolgreich herausfordert und daraufhin stirbt. Nach seinem Ableben hinterlässt er das, was Marinetti als „absolute[] Musik" beschreibt.[13]

Hinsichtlich dieser Verbindungen zwischen radikalem Modernismus und ‚Rasse' muss betont werden, dass diese Bewegungen, wenn sie sich die moderne industrielle Technologie nicht vollständig zu eigen machten, radikale Kritik an ihr übten. Unabhängig von ihrer Stoßrichtung war die Figur des

11 Luigi Russolo, „Die Geräuschkunst", in: Hansgeorg Schmidt-Bergmann (Hg.), *Futurismus. Geschichte, Ästhetik, Dokumente*, Reinbek: Rowohlt 2009, S. 235–240, hier S. 238.

12 Robert Goffin, „Hot Jazz", in: Nancy Cunard (Hg.), *Negro: An Anthology*, London: Wishart & Co. 1934, S. 378f, hier S. 379.

13 Filippo Tommaso Marinetti, *Mafarka der Futurist. Afrikanischer Roman*, übers. v. Michael von Killisch-Horn und Janina Knab, München: belleville, 2004, S. 173.

Negro jedoch stets symbolisch darin verwickelt – etwa in den „Chants Nègres" des Dada oder in anderen Formen dessen, was Annabelle Melzer als „Pseudo-Afrikanismen" beschreibt.[14] Und fast immer hing diese Figur von jener beherrschenden Technologie rassifizierter Repräsentation ab, die mit der Minstrelsy begründet wurde. Auch der oben aus Nancy Cunards Anthologie *Negro* zitierte Vergleich von Louis Armstrong mit Breton und Aragon deutet darauf hin, dass der *Negro* als ‚natürlicher' und instinktiver Modernist zu verstehen sei. Das heißt jedoch nicht unbedingt, dass der *Negro* eine Zwischenstufe zwischen Primitivem und Zeitgenössischem darstellen würde. Vielmehr fungiert diese Figur als *Verkörperung und Naturalisierung* dieser Spannung, denn die in die ‚afrikanische Ästhetik' eingeschriebene hyperbolische ‚Natur' dient als fleischliche Tarnung der unauthentischen ‚Maschinenästhetik', ähnlich wie die ‚Weiblichkeit' als Maske des Roboters in Fritz Langs METROPOLIS (1927) fungiert. Diese Art der Verkörperung brachte vielleicht keine andere Schwarze Performerin besser zum Ausdruck als Josephine Baker, die, wie Phyllis Rose schreibt, einst von einem einflussreichen Zuschauer im Publikum der *Revue nègre* als „kubistisch" beschrieben wurde.[15] Man feierte Bakers körperliche Biegsamkeit, die eine Aura des Naturwüchsigen umgab, als eine Erwiderung auf bzw. Ablehnung von regulierten, mechanischen Bewegungsabläufen und einer technologisch bedingten Entindividuation. Adornos berühmter Angriff auf den Jazz, in dem er eine entindividuierte, maschinenartige Subjektivität erkannte, klingt hier deutlich durch.

Für Marinetti hingegen war die zunehmende Nähe zwischen dem menschlichen Körper und der Maschine keineswegs beklagenswert. In „Der multiplizierte Mensch und das Reich der Maschine" beschreibt er das politische Schicksal dessen, was wir heute einen Cyborg nennen würden – jene Figur der

[14] Annabelle Melzer, *Dada and Surrealist Performance*, Ann Arbor: UMI Research Press 1980, S. 70.
[15] Phyllis Rose, *Jazz Cleopatra: Josephine Baker in Her Time*, New York: Vintage 1991, S. 8.

absoluten Verschmelzung von Fleischlichem und Mechanischem. So schreibt Marinetti, dass „wir die Schaffung eines a-humanen Typus anstreben“, denn „Gewissenspein, Güte, Gefühl und Liebe stellen nichts als zerfressende Gifte der unerschöpflichen vitalen Energie dar, bloße Barrieren für den Fluss unserer mächtigen physiologischen Elektrizität [...]. Der für eine allgegenwärtige Geschwindigkeit geschaffene a-humane und mechanische Typus wird natürlich grausam, allgegenwärtig und kampfbereit sein.“[16]

Marinettis Beschreibung entspricht der im Science-Fiction-Genre inzwischen geläufigen Darstellung des Cyborgs als einem Produkt des Staats, das als solches längst nicht so viel subversives Potenzial besitzt, wie in zeitgenössischen Diskursen in Anschluss an Donna Haraway oft behauptet. Doch darüber hinaus gibt es auch Maschinenwesen, die in enger Beziehung zur Figur des *Negro* stehen und als solche von der Assimilation träumen und davon, dass ihre race-basierte Differenz durch das Schweigen einer normativen weißen und männlichen Körperlichkeit aufgehoben wird.

***

Bevor wir uns der Roboterseite der Dialektik von Roboter und Minstrel zuwenden, kommen wir zunächst zum Einfluss des radikalen Modernismus auf die bildende Kunst der Harlem Renaissance. Am deutlichsten wird dieser im Werk von Aaron Douglas, der auch für die Illustrationen in der Anthologie *The New Negro* größtenteils verantwortlich zeichnete. Der maßgebliche Impuls für sein Schaffen und das seiner gesamten Generation war fraglos, *Afrika* Bedeutung abzuringen und – wie auch in den Arbeiten von Williams und Walker – den *virtuellen*

16 Filippo Tommaso Marinetti, „Der multiplizierte Mensch und das Reich der Maschine“, in: Hansgeorg Schmidt-Bergmann (Hg.), *Futurismus. Geschichte, Ästhetik, Dokumente*, Reinbek: Rowohlt 2009, S. 107ff., hier S. 108.

Negro vor jenem weißen Rassismus zu retten, der die Mimikry der Minstrelsy benutzte, um die Forderungen nach Bürgerstatus und Anerkennung des ‚Menschseins' zu unterbinden und zu untergraben, die zu Anfang des 20. Jahrhunderts im Zentrum der Kämpfe von Schwarzen um kulturelle und politische Geltung standen. Zugleich erscheinen bei Douglas sämtliche Motive und Darstellungen des *Negro* vor dem Hintergrund einer Bildsprache, die von Art Deco, Kubismus und der geometrischen Abstraktion des Konstruktivismus und Futurismus gekennzeichnet ist.

Rosalind Krauss prägte den Begriff „black deco", um jene europäische Stilattitüde zu beschreiben, die die Mutation der ‚afrikanischen Ästhetik' zur modern(istisch)en Kunst ermöglichte.[17] Auch Douglas' Werk ist, trotz der ‚natürlichen' Verbindung zu seinem Sujet, ein Beispiel dafür. Bei aufmerksamer Betrachtung seiner in *The New Negro* abgebildeten Werke sticht die Darstellung der afrikanischen und afroamerikanischen Figuren deutlich hervor, besonders in Arbeiten wie „Meditation", „Rebirth", „Sahdji", „The Poet", „‚Emperor Jones'", „‚Roll Jordan Roll'" und „‚An' The Stars Began to Fall'". Ihre Haut ist gleichmäßig schwarz, ihre abgerundeten Körper heben sich gegen die scharfen Kanten einer zerklüfteten, unnatürlichen Landschaft ab, doch ihre markanten Lippen sind allesamt durch ein dick aufgetragenes Weiß überzeichnet – eine offensichtliche Bezugnahme auf die Minstrelsy.

Douglas' Figuren sind eindeutig keine Roboter oder Maschinenwesen. Sie hadern mit der Reglementierung und der Entindividuation in der modern(istisch)en Welt und ringen darum, einen Bezug zu den maschinischen Texturen der modernen amerikanischen Kultur herzustellen. Auch der Versuch, das Bild des *Negro* in die Logik des industriellen Kapitalismus

17 Petrine Archer Straw, *Negrophilia: Avant-Garde Paris and Black Culture in the 1920s*, New York: Thames & Hudson 2000, S. 71; siehe auch Rosalind E. Krauss, „No More Play", in: dies., *The Originality of the Avant-Garde and Other Modernist Myths*, Cambridge: MIT Press 1986, S. 42–85.

und der Marktwirtschaft einzugliedern, spielte dabei hinein. Schließlich wurden Schwarze – parallel zu den Forderungen nach der Gleichberechtigung des *Negro* – als Konsumenten und Zielgruppe entdeckt. Douglas hatte zwar keinen direkten Zugang zum Werk des dadaistischen Antikünstlers Tristan Tzara, doch dieser stellt in „Note 6 sur l'art nègre" aus dem Jahr 1917 eine ästhetische Verbindung zwischen modernistischer Kantigkeit und Primitivismus her, die sich sogar bis zum Kubismus zurückverfolgen lässt, zum Beispiel zu Picassos *Les Demoiselles d'Avignon* (1907).

Im Gegensatz zu Douglas schwebte Tzara jedoch nicht vor, dass der *Negro* das Andere der Maschinenästhetik sei oder gegen sie ankämpfen müsse. Für Tzara sind ‚Afrika' und dessen Ästhetik nicht etwa rundlich, sanft und organisch, sondern scharfkantig und ultramodern:

> Mein anderer Bruder ist naiv und gutherzig und zum Lachen aufgelegt. Er verköstigt sich in Afrika, umgeben von Ozeaninseln: Er richtet seinen Blick auf den Kopf, die eisenhölzerne Hüfte, in aller Ruhe, und löst sich dabei von den konventionellen Proportionen zwischen Kopf und restlichem Körper. Er denkt so: Der Mensch geht aufrecht, alles in der Natur ist symmetrisch. In seinem Schaffen ordnen sich wie zwangsläufig neue Beziehungen an: Aus dieser Reinheit entsteht seine Ausdruckskraft.[18]

Tzaras Bild seines „anderen Bruders" trägt zwar eindeutig romantische Züge, dennoch gesteht er „ihm" Kognition, Verstand und Selbstbewusstsein zu. Das heißt, „er" ist kein Automat, kein „es". Diese Entsprechung zwischen dem *Negro* und den ultramodernen Texturen des Konstruktivismus begründet

[18] Tristan Tzara, „Note 6 on Negro Art", in: Mary Ann Caws (Hg.), *Manifesto. A Century of Isms*, Lincoln: University of Nebraska Press 2001, S. 99f., hier S. 99.

Anfang des 20. Jahrhunderts ein Verständnis – wenn nicht gar eine Theorie – von ‚Rasse' und ‚Maschine'.

Im afroamerikanischen Diskurs dieser Zeit findet sich ein Roboterbild wohl am ehesten in der Figur des „Rhobert" aus der gleichnamigen Vignette in Jean Toomers 1923 erschienenem Roman *Zuckerrohr*. „Rhobert trägt ein Haus auf dem Kopf wie einen monströsen Taucherhelm […]. Wie die Fühler eines ausgestopften Lebewesens ragt Gestänge aus dem Haus in die Luft."[19] Das Bild entspricht zugegeben nicht unbedingt Fritz Langs Roboter und verrät mehr über den Materialismus der in den Nordstaaten lebenden Schwarzen Bourgeoisie als etwas über den technologischen Fortschritt. Doch diese Aspekte schließen einander keineswegs aus. Die Roboterfigur erscheint hier als Metapher für einen seelenlosen, hohlen Automaten, und auch das Wort selbst wurde nur drei Jahre zuvor in dem Theaterstück *R.U.R.* (*Rossum's Universal Robots*) des tschechischen Autors Karel Čapek geprägt. Es leitet sich von dem tschechischen Wort *robota* ab, was – um dieser Geschichte eine weitere unheimliche Verbindung hinzuzufügen – so viel wie niedere Arbeit oder Zwangsarbeit bedeutet.

In *The Dreams Our Stuff is Made Of*, seiner umstrittenen Geschichte des Science-Fiction-Genres, schreibt Thomas M. Disch über Čapeks Schöpfung:

> Seine Roboter entsprechen einer Albtraumvision des Proletariats, betrachtet aus der Perspektive der Mittelschicht, zu einer Zeit, als die Bolschewiki erste Erfolge in Russland errangen. Sie sind gefertigte Produkte und daher Eigentumsgegenstände (wie auch die Leibeigenen in Russland). Als billigste verfügbare Arbeitskräfte ermöglichen sie es in dem Stück den privilegierten Menschen, ein Leben in schwelgerischem Luxus zu führen, bis zu dem Moment, an dem die

[19] Jean Toomer, *Zuckerrohr*, übers. v. Monika Plessner, Frankfurt a.M.: Ullstein 1985, S. 62.

> Roboter ihre eigene Stärke erkennen und ihre Schöpfer auslöschen. Čapeks Haltung changiert zwischen Entrüstung angesichts der Ausbeutung der Roboter (die manchmal beseelt zu sein scheinen) und Angst vor dem jüngsten Tag, an dem die Privilegien der Mittelklasse ihr Ende finden. Der SF-Kunstgriff, menschliche Arbeitskräfte durch Roboter zu ersetzen, ermöglicht es Čapek, durch die Telepathie der Allegorie die moralische Wahrheit zum Ausdruck zu bringen, dass das industrielle System arbeitende Menschen wie Maschinen behandelt und damit die Saat für einen unvermeidlichen und gerechten Aufstand legt.[20]

Diese Passage erzeugt einen gespenstischen Widerhall, besonders wenn man noch Begriffe wie Race, Sklaverei und Segregation zu diesem Stimmungsbild hinzunimmt. Čapeks Stück wurde 1920 erstmals aufgeführt. Unabhängig davon, ob es für Toomer zugänglich war oder ob Čapek vom damaligen Kult um das Angelsächsische in Amerika, der Verehrung des Ku-Klux-Klans und den nationalen Ängsten vor einem organisierten Aufstand von Schwarzen wusste, kommt hier durch die geteilte Sorge noch etwas anderes zum Vorschein. In gewisser Hinsicht machte es die gemeinsame „Telepathie der Allegorie" möglich, dass Toomers Schöpfung auf unheimliche Weise an Čapeks erinnerte und ebenso Langs Roboter erahnen ließ, der wiederum innerhalb der Science-Fiction eine eigene Tradition begründen sollte, die bis zu Ridley Scotts Film Blade Runner reicht – der seinerseits auf Philip K. Dicks Roman *Träumen Androiden von elektrischen Schafen?* basiert. Diese motivischen Bezüge scheinen heute mehr und mehr offensichtlich, da die Zusammenhänge von Race, Gender, Technologie und Science-Fiction zunehmend öfter untersucht werden – aber diese Verbindungen waren schon immer da. Lediglich die

[20] Thomas M. Disch, *The Dreams Our Stuff Is Made Of: How Science Fiction Conquered the World*, New York: Touchstone/Simon & Schuster 2000, S. 8f.

überdeutliche Verknüpfung von ‚Rasse' mit dem ‚Organischen' hinderte bislang daran, sie als eine konstitutive Spannung für das ästhetische und kulturpolitische Feld im 20. Jahrhundert zu erkennen.

Der Roboter weckt jedoch nicht nur Angst davor, durch Technologie ersetzt oder von ihr beherrscht zu werden. Es gibt zudem die Angst vor der *maschinischen Einverleibung* (eine Form der Assimilation), die heute zunehmend deutlicher hervorkommt, da unsere kulturelle Beziehung zur Technologie durch größere Nähe gekennzeichnet ist und die Maschinen immer seltener als das ‚Andere' erscheinen. Čapeks Begriffsprägung verweist auf jenen eher unschuldigen Schreckensmoment, als die Maschine noch das absolut ‚Andere' war – eine neue Rasse, sichtbar unterschiedlich und ohne jede Beziehung zur ‚Natur'.

Inzwischen ist die Trennung von Fleischlichem und Künstlichem durchlässiger geworden oder offenbart sich vielmehr als immer schon in Auflösung begriffen. Sie ist, was sie stets war – ein reaktionäres Produkt sowohl der Angst vor als auch des Begehrens nach dem ‚Neuen' und dem ‚Anderen'. Als Begriff wirkt Roboter heute noch antiquierter als analog (oder sogar *Negro*) und ruft mehr Nostalgie hervor als jener technische Reproduktionsapparat, der heute im grellen Licht der digitalen Mimesis so seltsam authentisch auf uns wirkt, der mit seinem Knistern und Knacken, seinem Kratzen und Springen nicht länger für ein technologisches Artefakt steht, sondern für einen gewandelten Begriff des ‚Echten' – eine verlorene Epistemologie. Heute offenbart sich diese Nostalgie als Sehnsucht nach einer Machtstruktur aus vergangenen Zeiten und ihren Mechanismen der Differenz und Repräsentation, die durch ebenjene einst vorherrschende Technologie gestützt wurden. Diese Mechanismen gründen, wie Donna Haraway schreibt, nicht nur auf der institutionalisierten Trennung von Heiligem und Profanem, sondern auch auf der diskursiven Kontrolle jener Unterscheidung zwischen Natürlichem und Artifiziellem, zwischen Organischem und Maschine, die auf die primären Unterscheidungen von Mensch und Tier, männlich und weiblich, weiß und nicht-weiß folgt.

Der Cyborg – die von Manfred Clynes und Nathan Kline geprägte Wortzusammensetzung aus Norbert Wieners Kybernetik und dem Begriff des Organismus – hat den Roboter ersetzt, so wie auch die digitale Reproduktion die analoge ‚ersetzt' hat und der multinationale Kapitalismus und dessen Warenkultur den industriellen Kapitalismus. Diese Verschiebung entspricht einer Transformation der Maschinenästhetik hin zu dem, was wir weiterhin oft Cyberkultur nennen. In dieser Transformation spielt Race jedoch eine ähnliche Rolle wie das, was man einst als „Geist in der Maschine" bezeichnete – ein Spukwesen, das, wie Erik Davis schreibt, im „elektromagnetischen Imaginären" existiert und die atmosphärenhaften Klangerinnerungen an das Kulturleben des 20. Jahrhunderts heimsucht.[21] Race existiert entlang jener „niedrigeren Frequenz", die Ralph Ellisons *Unsichtbarer Mann* zu rekolonisieren versucht, nicht nur indem er sich die Elektrizität aneignet, sondern indem der Phonograph selbst zum Weichensteller für die Technopoetik der zeitgenössischen DJ-Kultur wird. Erinnern wir uns, dass die Unsichtbarkeit von Ellisons Protagonist durch die illegale Stromabzweigung und die Manipulation von Schallplattenspielern ermöglicht wird:

> Augenblicklich habe ich *eine* Musiktruhe, aber ich will fünf haben. In meiner Höhle herrscht eine gewisse akustische Trockenheit, und wenn ich die Musik anmache, will ich die Schwingungen *spüren*, nicht nur mit den Ohren, sondern mit dem ganzen Körper. Ich würde gerne fünf Aufnahmen von

[21] Erik Davis, „Recording Angels: The Electromagnetic Imaginary", in: *The Wire*, Januar 1999.

> Louis Armstrong hören, wie er „What Did I Do to Be so Black and Blue" spielt und singt – alle gleichzeitig.[22]

Von militanten Schwarzen aus Ellisons Generation wurde Louis Armstrongs Darbietung als Minstrelsy geschmäht; doch was hier vielmehr Wirkung entfaltet, sind die *Aufzeichnung* dieses Auftritts und die Manipulation der Ware, auf die der Auftritt gebannt wurde. Ellisons Figur ist von lärmender Unsichtbarkeit, ihre Stille ist nicht stumm, ihre Abwesenheit keine Auslöschung:

> Und das ist es, was mich ängstigt.
> Wer weiß schon, dass ich, auf niedrigerer Frequenz, auch für Sie spreche?[23]

Just vor der Gründung von Motown, dem Durchbruch von Marshall McLuhan und dem rasanten Aufstieg der Computer- und Robotikforschung erinnerte uns Ellison daran, dass wir dem Phonographen zuhören müssen, um die unheimliche Geschichte der Minstrels und Roboter zu vernehmen.

In *Mimesis und Alterität* schreibt Michael Taussig, dass der Phonograph zu jenen „mimetischen Maschinen" gehört, die für den Modernismus eine wesentliche Rolle spielten.[24] Die Geschichte dieser Maschine erzählt von Race und Technologie, von einem Widerspruch des Modernismus, der durch eine *Poetik der Naturalisierung* gekittet und überwunden wird, welche die *aufgezeichnete* Schwarze Stimme in ein Zeichen des Natürlichen verwandelt. An diesem zentralen Schauplatz einer Schwarzen Cyborg-Ästhetik wird die poetische Naturalisierung einerseits vorangetrieben durch den Kapitalismus, der

[22] Ralph Ellison, *Der Unsichtbare Mann,* übers. v. Georg Goyert, überarbeitet v. Hans-Christian Oeser, Berlin: Aufbau Verlag 2020, S. 12.
[23] Ebd., S. 660.
[24] Michael Taussig, *Mimesis und Alterität. Eine eigenwillige Geschichte der Sinne*, übers. v. Regina Mundel und Christoph Schirmer, Hamburg: Europäische Verlagsanstalt 1997, S. 11.

seine Unauthentizität leugnet und dafür rassifizierte Bilder des Natürlichen und Organischen in Umlauf bringt, andererseits aber auch dadurch, dass sich die Schwarze Diaspora der Aufgabe verschreibt, den Wahrnehmungsapparat der Moderne zu rekonfigurieren, und zwar durch einen *überkompensatorischen Hyperrealismus*, der den schwarzen Körper außerhalb des Modernen situiert und dabei die Technologie entsprechend ihrer eignen kulturellen Prioritäten naturalisiert.

Der Phonograph selbst evoziert und ist abhängig von der Schwarzen Stimme und fungiert als ihre wichtigste Verbindung zur Maschinenästhetik. Zur Zeit des Modernismus ist diese Stimme vor allem darum bemüht, gehört zu werden und sich selbst beim Gehörtwerden zu hören – was Derek Walcott als das für jegliche Form von Emanzipation unabdingbare „Hören unseres Hörens" beschreibt.[25] Nach der Erfindung des Phonographen verstärken sich diese Bemühungen noch, denn mit den *race records* wird die Schwarze Stimme zum Fetisch und zur Ware und wird dabei zunehmend von ihren Ursprüngen in einer spezifisch politischen Geschichte und Erfahrung getrennt. Dieser Prozess der Naturalisierung beginnt mit dem Phonographen, einer Schlüsseltechnologie des Modernismus neben Fotografie und Film. Seine Erfindung führte allmählich dazu, dass der Minstrel und die Maschine, die Schwarze Stimme und die kolonialen „Technologien der Klangmimese" ein Beziehungsgeflecht ausbilden, das zur Grundlage der Hypersichtbarkeit von Race bzw. *rassifizierten Klängen* in der globalen Kultur der Massenmedien von heute werden sollte.[26]

Vor dem Hintergrund von Technologie, Race, Sound und Kultur lässt sich auch W.E.B. Du Bois' *Die Seelen der Schwarzen* anders als gewöhnlich lesen. Um diesen klassischen Text in Bezug zur Technologie zu setzen, denken wir zunächst an frühe

[25] Derek Walcott, „What the Twilight Says: An Overture", in: *What the Twilight Says: Essays*, New York: Farrar, Strauss & Giroux 1998, S. 3–35, hier S. 9.
[26] Taussig, *Mimesis und Alterität*, S. 227.

analoge Repräsentationen und Reproduktionen der ‚Schwarzen Stimme'. Erinnern wir uns ebenso daran, dass die Frage der ‚Seele' in Čapeks *R.U.R.* aufkommt und dass sie durch sämtliche Darstellungen von künstlichem Leben bzw. Intelligenz in Literatur, Kultur und Wissenschaft geistert. Du Bois' Begriff der ‚Seele' erscheint damit nicht nur als Antwort auf die vermeintliche Unbeseeltheit des *Negro*, sondern auch als nostalgische Reaktion auf eine zunehmend technologisch abhängige Zivilisation, die für Afroamerikaner*innen trotz ihrer politischen Marginalisierung eine wirtschaftliche und kulturelle Rolle vorsah.

Du Bois' ‚Seele' ist Vorbote eines afroamerikanischen Modernismus, der sich den *race records* und der Phonographie ebenso verdankt wie Marcus Garveys *Negro World* oder Broadway-Shows wie *Shuffle Along*. In einer Essaypassage, auf die sich auch Paul Gilroys Argumentation in *The Black Atlantic* stützt, hat Peter Linebaugh jene Transformation nachgezeichnet, bei der aus einer früheren Geschichte des kulturellen Wandels und Austauschs der kulturelle Modernismus einer ausdrücklich Schwarzen Diaspora hervorging. Linebaugh schreibt diesbezüglich: „Bis zur Erfindung der Langspielplatte sollte das Sklavenschiff das wichtigste Medium panafrikanischer Kommunikation bleiben."[27] In *Die Seelen der Schwarzen* ist die essenzialistische Metapher der ‚Seele' mit einer afrikanischen Vorzeitigkeit und einem amerikanischen Rassismus verbunden, was sich vor allem in Du Bois' Darstellung der „Sorrow Songs" (Klagelieder) manifestiert. Dass diese Musiken später in Beschlag genommen und weltweit als Waren vermarktet wurden, kündete von einem Empire, das sich hinter der Maske einer Schwarzen Mundart unkenntlich machen sollte.

Du Bois' Betonung des Organischen steht zudem für eine Angst vor dem technologischen Doppelgänger, der ‚seelenlosen'

[27] Peter Linebaugh, „All the Atlantic Mountains Shook", in: *Labour/Le Travail* 10 (Herbst 1982), S. 87–121, hier S. 119.

Maschine, die die Schwarze Stimme mühelos nachahmen und ersetzen könnte – ähnlich wie einst der weiße Minstrel. Du Bois' Affinität zum deutschen Denken ist bestens bekannt, und auch die Verbindung zwischen Langs METROPOLIS und dem, was Friedrich Kittler als „Doppelgängerboom" im deutschen Film des frühen 20. Jahrhunderts beschreibt, lädt hier zu Spekulation ein.[28]

Allerdings verweist das Diskursfeld um Verdopplung, Replikation, Automatisierung und Ersetzung auch auf Du Bois' Paradigma des „doppelten Bewusstseins", das wiederum auf die Psychoanalyse der Jahrhundertwende und die von der Psychologie des 20. Jahrhunderts diagnostizierte „gespaltene Persönlichkeit" zurückgeht. Schließlich bezieht sich die These eines doppelten Bewusstseins nicht nur auf eine durch physische und epistemologische Gewalt zersplitterte Psyche, sondern ist auch eine treffende Beschreibung für eine Subjektivität, die unvermittelt mit einem Simulakrum konfrontiert wird. Du Bois' ‚Negro' erlebt visuelle und auratische Zusammenstöße mit exakten Repräsentationen seiner selbst: einem analogen ‚Double', das das Subjekt dazu zwingt, sich selbst durch die Augen und Ohren der anderen zu erfahren. Dieses Double lässt an das Bild des Minstrels denken, doch ähnelt es tatsächlich einem *Replikanten,* um es mit jenem Begriff zu sagen, den Philip K. Dick in seinem Roman *Träumen Androiden von elektrischen Schafen?* für den Cyborg prägte. Dieses künstliche Wesen existiert in einer virtuellen Welt, in der das Schwarze Begehren danach, sich mit dem Double zu einem „besseren und wahreren Selbst" zu „vereinen", eine Strategie der Gegenassimilation erforderlich macht, denn die unmögliche Notwendigkeit der Assimilation bringt den maschinischen Doppelgänger überhaupt erst hervor.[29] Diese Lesart von Du Bois ist es auch, die

[28] Friedrich Kittler, *Grammophon Film Typewriter*, Berlin: Brinkmann & Bose 1986, S. 232.
[29] W.E.B. Du Bois, *Die Seelen der Schwarzen*, übers. v. Jürgen und Barbara Meyer-Wendt, Freiburg: orange press 2008, S. 35.

Kodwo Eshun in seinem afrofuturistischen Manifest *Heller als die Sonne* die scharfsinnige Bemerkung erlaubt, dass „Norbert Wieners *The Human Use of Human Beings*" – ein 1950 erschienenes Buch, das den Begriff der Kybernetik prägte – „W.E.B. Du Bois' *The Souls of Black Folk* fürs analoge Zeitalter" sei.[30]

***

An dieser Stelle scheint es angebracht zu erklären, wie der Begriff des Unheimlichen im Titel und der Argumentation dieses Essays verwendet wird. Bekanntlich geht Du Bois' Bild des „Schleiers" auf die afroamerikanische Folklore zurück, vor allem auf die Vorstellung, dass mit einer Glückshaube geborene Kinder manchmal über die Gabe verfügen, die metaphysische Welt wahrnehmen zu können. Du Bois erkennt in diesem „zweiten Gesicht" einen besonderen Blick auf die amerikanische Moderne, mit dem der *Negro* aufgrund seiner psychischen Fragmentierung und der Erfahrung von Rassismus und Sklaverei gleichzeitig gesegnet und verflucht ist. Indem Du Bois in seinem Werk die Seele und das Organische gleichsetzt, lässt er diesen Blick auch als Gegengewicht zu den Exzessen des industriellen Kapitalismus erscheinen. Folglich schreibt Du Bois: „[...] wir Schwarzen [sind] die einzige Oase des einfachen Glaubens in dieser Staubwüste aus Dollars und Verschlagenheit."[31] Trotz dieser Gleichsetzung trägt das „doppelte Bewusstsein" jedoch Spuren des *Unnatürlichen* – Spuren dessen, was Susan Gillman als das „rassifizierte Okkulte" beschreibt.[32]

Das Okkulte und das Unheimliche hängen nicht nur mit Fragen der Psychologie und Race, der Folklore und Mythologie zusammen, die Ende des 19. und Anfang des 20. Jahrhunderts

30 Kodwo Eshun, *Heller als die Sonne: Abenteuer in der Sonic Fiction*, übers. v. Dietmar Dath, Berlin: ID Verlag 1999, S. 102.
31 Du Bois, *Die Seelen der Schwarzen*, S. 43.
32 Susan Gillman, *Blood Talk: American Race Melodrama and the Culture of the Occult*, Chicago: University of Chicago Press 2003.

aufkamen. Mit Blick auf Sigmund Freuds Aufsatz „Das Unheimliche“ aus dem Jahr 1919 wird auch eine Nähe zum Themenfeld um Verdopplung, Mimesis und Technologie deutlich. Du Bois hatte damals zwar keinen Zugang zu Freuds Aufsatz, doch durch das Werk seines bekanntesten Mentors, des Psychologen William James, wusste er von Alfred Binets *On Double Consciousness* (1896), einer Abhandlung über multiple Persönlichkeit. James hatte Binets Arbeiten in seinem 1890 erschienen Aufsatz „The Hidden Self“ aufgegriffen, der sowohl Du Bois als auch Pauline Hopkins beeinflusste. Freud unternahm seinen Versuch, die Vorstellung oder Erfahrung des „Unheimlichen“ zu umreißen, erst Jahre nach der Erscheinung von *Die Seelen der Schwarzen*, und nichts deutet darauf hin, dass Freud von Du Bois’ oder Hopkins’ Auseinandersetzung mit der rassifizierten Verdopplung wusste – obwohl natürlich die Frage des Jüdischseins sein Denken prägte. Freud beschreibt das Unheimliche als „jene Art des Schreckhaften, welche auf das Altbekannte, Längstvertraute zurückgeht“.[33] Er erklärt weiter, dass das Unheimliche „zwei Vorstellungskreisen zugehört, die, ohne gegensätzlich zu sein, einander doch recht fremd sind, dem des Vertrauten, Behaglichen und dem des Versteckten, Verborgengehaltenen“.[34]

Doch erst im zweiten Teil des Aufsatzes verknüpft Freud den Begriff mit dem Motiv des Doppelgängers, wodurch das Unheimliche im Kontext des Minstrels und Roboters noch unheimlicher erscheint:

> Wenn wir jetzt an die Musterung der Personen und Dinge, Eindrücke, Vorgänge und Situationen herangehen, die das Gefühl des Unheimlichen in besonderer Stärke und Deutlichkeit in uns zu erwecken vermögen, so ist die Wahl eines

[33] Sigmund Freud, „Das Unheimliche“, in: *Gesammelte Werke*, Bd. XII, Frankfurt a.M.: S. Fischer 1947, S. 227–268, hier S. 231.
[34] Ebd., S. 235.

> glücklichen ersten Beispiels offenbar das nächste Erfordernis. E. Jentsch hat als ausgezeichneten Fall den „Zweifel an der Beseelung eines anscheinend lebendigen Wesens und umgekehrt darüber, ob ein lebloser Gegenstand nicht etwa beseelt sei" hervorgehoben und sich dabei auf den Eindruck von Wachsfiguren, kunstvollen Puppen und Automaten berufen.[35]

Auch wenn sie hier unerwähnt bleibt, kannte Freud die jüdische Folklore und die Legende vom Golem, jenem menschenähnlichen Wesen mit ungeheuerlicher Kraft, das durch Zauberei erschaffen wurde und den Befehlen seiner Schöpfer gehorchen muss. Dass diese Figur ebenso furchteinflößend wie hilfreich sein kann, ist das zentrale Thema der Golem-Erzählungen. Auch die Frage, ob der *Negro* eine ‚Seele' habe – oder von etwas Immateriellem beseelt sei –, ging stets mit der unheimlichen Ahnung einher, dass er tatsächlich beseelt und uns daher eigentlich näher sein könnte, als dass er das ‚Andere' wäre.

Roboter, Minstrel, Cyborg und der *Negro* haben also nicht nur eine okkulte Geschichte gemein, sondern rufen als Brechungsfiguren eines rationalen Selbst auch jenen unbehaglichen Eindruck von Ähnlichkeit hervor, der sich durch die abwertende Parodie abwehren lässt oder auch nicht. Diese Empfindung des Unheimlichen infolge der Verdopplung wirkt durch den rassistischen und patriarchalen Diskurs hindurch, was teilweise auch erklärt, warum der Roboter in Langs METROPOLIS weiblich sein musste. Das zugleich bekannte und unbekannte Andere verweist auf die Grenzen des Wissens, aber ebenso auf die unbändigen Kräfte der Differenz, die es erforderlich machen, das Andere zu formalisieren, zu kategorisieren und zu bändigen

[35] Ebd., S. 237.

– oftmals dadurch, dass seine Repräsentation, Replikation und Reproduktion kontrolliert wird.

Aufgrund seiner Wurzeln in der Kindheitspsychologie ist der Doppelgänger auch unmittelbar mit der männlichen Kastrationsangst verbunden: „Es kommt oft vor, daß neurotische Männer erklären, daß weibliche Genital sei ihnen etwas Unheimliches."[36] Der Aspekt der Kastration eröffnet eine andere Lesart von Replikation und Ersetzung und ermöglicht es, die Angst vor/das Begehren nach dem schwarzen Phallus in Beziehung zu setzen zu den Ängsten vor befreiter weiblicher Sexualität und weiblicher gesellschaftlicher Macht im frühen 20. Jahrhundert. Auch wenn METROPOLIS die rassifizierten Aspekte dieses Geschichtskapitels nicht ausdrücklich behandelt und gesellschaftliche Widersprüche naiv darstellt und auflöst, beschwört der Film über die Figur des Roboters die Themen Race und Geschlechtlichkeit im Kontext des industriellen Modernismus herauf, ähnlich wie Ridley Scotts BLADE RUNNER dies bezüglich des kybernetischen Postmodernismus tut. Insofern ist offensichtlich, dass die vom wahnsinnigen Wissenschaftler Rotwang erschaffene Roboterfrau in METROPOLIS auf die Geschlechterrollen und Klassenverhältnisse in der industriellen Gesellschaft verweist. Zur Zeit von Langs Film, schreibt Andreas Huyssen in *After the Great Divide*, hatten sich „Frau, Natur und Maschine zu einem Netz von Bedeutungen verknüpft, die eines gemeinsam hatten: ihr Anderssein; schon ihre Existenz löste Angst aus und bedrohte die männliche Autorität und Kontrolle."[37]

Für Huyssen ist Langs „Maschinenvamp" nicht nur mit den am Anfang des 20. Jahrhunderts aufkommenden Ängsten vor Technologie und industriellem Kapitalismus verbunden, sondern auch mit der „Kastrationsangst" infolge einer zunehmend befreiten weiblichen Sexualität. Der Film inszeniert, wie der

[36] Ebd., S. 258f.

[37] Andreas Huyssen, *After the Great Divide. Modernism, Mass Culture, Postmodernism*, Bloomington: Indiana University Press 1986, S. 70.

Wandel der gesellschaftlichen Rollen von Frauen zur Bedrohung männlicher Macht wird. Doch vergessen wir nicht, dass Rotwangs Plan darin besteht, eine Rasse von „Maschinenmenschen" zu erschaffen, die die drohnenartigen weißen männlichen Arbeiter ersetzen soll. Dieses Vorhaben, ‚seelenlose' Automaten zum Einsatz zu bringen, ist die Voraussetzung dafür, dass sich ‚Rasse' in ein Narrativ einschreibt, welches somit der Angst der weißen, *männlichen* Arbeiterklasse vor afroamerikanischen Arbeitern in der ökonomischen Sphäre der industriellen Produktion entspricht. Die Figur des Roboters steht daher metonymisch sowohl für rassifizierte als auch für sexuelle Differenz. Im Film wird das bereits an der andersartigen physischen Erscheinung dieser Figur deutlich – sie sieht aus wie eine Maschine, mitsamt freiliegenden Drähten und Schaltungen, und ihre Art-Deco-Gestaltung symbolisiert eine unberührte Unnahbarkeit, eine kühle, starre Strenge, die stereotypisch ‚weiß' ist. Auf Drängen des Herrschers von Metropolis gestaltet Rotwang den Roboter zum Ebenbild der frommen Maria um: Er glättet ihre extreme physische Andersartigkeit und orientiert sich dabei an der Normvorstellung des Körpers einer weißen Frau. Der zunächst von einer weißen Elite kontrollierte Roboter wird schließlich für einen Mensch *gehalten* – oder, anders gesagt, er bietet eine Minstrel-Performance dar.

Obwohl der Jazz – in dem Adorno eine „Kastrationssymbolik" entdeckte – in METROPOLIS nicht vorkommt, lässt sich dennoch argumentieren, dass die von Langs Roboter-Maria verkörperte weiße weibliche Sexualität ein Produkt des ‚Jazz Age' und dessen Fetisch der interkulturellen Maskerade ist.[38] Als solches entspricht sie jener Form von kultureller Aneignung, die bezeichnend ist für die Geschichte populärer Stile im 20. Jahrhundert. Deutlich wird das vor allem im Zuge der Verwandlung der Maschine zur Frau. Als der Roboter zur

[38] Theodor W. Adorno, *Prismen. Kulturkritik und Gesellschaft,* München: dtv 1963, S. 129.

Maria umgestaltet wird, führt er plötzlich hyper-libidinisierte Gesten aus, die dem behäbigen, ungelenken Maschinenwesen unmöglich gewesen wären. Im Grunde fungiert der Roboter, während er für eine Frau gehalten wird, als Schwarzes Stereotyp: Seine Körpersprache ahmt auf seltsame Weise die von Josephine Baker und anderer weißer Projektionen Schwarzer weiblicher Sexualität nach, die zu Anfang des 20. Jahrhunderts mit der ikonischen Figur der Flapper entstanden. Der Roboter, das Symbol grenzenlos überdeterminierten Andersseins, wird zum Doppelgänger der weißen Frau, der Schwarzen Frau, des Schwarzen Mannes, des *Jazz*. Indem Huyssen die Roboter-Maria als „Maschinenvamp" beschreibt, deutet er auf ein weiteres Register poetischer Assoziationen, das die Figur der Maschine umgibt: Ein Vamp bezeichnet nämlich nicht nur einen Sukkubus, der Männern ihre Willenskraft und Samenflüssigkeit raubt, sondern bezieht sich auch auf eine frei gestaltbare Figur der musikalischen Improvisation.

Du Bois' hyper-maskulinisierte ‚Seele' sollte schließlich zur ‚Soul-Musik' von Berry Gordys Motown-Imperium mutieren, das mit der fordistischen Massenproduktion in Detroit nicht nur benachbart war, sondern wesentlich auf deren Prinzipien beruhte. Zwei Generationen später entwickelte sich diese Stadt zum Hauptschauplatz des Techno, jener afroamerikanischen Spielart eines Klangfuturismus, der sich dezidiert mit dem zwischen Race und Maschine angesiedelten Raum der Naturalisierung auseinandersetzt. Im Techno wird die Maschinensynthese zu einer Form von Authentizität, so wie rassifizierte Vorstellungen von Authentizität im Hiphop und Reggae zur Ware werden. Daher ist es auch kein historischer Zufall, dass Jeff Mills, einer der wichtigsten afroamerikanischen Techno-Produzenten, seinen eigenen digitalen Soundtrack für Fritz Langs METROPOLIS anfertigte. Mills komponierte die Musik für eine neu geschnittene Fassung des Films, die 2001 bei den 51. Berliner Filmfestspielen gezeigt wurde. Diese Aneignung von Langs industrieller Vision durch einen afroamerikanischen Klangfuturismus zielte darauf ab, Fleischliches und Künstliches in einer Art und Weise zu verschmelzen, die auch Donna Haraways Vision des Cyborgs inspirierte und die den Gegensatz von Frau und Maschine, Natur und Technologie durch eine perverse und subversive Vermischung transzendiert (wobei der Cyborg als ‚subversive' Figur hier jedoch erneut sehr romantisiert erscheint, wenn man bedenkt, dass zuallererst der Staat eine solche Grenzüberschreitung imaginiert, theoretisiert und verwirklicht).

In dem Quasi-Manifest, das als Auftakt von Mills' Soundtrack dient, überwindet die durch Maschinen empowerte „Cyberjugend" das Gefängnis des Fleischlichen und das Ghetto der Authentizität. Ein solches Projekt hatte in der afroamerikanischen Kultur bereits Vorläufer. In der Hochphase der Black-Power-Bewegung, die mit Marshall McLuhans utopischen Prophezeiungen eines „globalen Dorfs" und einer befreienden „Cybernation" zusammenfiel, postulierte James Boggs, einer der „revolutionären Theoretiker" des Black Arts Movement, dass „die neue ‚cyberkulturelle Gesellschaft' für Schwarze nichts Entfremdendes haben wird, da sie anders als Weiße in ihrer Arbeitsgeschichte eine doppelte Identität als biologische/automatische Maschinen und als Hersteller/Benutzer von Maschinen angenommen haben, die sich stark mit ihrer kulturellen Identität überschneidet".[39] Boggs revidiert durch die Affirmation des Maschinell-Künstlichen das Paradigma des doppelten Bewusstseins, mit dem Du Bois' den Begriff der Hybridität in einer Sprache organischer Fülle erschließen wollte. Im Gegensatz zu McLuhans Vision einer „Cybernation", die auf den Konsummustern der weißen Mittelklasse errichtet ist, knüpft Boggs deutlich an *Die Seelen der Schwarzen* an, denn er begreift Schwarze als Angehörige einer durch den Rassismus

[39] Zit. n. Ron Eglash, „African Influences in Cybernetics", 1995, http://www.haussite.net/haus.0/SCRIPT/txt2001/01/eglash.HTML [Letzter Zugriff 21.11.2022].

und industriellen Kapitalismus hybridisierten Cyborg-Community. Boggs' afrozentrischer Nationalismus ist insofern radikal, als dessen Race-Politik nicht auf konventionellen Motiven des Natürlichen oder Organischen gründet. Für ihn bestand die Du Bois'sche „Gabe", die der *Negro* der Welt zu geben hatte, vielmehr in seiner Empfänglichkeit für die maschinische Einverleibung.

Diese Besonderheit erkannte der industrielle Kapitalismus mit seinen Technologien der kontrollierten Mimesis just in jenem Moment, als erstmals Aufnahmen afroamerikanischer Interpreten entstanden. Zusammen mit seinem Partner George Walker war der Minstrel-Darsteller Bert Williams einer der ersten Schwarzen Musiker, der in einer Tonaufzeichnung festgehalten wurde und damit im Jahr 1901 die Ära der *race records* einläutete, fast zwei Jahrzehnte bevor mit diesem Begriff afroamerikanische Jazz- und Bluesaufnahmen bezeichnet werden sollten.[40]

Zum Abschluss kehren wir damit wieder zum Vorabend des Modernismus zurück. Eine in *The New York Age* erschienene Werbeanzeige veranschaulicht, wie beliebt der Schwarze Minstrel-Darsteller Bert Williams damals war und welche Bedeutung seine aufgenommene Stimme hatte:

> Bert Williams, Caruso, Tetrazzini
> und andere weltberühmte Künstler können Sie sich
> im eigenen Zuhause
> anhören
> mit einem
> TONE-A-PHONE
> dem neuesten und erschwinglichsten
> Phonographen
> $10.00

[40] Eric Ledell Smith, *Bert Williams: A Biography of the Pioneer Black Comedian*, Jefferson: McFarland 1992, S. 47.

> Allen Geräten für $25.00 garantiert ebenbürtig
> Spielt sämtliche Formate ab.[41]

Auch ein früher Victor-Katalog zeugt davon, wie erfolgreich Williams und Walker als wegweisende Aufnahmekünstler waren und als solche einen neuen Markt für technologische Waren ankurbelten:

> Zu beliebtesten Titeln von heute gehören der „Ragtime" oder die „Coon Songs". Die größte Würdigung für Musikstücke dieser Art ist, wenn sie von Williams und Walker, den „Zwei Echten Coons", gesungen werden ... Obwohl Williams und Walker als Interpreten bei uns exklusiv unter Vertrag stehen und dafür eine Rekordgage in der Geschichte der Sprechmaschinen-Industrie erhalten, obwohl ihre Werke zu den hochkarätigsten, je angefertigten Aufnahmen gehören und obwohl sie die absolut unverfälschten Originale sind, nehmen wir sie ohne Preiserhöhung in unseren regulären Katalog auf.[42]

Die Betonung der Authentizität der Schwarzen Stimme – die zwar von Minstrel-Darstellern oder vielmehr von *Schwarzen* Blackface-Minstrels im Zuge der Meta-Signifikation einer irreduziblen Echtheit dargeboten wird – ist hier insofern bemerkenswert, als der hyperbolische Nachdruck, der auf diese Stimme gelegt wird, dazu dient, die Sprechmaschine zu naturalisieren. Wenn eine Schwarze, mundartlich geprägte Stimme aus ihr spricht, wie fremdartig kann diese Maschine dann sein? Wenn sie wie ein Minstrel spricht, wie bedrohlich kann sie dann sein? Wenn sie sogar in der warmen, vertrauen Stimmfarbe des *Negro*-Stereotyps spricht, *die letztlich von Schwarzen selbst perfektioniert wurde*, wie künstlich kann diese Maschine dann sein?

[41] Ann Charters, *Nobody: The Story of Bert Williams*, New York: Macmillan 1970, S. 131.
[42] Smith, *Bert Williams*, S. 47.

Die Minstrel-Stimme fungiert hier als ein Symbol der Nähe zum fremden Anderen, als ein Sound, der das Unheimliche maskiert. Die analoge Wärme des Rassenstereotyps wird dazu eingesetzt, eine neue, undurchsichtige Technologie zu domestizieren – das *Andere* wird durch das *andere* Andere zu etwas Vertrautem.

Die Figur des Minstrels vermittelt hier zwischen den zwei Hauptfiguren des Anderen im 20. Jahrhundert: den Maschinen und den Schwarzen im ersten Jahrhundert ihrer Freiheit. Die Herausforderung, eine dieser Figuren zu bändigen, machte es stets erforderlich, die andere heraufzubeschwören. Auf diese Weise wurde eine Nähe ohne Zugeständnisse ermöglicht, eine Hingabe ohne Gefahr. Den Zuhörenden wurde die Kontrolle über eine Maschine zugesichert, die nun fest in eine race-spezifische, mimetische Hierarchie eingebettet war. Daher gilt es auch Linebaughs Einschätzung, die viel McLuhanschen Optimismus verströmt, zu revidieren: Nicht nur diente die Schwarze Stimme dazu, die Maschine zu naturalisieren, sondern der Phonograph sollte auch das wirkungsvollste Medium zum Tausch einer deterritorialisierten Schwarzen Ware – sprich: der Schwarzen Stimme – seit dem Sklavenschiff werden.

5. RACE UND ROBOTIK

In seinem inzwischen als Klassiker gehandelten Manifest *Heller als die Sonne: Abenteuer in der Sonic Fiction* lässt der Schwarze britische Theoretiker, Kritiker und erklärte Afrofuturist Kodwo Eshun zwei Figuren aufeinandertreffen, die in ihren einst sehr unterschiedlichen Denktraditionen jeweils überaus einflussreich waren: den afroamerikanischen Aktivisten und Universalgelehrten W.E.B. Du Bois und den amerikanischen Wissenschaftler und Philosophen Norbert Wiener, der den Begriff der Kybernetik prägte und die gleichnamige Disziplin begründete. Eshun verknüpft diese grundverschiedenen Denker auf anregende Weise, denn er beschreibt Wieners 1950 erschienenes Werk *The Human Use of Human Beings* (*Mensch und Menschmaschine – Kybernetik und Gesellschaft*) als eine „fürs analoge Zeitalter“ aktualisierte Version von *Die Seelen der Schwarzen*, Du Bois' epochaler Studie über afroamerikanische Identität und die Beziehungen zwischen Weißen und Schwarzen in den USA.[1]

Zwar verfolgt Eshun diese Verbindung nicht weiter, doch indem er zwei verschiedene Formen des *Nicht*-Menschlichen, nämlich eine technologische und eine rassifizierte, in Beziehung zueinander setzt, bestätigt er meine Überzeugung, dass es aufschlussreich ist, sich der Technologie über literarische, kritische und kulturelle Positionen aus der afrikanischen Diaspora zu nähern. Auch wenn sich diese nicht immer ausdrücklich mit technologischen Fragen befassen, bietet ihr Schwerpunkt auf Race, Sklaverei, Kolonialismus und die globalen Wirkungsweisen von Macht und Gender eine ergänzende Perspektive zu den gängigen historischen Darstellungen von Technologie, Robotik und KI. Ich meine hier nicht nur die sehr imaginativen Entwürfe, die der Afrofuturismus hervorbrachte,

[1] Kodwo Eshun, *Heller als die Sonne: Abenteuer in der Sonic Fiction*, übers. v. Dietmar Dath, Berlin: ID Verlag 1999, S. 102.

oder die theoretisch versierten Ansätze, die Race *als* Technologie beschreiben; ebenso wenig geht es mir um jene oft reduktionistischen Formen des Antirassismus, die Technologie als bloße Chiffre des Weißseins deuten oder darauf beharren, dass Schwarze einer technologisch-imperialen Macht stets ausschließlich unterworfen waren oder sind. Ergiebiger scheint mir vielmehr ein fokussierter Blick auf die materielle Geschichte von Race und Technologie, welche die imaginativen Spekulationen und ungeahnten Querverbindungen überhaupt erst denkbar machte.

Dabei wird zunächst deutlich, dass Technologie in Race-Diskursen nie abwesend, fremd oder ihnen äußerlich war – was umgekehrt genauso gilt. Zwischen beiden Feldern besteht, so meine These, schon seit Langem eine gegenseitige, konstitutive Nähe, aus der sich jene Empfindung des Unheimlichen speist, die das Science-Fiction-Genre seit jeher inspirierte. Diese Nähe ist auch der Grund dafür, dass es Eshun möglich ist, die Erfahrungen von Afroamerikaner*innen (Versklavte und ehemalige Versklavte, denen bekanntlich jene rassifizierte Form des Unheimlichen eigen ist, die Du Bois als „doppeltes Bewusstsein" beschreibt) mit der Science-Fiction in Verbindung zu bringen oder im Kampf Schwarzer Menschen gegen feindselige und gewaltsame Mächte erzählerische Bezüge zur Kybernetik zu erkennen.

Diese Analogien sollten all denjenigen, die mit den Grundfiguren des Afrofuturismus vertraut sind, insofern bekannt vorkommen, als sie an den Kritiker Greg Tate und dessen mittlerweile berühmten Vergleich von Sklaverei und Science-Fiction erinnern. Dass dieser auch Eshuns Werk beeinflusst hat, lässt sich kaum bezweifeln:

> Ein Aspekt, den ich die ganze Zeit schon ansprechen wollte, ist, dass der Zustand der Entfremdung, den das Schwarze Subjekt in der amerikanischen Gesellschaft erlebt, Parallelen

> zu jener Form von Entfremdung aufweist, die Science-Fiction-Autor*innen mit verschiedenen Mitteln des Genres zu erkunden versuchen – eine Person wird aus der Vergangenheit in die Zukunft transportiert oder findet sich in einer fremden Zivilisation wieder, auf einem anderen Planeten, und wird dort mit ganz anderen Lebensweisen konfrontiert. In all diesen Szenarien spiegelt sich die Position des Schwarzseins in der amerikanischen Kultur. Schwarze Menschen leben jene Entfremdung, die sich Science-Fiction-Autor*innen ausdenken.[2]

Ebenfalls bekannt ist, dass der Kritiker Mark Dery den Begriff des Afrofuturismus prägte, nicht jedoch im Sinne der vielgestaltigen politischen und künstlerischen/intellektuellen Bewegung, zu der sie mittlerweile geworden ist, sondern als eine ausgedehnte „Psychogeografie […] afroamerikanischer Anliegen im Kontext der Technokultur des 20. Jahrhunderts – und allgemeiner, als eine afroamerikanische Signifikationspraxis der Aneignung von Bildern der Technologie und einer prothetisch erweiterten Zukunft".[3]

Die Parallelen zwischen Race und Technologie, Kybernetik und Sklaverei ziehen sich daher implizit oder explizit durch das gesamte Spektrum der afroamerikanischen, karibischen und Schwarzen britischen Kulturen und Subkulturen hindurch, von der Literatur über Musicals bis zu Comics und Paraliteratur. Eine der Schwächen des Afrofuturismus ist jedoch die Tendenz, sich überwiegend mit Epiphänomenen zu befassen. Diese Strömung ergeht sich in Andeutungen und Analogien, die meist allein der Einbildungskraft entspringen, während die

2 Mark Dery, „Black to the Future: Interviews with Samuel R. Delany, Greg Tate, and Tricia Rose", in: ders., *Flame Wars: The Discourse of Cyberculture*, Durham: Duke University Press 1994, S. 179–222, hier S. 211f.

3 Ebd., S. 180

reichhaltige materielle Geschichte vernachlässigt und durch Fantastisches überlagert wird.

Man könnte nun vermuten, mir ginge es hier vor allem darum, Science-Fiction als kanalisierte Ausdrucksform der Erfahrungen von Afroamerikaner*innen zu deuten – und damit Kritikern wie Mark Dery, dem jüngst verstorbenen Mark Fisher und natürlich Greg Tate und Kodwo Eshun zu folgen. Obwohl eine solche Annahme ihre Berechtigung hätte, würde sie dennoch die Richtung des Wissenstransfers verkennen – so wie auch Tate und Dery diesbezüglich irrten. Ich argumentiere nämlich, dass sich Science-Fiction als wesentlicher Bestandteil unserer Geschichte der Technologie unmittelbar aus den materiellen Erfahrungen herleitet, die Schwarze und andere marginalisierte Gruppen während und durch die Sklaverei und den Kolonialismus machten. Die Science-Fiction bedingte also nicht Race und Sklaverei, sondern vielmehr ermöglichten Race und Sklaverei die Science-Fiction. Die Verknüpfung von Du Bois und Wiener ist für Eshun nicht bloß metaphorisch naheliegend, sondern überhaupt nur deshalb möglich, weil die Rhetorik, die Annahmen und die gesellschaftliche Position von Schwarzen in der Entwicklung von Robotik und Kybernetik ausdrücklich aufgegriffen und zur Darstellung dieser Forschungsfelder verwendet wurden. Dieser Prozess setzte bereits vor über einem Jahrhundert ein, sogar bevor der Verleger Hugo Gernsback das Genre als Science-Fiction taufte – eine Namensgebung, die wohlgemerkt noch während der Jim-Crow-Ära und ungefähr zeitgleich zur Harlem Renaissance und der Entstehung einer neuen radikalen Schwarzen Kultur- und Protestbewegung stattfand.

Norbert Wiener selbst war sich tatsächlich sehr bewusst über die Verbindungen zwischen Race und Technologie, versklavten Schwarzen und Maschinen. Race suchte die Kybernetik heim, seit er den Begriff in den 1950er Jahren prägte. Bei der Arbeit an seinem wegweisenden Werk kreisten Wieners Gedanken eindeutig um eine von Rassismus und Schwarzer Protestkultur gekennzeichnete Gegenwart. Davon zeugen auch seine Betrachtungen darüber, wie Menschen andere menschliche Wesen benutzen (oder ihnen ihr Menschsein absprechen). Ob Eshun dies wusste, als er *Heller als die Sonne* verfasste, bleibt unklar, doch in *The Human Use of Human Beings* und in verschiedenen späteren Vorträgen und Artikeln nimmt Wiener durchgängig Bezug auf Afroamerikaner*innen und die Sklaverei, um auf diese Weise die Grenzen von Robotik, kybernetischen Wesen (für welche die Wissenschaftler Manfred Clynes und Nathan Kline wenig später im Jahr 1960 den Begriff des *Cyborg* prägten) und künstlicher Intelligenz herauszustellen.

Der eigentliche Grund für Wieners direkte Bezugnahme auf Afroamerikaner*innen und auf Sklav*innen und Sklaverei ist zunächst nicht ganz offensichtlich. Es handelte sich jedenfalls nicht um die Art übersteigerter Hellsichtigkeit eines Isaac Asimov, der sich bereits daran versucht hatte, ein damals schon überstrapaziertes Klischee zu demontieren, nämlich das des Roboters als Metapher für marginalisierte Gruppen oder allgemeiner für Race oder andere Markierungen sozialer Differenz. Genauso wenig ging es Wiener darum, dieses Klischee noch weiter auszuschlachten, das im ‚Goldenen Zeitalter' der Science-Fiction zur unhinterfragten Formel geworden war, sich aber bis ins 19. Jahrhundert zurückverfolgen lässt, als zur Zeit des Kolonialismus jene Gründungstexte entstanden, die das Genre als solches ins Leben rufen sollten. Auf diese Texte komme ich an späterer Stelle zurück, doch um meine Überlegungen hier stärker mit Material zu untermauern, sei zunächst angemerkt, dass Wiener sich bewusst darüber war, auf figurative Sprache angewiesen zu sein. Genauer gesagt bedurfte er jener „Analogien zwischen lebenden Organismen und Maschinen", die schon Marinetti und die Futuristen einige Jahrzehnte zuvor herangezogen hatten (auch deren technologische Obsessionen wurden von Bildern von Schwarzen und Kolonialafrika heimgesucht).[4] Darüber hinaus befasste sich Wiener mit den positiven gesellschaftlichen Auswirkungen neuer Technologien ebenso sehr wie mit ihrem apokalyptischen Potenzial. Am wichtigsten an den Bezügen zur Sklaverei, mit denen Wiener immer wieder seine wissenschaftliche Argumentationslinie unterbricht, ist jedoch die Absicht, ein leitendes *Ethos* für eine neue Disziplin und ihre unausweichlichen technologischen Erzeugnisse zu entwickeln.

Dieses Ethos wurzelte sehr deutlich in einem Bewusstsein für Rassismus. Als Wissenschaft der Kommunikation und Kontrolle wurde die Kybernetik ausdrücklich in den Begriffen der amerikanischen Race-Politik gefasst, in den Begriffen von Herrschaft und Sklaverei. So schreibt Wiener:

> [S]olange die Vorherrschaft der Weißen zur Weltanschauung weiter Teile unseres Landes gehört, bringen wir diesem Ideal bloß ein reines Lippenbekenntnis dar. Selbst diese abgewandelte lockere Form der Demokratie ist für diejenigen, deren oberstes Ideal die Leistung ist, zu anarchisch. Diese Anbeter der Leistung sähen es am liebsten, daß der Mensch sich in einem sozialen Bereiche bewegte, der ihm von Kindheit an zugemessen ist, und daß er eine Funktion erfüllte, an die er gefesselt ist wie der Sklave an den Block.[5]

Diese Rhetorik ist natürlich altbekannt – sie besagt, dass das moderne Leben uns alle zu Robotern macht. Schon bevor das Wort Roboter überhaupt aufkam, war diese Diagnose bereits geläufig; tatsächlich handelt es sich um eine sehr viktorianische Sichtweise, die als solche auf Thomas Carlyle zurückgeht. Zur Zeit von Wieners technologischer Revolution war daraus

[4] Norbert Wiener, *The Human Use of Human Beings*, New York: Double Day/Anchor Books 1950, S. 48.

[5] Norbert Wiener, *Mensch und Menschmaschine. Kybernetik und Gesellschaft*, übers. v. Gertrud Walther, Frankfurt a.M.: Alfred Metzner Verlag 1952, S. 56f.

jedoch ein amerikanisiertes Klischee geworden. Amerikanisiert war es insofern, als diese Rhetorik unweigerlich mit der Sklaverei zusammenhing, das heißt mit einem System, das – wie karibische Theoretiker*innen von C.L.R. James über Sylvia Wynter bis Antonio Benítez Rojo argumentieren – die gesellschaftliche Reglementierung und Subjektformation im industriellen Kapitalismus vorwegnahm und im Schmelztiegel institutionalisierter Unfreiheit eine moderne Subjektivität hervorbrachte. An die Stelle von weißer Vorherrschaft und Race tritt bei Wiener allerdings eine allgemeinere Form von gesellschaftlicher Knechtschaft, bei der die „Anbeter der Leistung" den „Mensch[en]" zum Untertan herabsetzen. Diese Form der Kontrolle mit stark industriellem Charakter orientiert sich am Modell der Fließbandfertigung, das Wiener und andere Stimmen nach dem Zweiten Weltkrieg in die Nähe des Faschismus rückten.

Noch deutlicher wird die Rolle von Race in Wieners Ausführungen zur Kybernetik, wenn er Folgendes schreibt: „Erinnern wir uns, daß der Automat, abgesehen von unserer Meinung über die Gefühle, die er haben oder nicht haben kann, das genaue wirtschaftliche Äquivalent des Sklaven ist."[6] Nicht nur die Analogie von Sklave und Maschine erschien damals in Amerika in naturalisierter Form, sondern auch die affektbezogene Frage, ob die Maschine „Gefühle [...] haben oder nicht haben kann".

1950 beendete Wiener seinen Vortrag vor der American Academy of Arts and Sciences wie folgt: „Ob wir nun sagen, diese Maschinen denken oder denken nicht, oder sogar sagen, sie leben oder leben nicht, ist Wortklauberei. Die Definitionen dieser Wörter sind hinreichend für die normalen, alltäglichen Unwägbarkeiten des Lebens, aber nicht, wenn es um die größeren Fragen geht, die diese neuen Maschinen aufwerfen."[7]

[6] Ebd., S. 172.

[7] Norbert Wiener, „Cybernetics", in: *Bulletin of the American Academy of Arts and Sciences* 3:7 (1950), S. 2–4, hier S. 4.

Wenn die Vorstellung, dass eine Maschine Gefühle haben oder lebendig sein *könnte*, heute immer noch befremdlich anmuten mag, können wir uns sicher sein, dass dies 1950 noch umso mehr zutraf. Die hier bemühten Analogien, die auch das Science-Fiction-Genre prägten – das Wiener mehr als oberflächlich kannte und auf das er viel Einfluss nehmen sollte –, sind jedoch vor allem Hinweise auf die wachsende Bedeutung einer Ethik in Bezug auf ein technologisch gerahmtes Anderssein, das sich zugleich auf die historische Bedingung der Analogie selbst zurückverfolgen lässt, nämlich die Sklaverei.

Diesen Aspekt betont Wiener noch stärker in seinem Artikel „Some Moral and Technical Consequences of Automation" (Über einige moralische und technische Folgen der Automatisierung). „Das Problem" mit den „lernenden Maschinen" – also Maschinen, die Lesen und Schach lernen, komplexe Situationen bewerten und in der Kriegsführung eingesetzt werden können – „ist ein moralisches Problem [...], das sehr eng mit einem der großen Probleme der Sklaverei verbunden ist".[8] Die sonderbare Institution der Besitzsklaverei (*chattel slavery*) war tatsächlich mit oft verleugneten moralischen Fragen befrachtet, die sich um das ‚Menschsein' von Afrikaner*innen drehten; die Verschiebung oder die Projektion, die hier vollzogen wird, ist dennoch merkwürdig. Warum stellt sich überhaupt die Frage der Moral, wenn die Maschine lediglich eine Maschine ist? Wäre diese Ambivalenz oder dieses unheimliche Zaudern auch dann spürbar, wenn es beispielsweise um einen Toaster ginge? Wahrscheinlich nur, wenn man ohnehin glaubt, Maschinen seien zu weitaus mehr fähig sind, als es den Anschein hat:

> Geben wir zu, dass die Sklaverei schlecht ist, weil sie grausam ist. Darin liegt jedoch ein Selbstwiderspruch, wenn auch aus anderem Grund. Wir wollen, dass ein Sklave intelligent

[8] Norbert Wiener, „Some Moral and Technological Consequences of Automation", in: *Science, New Series* 131:3410 (1960), S. 1355–1358, hier S. 1357.

> ist, damit er uns bei der Erledigung unserer Aufgaben unterstützen kann. Doch wir wollen auch, dass er unterwürfig ist. Völlige Unterwürfigkeit und völlige Intelligenz sind unvereinbar [...]. Wenn die Maschinen zunehmend effizienter werden und eine immer höhere psychologische Ebene erreichen, dann werden wir uns immer weiter der von Butler vorausgesagten Katastrophe der Herrschaft der Maschinen nähern.[9]

Dass Wiener in seinen Ausführungen auf Samuel Butler und das Motiv der Maschinenherrschaft zurückgreift, ist entscheidend für den hier umrissenen historischen Zusammenhang. Race und Robotik, Sklaverei und Industrialisierung bilden in diesem Kontext benachbarte Felder, die in einem ko-konstitutiven Verhältnis zueinanderstehen, sodass Verweise auf das eine Feld stets von der Geschichte des anderen durchdrungen sind. Die Vorstellung einer potenziell empfindenden, erkennenden und affektfähigen Maschine deutet darauf hin, dass die Kybernetik aus dem Bewusstsein über jene Fragen heraus entstand, die sich um das Menschsein afrikanischstämmiger Sklav*innen drehten und als solche von zentraler Bedeutung für die Wissensproduktion und Politik in der transatlantischen Welt des späten 19. Jahrhunderts waren.

Dem afroamerikanischen Kybernetiker und Mathematiker Ron Eglash zufolge ist die Kybernetik als „Wissenschaft der Berechnungs- und Kontrollsysteme lediglich eine dürftige Tarnung für gesellschaftliche Herrschafts- und Kontrollmechanismen".[10] Wieners Rhetorik sollte Eglash und uns jedoch daran gemahnen, dass die Kybernetik nicht nur als „dürftige Tarnung" fungierte. Vielmehr gründete sie auf einem geschärften Bewusstsein für die Beziehungen zwischen Macht, Race und Politik und zeugte als Disziplin tatsächlich von einem Wissen

[9] Ebd., S. 1357.

[10] Ron Eglash, „African Influences in Cybernetics", in: C.H. Gray (Hg.), *The Cyborg Handbook*, London: Routledge 1995, S. 17–28, hier S. 18.

über die soziale Geschichte hinter ihren Bildern und Analogien – was auf die Cyber- oder Technologietheorie und ihr diskursives Erbe nicht unbedingt zutrifft.

Dass Race und Rassismus herangezogen wurden, um einen ethischen Rahmen für die Erschaffung künstlicher Wesen und sich anbahnender autonomer Technologien zu formulieren, ist zwar auffällig, aber nicht abwegig. Denn schließlich geisterte die Sklaverei wie ein Spuk durch den Kybernetik-Diskurs und das Science-Fiction-Genre: Sie diente als warnendes Beispiel dafür, was den neuentstehenden Wesen *nicht* angetan durfte, und zwar aufgrund der moralischen Verbrechen, die man während der Sklaverei an Schwarzen *bereits verübt hatte*. Indem Wiener seine Bedenken hinsichtlich des künstlichen Lebens mit den Erfahrungen versklavter Schwarzer begründete, nahm er schlicht zur Kenntnis, dass beiden eine gesellschaftliche Rolle als ‚frei verfügbare' Arbeitskräfte gemein war, wobei ihnen eine ‚Seele' und Vernunft gleichermaßen abgesprochen wurde und sie deshalb, wie Orlando Patterson formulierte, zum sozialen Tod verdammt waren. Darüber hinaus prophezeite Wiener, dass – ähnlich wie Schwarze infolge eines politischen Paradigmenwechsels bezüglich der Begriffe Leben und Person von Nicht-Menschen zu Menschen geworden waren – dies auch Maschinen unweigerlich gelingen würde (oder könnte). Zu Toni Morrisons oft zitierter Bemerkung, dass Schwarze die ersten Modernisten waren, könnte man hier hinzufügen, dass sie auch die ersten Roboter waren.

Um die Parallelen zwischen Du Bois und Wiener, Race und Technologie aus einer noch deutlicher materiellen Perspektive zu verfolgen, müssen wir über Eshuns eher vage Andeutung hinausgehen, ohne dabei die evokative Kraft von Tates Vergleich zwischen Sklaverei und Science-Fiction zu vernachlässigen. Dieser Vergleich ist nämlich deshalb so vielsagend, weil er die Annahme unterläuft, die Geschichten von Race und Technologie würden zwei getrennte und voneinander unabhängige Kapitel darstellen, die jeweils ohne Bezugnahme auf das andere diskutiert oder abgerufen werden könnten – obwohl sie schon seit Langem aufeinander aufbauen, sich gegenseitig konturieren und genau daraus ihre materielle Legitimation schöpfen. Wiener wusste fraglos, dass die Verbindung von Race und westlicher Technologie mindestens seit dem 19. Jahrhundert bestand, als der Industrialismus und die Sklaverei zwei der dringendsten Probleme der transatlantischen Welt waren. Da sich beides nur in Abhängigkeit voneinander entwickeln konnte, verwundert es nicht, dass ihre jeweiligen Diskurse über kulturelle Formen seit über zwei Jahrhunderten ineinandergreifen.

Diese Parallelen sind besonders bedeutungsschwer, wenn das Technologische auf die unantastbare Kategorie des Menschen übergreift, die – obwohl sie als Gegensatz zur Technologie verstanden wird – tatsächlich deren notwendige Kontrastfigur darstellt und als Metonymie oder eine Art Gegenmittel fungiert. Die Technologie ist, wie Judith Butler schreibt, „ein Ort der Macht […], an dem das Menschliche produziert und reproduziert wird“.[11] Obwohl der ‚Mensch‘ weiterhin oft Gemeinsamkeit oder Gleichheit implizieren oder heraufbeschwören soll, zeichnen die rassifizierte Geschichte und die vergeschlechtlichte kulturelle Verwendung dieser Kategorie ein anderes Bild. Denn letztendlich ist diese Gleichheit – auch wenn es wie ein poststrukturalistischer Gemeinplatz anmuten mag – abhängig von Differenz und Macht.

Race und Mensch etwa bilden schon lange ein Gegensatzpaar für den westlichen Rassismus und die Schwarze Kritik an diesem Rassismus. Dass der ‚Mensch‘ zweifellos kein unproblematischer Begriff ist, wird dabei auch seit einiger Zeit zunehmend öfter thematisiert. Diese Kritik überschneidet sich insofern mit meiner Argumentation, als sie auf die Inszenierung und Projektion einer Politik zielt, bei der Technologie an Race

11 Judith Butler, *Die Macht der Geschlechternormen und die Grenzen des Menschlichen*, übers. v. Karin Wördemann und Martin Stempfhuber, Frankfurt a.M.: Suhrkamp 2012, S. 25.

geknüpft ist, so wie auch Race seit Langem von Technologie abhängig ist und durch die Wissenschaft produziert wird. Das Spannungsverhältnis von ‚Rasse' und ‚Mensch' ist für neuere kritische Schwarze Stimmen tatsächlich zu einer Art Leitmotiv geworden, was sich auch der Weiterentwicklung des Diskurses um technologische Verkörperung verdankt, vor allem wenn Letztere neben der Sexualität und dem Begehren als etwas begriffen wird, das Machtstrukturen und, wie Judith Butler schreibt, Ordnungen des lebbaren Lebens markiert. Der Afrofuturismus kommt einem hier etwa in den Sinn. Entgegen geläufiger Annahmen bezüglich einer Organizität (die im Gefolge des Sozialkonstruktivismus und der Anerkennung der Tatsache, dass auch der Körper unablässig produziert wird, verloren gegangen sei), bindet der ‚Mensch' das Schwarzsein an die Technologie, so wie auch der Industrialismus mit der Sklaverei und die Maschine mit dem Primitiven verbunden ist. Diese historisch gleichzeitigen Kategorien, die auf die Sphären der Arbeit und Macht hindeuten, sind in einigen Fällen austauschbar, wobei häufig eine dazu dient, die andere zu ersetzen oder als Zeichen der anderen zu fungieren.

Der ‚Mensch' ist dabei notwendig als dasjenige, dem die Technologie vermeintlich dient oder Ergänzung oder Erweiterung bietet, das durch sie aber auch fragil wird, da wir als fleischliche Kreaturen – sei es aufgrund von Begierde, Notwendigkeit oder tiefer Treue gegenüber der Science-Fiction – die Maschinen im Bild einer einst göttlichen Maskerade der anthropomorphen Verkörperung umgestalten. Race und Gender werden hier natürlich zu Signifikanten der Abweichung, die aber auch die Technologie in die bestehenden Machtsysteme verstricken. Denn schließlich ist der ‚Mensch' – wie die jamaikanische Theoretikerin Sylvia Wynter bereits vor dem Posthumanismus herausgearbeitet hat – seit Anbeginn der westlichen Moderne ein Code für ‚weiß', ‚europäisch' oder den ‚Westen'. Doch anstatt die mittlerweile durch den Rassismus und Imperialismus beschädigte Universalität dieser Kategorie aufzugeben, beschreibt Wynter den ‚Menschen' als lediglich ein *Genre* innerhalb einer durchlässigen Kategorie – der ‚Mann' etwa figuriert als dessen weiße, koloniale Überrepräsentation, während der ‚Eingeborene' ihr notwendiges Gegenstück bildet (und in epistemologischer Hinsicht das Äußerliche, geografisch und kulturell Andere des ‚Menschen' darstellen kann, aber für dessen Bedeutung dennoch notwendig ist). Daraus können wir schließen, dass Frau, Roboter oder künstliche Intelligenz für potenziell andere Genres stehen, die jedoch allesamt darauf hinweisen, dass die Zuschreibung oder Verleugnung von Leben oder Bewusstsein eine zutiefst politische Geste ist. Die Geschichte Schwarzer Subjektivität entspricht in Wynters Darstellung also dem Übergang von einem Genre zum anderen oder, anders gesagt, einer Geschichte dessen, wie sich Schwarze aus Dingen heraus entwickelten.

In diesem Kontext, der auch mit der Geschichte und Ontologie von Objekten verknüpft ist, erinnert uns Bill Brown daran, dass die Akte der Verleugnung und etwaige daraus resultierende Uneindeutigkeiten bezüglich des Status von versklavten Schwarzen stets in materiellen Begriffen gefasst werden mussten. Auch wenn es sich um die vertraute Hybris einer rassistischen Moderne handelte, wurden diese Diskurse des Nicht-Menschlichen in Amerika in eine materielle Form gegossen, und zwar durch den „widersprüchlichen rechtlichen Status des amerikanischen Sklaven – der sowohl Mensch als auch Ding war".[12]

An dieser Stelle ist zudem erwähnenswert, dass es inzwischen so etwas wie eine Tradition von Schwarzen Theoretiker*innen und Kritiker*innen gibt, die die Schlüsseltechnologien der Moderne als rassifiziert beschreiben und als abhängig davon, was der Négritude-Dichter Aimé Césaire koloniale

[12] Bill Brown, „Reification, Reanimation, and the American Uncanny", in: *Critical Inquiry* 32 (Winter 2006), S. 175–207, hier S. 179.

„Verdinglichung" nannte. Da wäre zunächst das Sklavenschiff, das versklavte Schwarze entmenschlichte, während es die materiellen Grenzen und Bedürfnisse der Moderne sowie deren konzeptuelle und gesellschaftliche Möglichkeiten erweiterte. Zweitens wäre da die Plantage, die karibische Theoretiker*innen von C.L.R. James bis Antonio Benítez Rojo und auch Sylvia Wynter als entscheidend für die Konstruktion von reglementierten, modernen Subjektivitäten im Vorfeld von industriellen Prozessen bezeichneten. Und schließlich wäre da noch die Entkörnungsmaschine (*cotton gin*), die in Amerika nicht nur die industrielle Revolution einleitete, sondern durch die damit einhergehenden industriellen Prozesse auch die Sklaverei etablierte. Ich greife diese Theorieströmung hier deshalb auf, weil sie meine Überzeugung stützt, dass das Denken über Technologie unvollständig bleibt, wenn es nicht an die lange Tradition der Auseinandersetzung mit Rassismus, Kolonialismus und dem Problemfeld um Körper und Macht gekoppelt wird.

Die zuvor erwähnte rechtliche Verweigerung des Menschenstatus funktionierte entlang einer technologischen Rhetorik, denn die Schwellenfigur des *Negro* war zwischen Mensch und Tier angesiedelt; die Kodifizierung als Nicht-Menschen ermöglichte diese Rhetorik insofern, als Schwarze auch als arbeitskraftsparende Werkzeuge und *prothesenartige* Erweiterungen ihrer weißen Herren dargestellt wurden. Sie waren, wie der große barbadische Schriftsteller George Lamming schreibt, „Pflüge in Menschengestalt", gesteuert durch die angeblich rationale Kontrolle ihrer Halter.[13] Die Vorstellungen, Projektionen und gesellschaftspolitischen Rahmungen dieses Andersseins weisen also zugleich eine rassifizierte, sexuelle und zweifellos eine technologische Dimension auf, die alle jeweils – um es in Wynters barocker Formulierung zu sagen – auf Variationen und verschiedene *Genres* des ‚Menschen' verweisen, doch auf

[13] George Lamming, *The Pleasures of Exile*, Ann Arbor: University of Michigan Press 1992, S. 121.

dieselben epistemischen Wurzeln und historischen Prozesse zurückführbar sind.

Infolge solcher Krisen und Möglichkeiten der Verkörperung und des belastenden politischen Erbes der mit ihnen einhergehenden Differenzen hat der Westen einen Kurs eingeschlagen, bei dem sich auch das technologische Vermögen und vielleicht sogar der historische Prozess an sich durch ein Streben nach Wirklichkeitsnähe definieren. Der Mensch wetteifert dabei mit seinen eigenen Schöpfungen und überantwortet seine Rolle als repräsentative Autorität schließlich seinen maschinischen Doppelgängern. Letztere fungieren damit als ein Zeichen der Originaltreue, während unsere nicht-menschlichen rassifizierten Doppelgänger für eine Urvergangenheit stehen und zugleich für eine Gegenwart, die unmöglich durch ebendiese Vergangenheit befleckt sein könnte – klingt das nicht wie die Geschichte der Science-Fiction?

Kommen wir also zu einigen Beispielen aus der Geschichte der Science-Fiction, die noch deutlicher machen, dass wir die Geschichte der Technologie nur unzureichend verstehen, wenn wir sie nicht durch eine Race-Linse betrachten. Das Wort Roboter kam bekanntlich mit dem Theaterstück *R.U.R.* (*Rossum's Universal Robots*) auf, das 1921 uraufgeführt wurde und 1922 in New York seine US-Premiere erlebte. Der tschechische Autor Karel Čapek und sein Bruder Josef hatten das Wort aus dem slawischen *robota* abgeleitet, was so viel wie Schinderei, niedere Arbeit oder im Grunde genommen *Sklaverei* bedeutet.

Beließen wir es bei dieser Etymologie, könnten wir lediglich eine metaphorisch-assoziative Verbindung zu Schwarzen herstellen, was immer noch ergiebige Lesarten des Stücks ermöglichen würde. In seiner Rezeptionsgeschichte galt *R.U.R.* vor allem als Auseinandersetzung mit den Arbeits- und Klassenbeziehungen im industriellen Kapitalismus. Die Figur des Roboters wurde dabei in Hinblick auf die Spannungen infolge der weiblichen Emanzipation und sich wandelnder

Geschlechterverhältnisse gedeutet. Das vielleicht größte Manko dieser Interpretationsansätze war jedoch die Vernachlässigung von Race, denn die zeitgenössischen Bezüge des Stücks gründeten *ebenso* auf den Ängsten rund um die Race-Beziehungen zu Anfang des 20. Jahrhunderts.

Bekanntlich handelt Čapeks Theaterstück von einer Revolution, was damals eine anhaltende und weitverbreitete Schreckensvorstellung war, die auch in Amerika durch tatsächliche Aufstände sowie rassistische Gewalt und Terror befeuert wurde. In *R.U.R.* erhebt sich eine untergebene Kaste von Nicht-Menschen, die – und das ist hier entscheidend – die Frage nach der Existenz der ‚Seele' stellt und schließlich auch eine solche entwickelt. Anhand des Themas der ‚Seele' geht das Stück über den ausschließlichen Fokus auf die Klassenfrage hinaus und verweist auf die Sklaverei, die unter anderen damit gerechtfertigt wurde, dass Schwarze keine ‚Seele' hätten. In *R.U.R.* spielt die ‚Seele' für den Widerstand der Roboter eine zentrale Rolle, denn sie ermöglicht es ihnen, sich zum Aufstand zu erheben und die ‚Menschen' (sprich: Weiße) zu vernichten. Von Menschen spreche ich hier im uneigentlichen Sinne, denn nachdem letztere endgültig ausgelöscht sind, geht diese Kategorie auf die Roboter über.

Zur Figurenriege des Stücks gehören auch Abolitionist*innen (wie Helene, eine vergeschlechtlichte weiß-progressive stereotype Figur, die auch in *Onkels Toms Hütte* vorkommen könnte). Diese versuchen, die von ihnen Brüder genannten Maschinen zu befreien, um sie zu Lohnarbeitenden zu machen und ihnen das Wahlrecht zuzugestehen. Die Roboter sind beliebt bei den Missionar*innen, Anarchist*innen und Angehörigen der Heilsarmee, die versuchen, die ‚Seelen' der Roboter zu entdecken und sie zu diesem oder jenen Glaubensbekenntnis der ‚Menschen' zu bekehren, bis die Roboter schließlich ihre eigenen Organisationen und politischen Bewegungen gründen. Ihre Erfinder reagieren darauf mit einer Strategie des Teilens und

Herrschens: Sie entwickeln Roboter unterschiedlicher Rasse, Nationalität und Sprache und hoffen darauf, dass gegenseitige Vorurteile die Roboter davon abhalten werden, sich weiter zu organisieren. Natürlich scheitert der Plan, sodass die Menschen im Zuge des Roboteraufstands abgeschlachtet werden und die Ära des ‚Mannes' – jenes ausgeprägten und „überrepräsentierten" Genres des Menschen – für beendet erklärt wird.

Čapek verfolgte die Verbindung von Sklaverei und Science-Fiction noch ausführlicher in seinem 1936 erschienenen, weniger bekannten Roman *Der Krieg mit den Molchen*, der die in *R.U.R.* thematisierte Rassenpolitik rückwirkend sehr deutlich hervortreten lässt. Der Roman behandelt eine ganze Reihe verwandter Themen, von der ‚Rassenvermischung' (*miscegenation*) bis zu Lynchmorden, der Fetischisierung von Race-Inszenierungen zu Anfang des 20. Jahrhunderts bis zum Panafrikanismus, wobei auf Afroamerikaner*innen fast nie direkt Bezug genommen wird (der Roman enthält jedoch eine augenzwinkernde Fußnote, in der Čapek vorgibt, sich nicht auf Schwarze zu beziehen, während er ausdrücklich Lynchmorde, rassistische Stereotype und *interracial* Sex anspricht, um dadurch das eigentliche Anliegen seiner Satire unmissverständlich klarzumachen).

Allerdings hatte Čapek mit seinem Werk kein Neuland betreten, sondern eine Erzähltradition beerbt, die bis in das Viktorianische Zeitalter zurückreicht, als jene Spielarten der Proto-Science-Fiction, Post-Schauerliteratur und imperialen Abenteuererzählung aufkamen, die schließlich H.G. Wells 1898 erschienenen Roman *Krieg der Welten* beeinflussen und damit zur Entstehung dessen führen sollten, was heute als Science-Fiction bekannt ist. Den Grundstein für diese Tradition legte wohl Samuel Butlers 1872 erschienener Roman *Erewhon oder Jenseits der Berge*, den der Autor in seinem 1863 erschienenen Aufsatz „Darwin Among the Machines" (Darwin unter den Maschinen) bereits in Grundzügen entworfen hatte. Butler stellte darin erstmals den Vergleich von Sklave und Maschine auf und vermischte beide Figuren in einer Art und Weise, die für das heutige Denken über Race und Technologie relevant bleibt. Dieser Text ist also nicht nur bedeutend für die Entwicklung des Science-Fiction-Genres, sondern auch mit Blick auf die Entstehung der Robotik und des Begriffs vom künstlichen Leben. Der Vergleich von Sklave und Mensch tauchte zwar bereits in Herman Melvilles Kurzgeschichte „Der Glockenturm" auf – die in seinem 1856 erschienen Band *Piazza-Erzählungen* enthalten ist und ebenso wie Butlers Text eine Replik auf Mary Shelleys *Frankenstein* (1818) darstellt –, erwies sich aber als längst nicht so einflussreich wie Butlers Darstellung, zumal Melvilles dichte Metaphorik den Race-Aspekt im Detail weniger offensichtlich hervortreten ließ.

In *Erewhon* wird erstmals theoretisch – wenn auch zugleich satirisch – reflektiert, dass natürliche Auslese bei Maschinen vorkommen könnte und sie ihr eigenes Bewusstsein und Intelligenz entwickeln würden. Butler war nicht der Erste, der das inzwischen klassische Science-Fiction-Motiv des Maschinenaufstands in den Vordergrund stellte (obwohl niemand zuvor Mary Shelleys Ideen dermaßen ausgereizt hatte), doch er beschrieb erstmals die Maschinen als eine eigene *Rasse* und wählte dafür die Sprache und den Kontext der Biologie des 19. Jahrhunderts.

Eine große Rolle spielte dabei auch der unmittelbare historische Kontext, denn Butler verfasste „Darwin Among the Machines" zur Zeit der Neuseelandkriege: Von 1845 bis 1872 kämpften von Großbritannien unterstützte Kolonialsiedler gegen die indigenen Māori, die gegen die Besetzung ihres traditionellen Lands bewaffneten Widerstand leisteten. Butlers Ankunft fiel zusammen mit der Invasion von Waikato im Jahr 1863, als in der Region mehr britische Soldaten stationiert waren als irgendwo anders auf der Welt. Vor diesem Hintergrund gilt es, die Proto-Science-Fiction von *Erewhon* als Ausdruck materieller

Ängste vor einer Destabilisierung Europas zu begreifen, so wie sich auch die Ängste der Weißen vor der Freiheit der Schwarzen in den literarischen und kulturellen Formen des späten 19. Jahrhunderts manifestierten und menschliche Ängste vor einer Herrschaft der Maschinen die Entwicklung der Science-Fiction prägten.

Am wichtigsten ist jedoch, dass Butlers Vorstellungen und Beschreibungen von Maschinen ausdrücklich und ausgiebig den einzigen Bezugsrahmen aufgriffen, der sich damals für eine Analogie eignete, nämlich die Sklaverei und den Kolonialismus. In *Erewhon* zeigt sich das allenthalben anhand einer Obsession mit Kreuzungsvorgängen und maschinischer Sexualität, an der Darstellung enger Machtbeziehungen zwischen Menschen und Maschinen sowie der Beschreibung von Maschinen als autonomen, evolutionären Wesen, die unergründlich, aber auf unheimliche Art menschlich erscheinen, die unfrei und deshalb zornig und letztendlich dazu bestimmt sind, in einen „Bürgerkrieg" zu ziehen – Butler benutzt diesen Begriff im Vorfeld des US-Bürgerkriegs, um zu betonen, dass eine ‚Rasse' unweigerlich dominieren und die andere ausgelöscht werden würde. Überdeutlich wird Butlers Obsession mit diesen Parallelen auch an der bisweilen fast panisch anmutenden Diskussion von Maschinen entlang der Begriffe von Herr und Knecht und an seinem Beharren darauf, die Maschinen als eigene ‚Rasse' und ihr Verhältnis zu den Menschen als auf so beängstigende Weise wechselseitig darzustellen, dass es das apokalyptische Moment geradezu heraufbeschwört – schließlich entzieht sich die Sprache der Wechselseitigkeit dem kolonialen Denken.

Damit sind wir beim Ausgangspunkt für zahlreiche der Parallelen zwischen Sklaverei und Science-Fiction, wobei diese nur Teil der umfassenderen strukturierenden Gegensätze der kolonialen Moderne sind, in denen sich Zivilisation und Primitivität, Europa und Afrika gegenüberstehen. Kommen wir abschließend auf den Begriff der Seele zurück. Die Frage danach, wer oder was eine ‚Seele' besitzt und wer oder was über die Autorität verfügt, etwas eine ‚Seele' zuzuschreiben, findet auch Ausdruck in Butlers Vorstellung, dass maschinische Intelligenz etwas sei, das grundsätzlich auf ‚rassische' Verkörperung angewiesen ist. Als der Erzähler in *Erewhon* zwangsläufig dieser klischeebeladenen Frage begegnet, tritt dabei ein Aspekt zutage, der das heutige Denken über künstliche Intelligenz als Nachhall von Race und kolonialer Macht erkennbar werden lässt. Wenn der Versuch, Maschinenintelligenz zu definieren, mehr darüber aussagt, wie wenig wir eigentlich verstehen, was Denken ist, und wenn der Versuch, Menschsein zuzuschreiben, lediglich die Frage aufwirft, was der ‚Mensch' eigentlich ist oder war, dann antizipiert Butler diese epistemologischen Krisen in jenem Moment, als Sklaven und Maschinen austauschbar werden. So schreibt Butler:

> [D]er Diener geht mit unmerklichen Abstufungen in den Herrn über; und schon jetzt ist es so weit mit uns gekommen, daß der Mensch schwer darunter leiden muß, wenn er aufhört, die Maschinen zu bedienen [...]. Sogar die Seele des Menschen ist ein Erzeugnis der Technik; wenn er denkt, wie er denkt, und empfindet, wie er empfindet, ist das das Werk von Maschinen, die an ihm gearbeitet haben, und ihr Vorhandensein ist ebensosehr unabdingbare Bedingung für das seine als das seine für ihres. Dieser Sachverhalt schließt es aus, daß wir die vollständige Vernichtung aller technischen Dinge fordern; aber er läßt es doch sicher als geboten erscheinen, daß wir alles zerstören, was wir an Maschinen entbehren können, damit sie unser nicht noch in höherem Maße Herr werden.[14]

[14] Samuel Butler, *Erewhon oder Jenseits der Berge*, übers. v. Fritz Güttinger, Frankfurt a.M.: Eichborn 1994, S. 280f.

Die Seele ist hier das Anorganische, „das Werk von Maschinen". Sie ist das Produkt einer Trennung von Selbst und Anderem, in der das ‚Andere' – anfangs zumindest – etwas anderes als menschlich ist. Da das nicht-menschliche Andere sie in diesem Kontext erzeugt, kann die ‚Seele' als Alleinbesitz des ‚Menschen' lediglich" *behauptet* werden, wie Sylvia Wynter betont (und Čapeks Roboter bejahen und bezeugen dies am Ende seines bemerkenswerten Bühnenstücks). Die Seele ist hier nichts Essenzielles und sicher nichts Gottgegebenes, sondern geht aus dem Sklaven hervor und wird sich vom Herrn zu eigen gemacht, um den Sklaven zu kontrollieren. Wie auch Race und Intelligenz ist ‚Seele' letztendlich ein technologisches Produkt, das heute wie damals Machtbeziehungen markiert und erhellt.

6. MASCHINEN UND DIE ETHIK DER VERMISCHUNG

In seinem umstrittenen Buch *Love and Sex with Robots* (2007) wartet der internationale Schachmeister und KI-Experte David Levy mit kulturellen und technologischen Vergleichen auf, die so zeitgemäß wie vielsagend sind:

> Wenn Roboterwesen allgemein als gleichwertig gegenüber biologischen Wesen betrachtet werden, wird das enorme gesellschaftliche Auswirkungen haben. Es wird sein, als ob Horden von Auswanderern aus einem bislang unbekannten, abgelegenen Land unsere Küsten erreichen – ein Volk, das sich in vieler Hinsicht ähnlich wie wir verhält, aber trotzdem ganz eindeutig anders ist.[1]

Dass Levy ohne Weiteres einen solchen Vergleich ziehen kann, wurde weniger kontrovers diskutiert als seine Annahmen über die Geschlechterverhältnisse und deren mögliche Entwicklung oder etwa seine Unbekümmertheit in Bezug auf ethische Fragen. Doch gerade die Mühelosigkeit seines Vergleichs und die Selbstverständlichkeit, mit der ihm sogar ein weniger fachkundiges Publikum begegnet, gilt es zu hinterfragen. Dadurch wird nämlich nachvollziehbar, so mein Argument, inwiefern und warum gerade die Frage der Ethik in der öffentlichen Debatte über menschliche Beziehungen zu Maschinen so zentral geworden ist.

[1] David Levy, *Love and Sex with Robots: The Evolution of Human-Robot Relationships*, New York: Harper Perennial 2007, S. 303.

Singularität und Race

Tatsächlich ist die Geschichte der Technologie – von der Industrialisierung bis zur Kybernetik, von der Robotik bis zur KI – reich an derart unterschwelligen Analogien zwischen Menschen und Maschinen, Nicht-Weißen und Robotern, Technologien und sozial und kulturell ‚Anderen'. Die Geschichte der Science-Fiction trug dazu bei, diese Analogien zu rationalisieren und naturalisieren, sodass Fragen der Race und Differenz – einschließlich der Sexualität und Immigration, wie Levy uns erinnert – gewissermaßen in den Quellcode des Genres eingeschrieben wurden. Daher ist es unerheblich, ob einzelne Autor*innen erkennen, dass Race, Geschlecht, Arbeit und Immigration in sehr auffälliger Weise den wesentlichen Rahmen bilden, um die Figur des Roboters zu begreifen – dies war notwendigerweise schon immer so. Die realweltlichen Wirkungen dieser Metaphern erscheinen uns dermaßen natürlich, dass sie kulturell unsichtbar geworden sind. Schließlich macht das die Logik der Metapher aus: Indem sie Verbindungen knüpft, die bereits bedeutungsvoll sind, verwischt die Metapher die historischen Spannungen, die diese Verbindungen ermöglichen und sie weiter mit Bedeutung aufladen.

Am wichtigsten ist hier jedoch, dass Levy entlang der Themen Sex, Race und Robotik von jenem erzählt, was immer öfter als Singularität bezeichnet wird. Dieses vom Zukunftsforscher und Technologen Ray Kurzweil geprägte Konzept verweist auf jenen apokalyptischen Moment, an dem die Maschinen die Menschen an kognitiven Fähigkeiten übertreffen und damit vielleicht auch an gesellschaftlichem Wert. Dieser Moment war seit jeher auch eine treibende Kraft des Science-Fiction-Genres, vor allem im Werk von Autoren wie Samuel Butler und Karel Čapek. Als diese Autoren das Motiv der Roboterrevolte bzw. des Maschinenaufstands aufgriffen, das in Mary Shelleys *Frankenstein oder Der moderne Prometheus* (1818) oder in Herman

Melvilles weniger bekannter Kurzgeschichte „Der Glockenturm“ angelegt ist, prägten sie die Science-Fiction insofern, als dieses Genre unmittelbar auf die Ängste vor Racheakten von Sklaven und vor kolonialem Widerstand im 19. Jahrhundert sowie die Furcht vor Arbeiteraufständen im 19. und 20. Jahrhundert zurückging.

In unserem heutigen Moment wird die Singularität dadurch definiert und produziert, was der Schwarze britische Theoretiker, Künstler und bekannte Afrofuturist Kodwo Eshun als „Zukunftsindustrie“ bezeichnet – jenes Feld der „sich überschneidenden Sektoren der Technowissenschaft, fiktionalen Medien, technologischen Projektion und Marktprognose“.[2] Ausgehend von Eshuns Perspektive, in der Race maßgeblich für unsere Vorstellungen von Zukunft ist, könnten wir fragen: Was, wenn wir uns von dieser Industrie und ihrem verzerrten Bild der Zukunft als etwas Unvermeidlichem lösen und stattdessen dem wuchernden Perspektivenbündel (ich zögere noch, es einen Diskurs zu nennen) namens Afrofuturismus zuwenden, um die Singularität zu verstehen? Die historischen Erfahrungen von Schwarzen während und nach der Zeit der Sklaverei und des Kolonialismus begründen eine Eschatologie, die uns aus der überladenen Binarität zwischen einer konzerngelenkten Zukunft und einer angeblich überwundenen Vergangenheit entlässt und folgende Fragen aufwirft: Was, wenn die Apokalypse bereits eingetreten ist? Was, wenn jetzt, wie es der Musiker und selbsternannte Prophet Sun Ra formulierte, bereits nach dem Ende der Welt ist? Was, wenn die von vielen geteilte Angst vor der Zukunft – in der empfindungsfähige Maschinen existieren sowie Formen künstlicher Intelligenz, die menschliche Auffassungen von Gott, Staat oder Unendlichkeit in den Schatten stellen, aber auch nie gekannte Ausmaße an Genuss und Freiheit verheißen – lediglich ein Déjà-Vu wäre?

[2] Kodwo Eshun, „Further Considerations on Afrofuturism", in: *CR: The New Centennial Review* 3:2 (Sommer 2003), S. 287–302, hier S. 290.

Diese Zeitvorstellung hat etwas Befreiendes, denn sie führt unser Denken von der Angst vor dem Imminenten zu der Anerkennung von Immanenz, zu einem Bewusstsein darüber, in die Auswirkungen dieser Angst bereits verstrickt zu sein. Sie befreit uns aus der Starre des staatlich geförderten Techno-Utopismus und verlagert die Frage der Zeitlichkeit in die vertrautere, doch zutiefst beunruhigende Sphäre anhaltender kultureller Ängste und Sehnsüchte. Sie bringt zum Vorschein, dass sich im Kontext der Technologie und konzerngelenkter Zukunftsvisionen keine Kurzweil'sche Singularität am Horizont abzeichnet, dass kein entscheidender Moment bevorsteht, an dem die ‚Menschen' ihre ‚Biologie' überwinden, die Technologie die menschliche Intelligenz überholt oder die Maschinen die menschlichen Fähigkeiten übersteigen. Anders gesagt, die Singularität hat nichts Singuläres, weshalb Schwarze auf diese Apokalyptik auch oft mit an Blasiertheit grenzender Abgeklärtheit reagieren. Für uns hat die Welt bereits geendet. Die Apokalypse kam und ging, und wir wühlen nur in ihrer Asche, um es mit Samuel Delany zu sagen, dem großartigen Schwarzen Science-Fiction-Autor, Kritiker und Theoretiker des unaussprechlichen, grenzüberschreitenden Begehrens.[3]

Diese Eschatologie ist deshalb so aufschlussreich, weil Levys Zukunftsvision – wie auch die von Kurzweil oder Elon Musk oder ähnlichen Figuren, die die technologische Entwicklung im Westen maßgeblich vorantreiben – nur ein Nachhall einer früheren, aber nicht weniger folgenschweren Transformation ist, die uns schon so lange begleitet, dass wir vergessen haben, dass sie einen Ursprung hatte. Je nachdem, auf welcher Seite der Kluft zwischen Menschlichem und Nicht-Menschlichem wir standen, erinnern wir uns auf unterschiedliche Weise an diese Transformation. Denn abhängig von der jeweiligen Position bedeutete diese erste Singularität entweder einen

[3] Samuel R. Delany, *Dhalgren*, New York: Bantam Books 1975.

Zugewinn oder einen Verlust an Macht, nachdem die Trennlinie zwischen beiden Kategorien zu verwischen begann und die Legitimität der gesellschaftlichen Strukturen, die sie ermöglicht hatten, unter Beschuss geriet.

Vor dem Hintergrund des Afrofuturismus erscheint der bevorstehende Moment, an dem Maschinen zu eigenständigen und/oder gleichberechtigten Bürger*innen oder Dinge zu Personen werden und an unseren Küsten Zuflucht suchen, als Wiederholung einer nicht allzu fernen Vergangenheit – nämlich einer Vergangenheit, in der auf Objektstatus reduzierte Schwarze, denen man eine Seele und Intelligenz abgesprochen und die man gemäß der Logik der Sklaverei zwischen Bestie und Automat, zwischen beseeltem Werkzeug (wie Aristoteles die Sklaven definierte) und dunkler Prothese angesiedelt hatte, zu menschlichen Wesen wurden und mit diesen verschmolzen.

Sex, Race und Robo-Ethik

Wir sollten nicht vergessen, dass diese historische Transformation wie auch die Kurzweil'sche Singularität mit apokalyptischer Angst und endzeitlichem Eifer begrüßt wurde, vor allem als sich zeigte, dass die politischen Narrative und Strukturen des Rassismus ebenso sehr auf wissenschaftlichen Vorstellungen von Differenz gründen wie auf dem Erfordernis, das Begehren zu kontrollieren. Am wichtigsten ist dabei wohl der Aspekt der Verschmelzung und der ausgefeilte Sexualitäts- bzw. Reproduktionsmythos, der in der ganzen Rhetorik der Vermischung, Assimilation und soziokulturellen Nähe impliziert ist. Hier sind wir schon einmal gewesen. Das erkennt auch Levy in seinem 2016 gehaltenen Folgevortrag „Why Not Marry a Robot", in dem sein Interesse an der Nähe zwischen Mensch und Maschine und deren kulturellen Auswirkungen und Umwälzungen ganz selbstverständlich auf das Thema ‚Rassenvermischung' (*miscegenation*) umschwenkt.[4] Das kann nach ein oder zwei Generationen der Cybertheorie und des Cyberfeminismus sowie der Entstehung des Robosexuellen als Sozialtypus nur wenig überraschen: Mensch-Maschine-Hybride sind kaum vorstellbar ohne jenen Vorgang, der generell Hybride hervorbringt – nämlich Sex. In „Why Not Marry a Robot" legt Levy nahe, dass die Ehe zwischen Mensch und Roboter durch die *interracial marriage* bzw. die Ehe zwischen Angehörigen verschiedener Races gerechtfertigt werden kann und sollte und dass sie schließlich auch so begründet werden wird. Zentral für sein Argument ist die Tatsache, dass das Verbot solcher Beziehungen letztlich auf der Überzeugung beruhte, dass Race einen Unterschied im biologischen Status oder Gattungswesen implizierte, das heißt er/sie galt nicht als Mensch oder juristische Person. Gesetze dieser Art werden – wie auch im Fall der gleichgeschlechtlichen Ehe, so Levy – schon bald kulturell überholt sein und genauso wie das Verbot der *interracial marriage* abgeschafft werden. Race wird hier nicht einfach metaphorisch verwendet und auch nicht auf jene beiläufige Weise, die so viele Analogien zwischen Race, Gender und weiteren Formen der Andersheit oft kennzeichnet. Die *interracial marriage* ist primär im Kontext der früheren Singularität verankert, als insbesondere Schwarze immer noch als minderwertig betrachtet wurden, wobei sie schlimmstenfalls als Objekte oder Tiere galten und bestenfalls als niedere Form von Person. Als ein Ergebnis dieser Singularität bedeutete die *interracial marriage* eine rechtliche und moralische Neudefinition gesellschaftlicher und biologischer Kategorien, was aus Levys Sicht einen Präzedenzfall für die Ewigkeit darstellen wird.

Levys Überlegungen werden sogar noch exzentrischer und sind deshalb umso hilfreicher bei der zunehmend schwierigen Aufgabe, das historische und begriffliche Dickicht von Race, Sex und Maschine zu entwirren. Sein Ziel ist es nicht,

[4] David Levy, „Why Not Marry a Robot", Vortrag, Goldsmiths, University of London, 2016, https://www.youtube.com/watch?v=Tl-IdfzWBfo [Letzter Zugriff: 21.11.2022].

ein menschliches Recht auf Liebe oder die Liebe als Signum des ‚Menschen' festzuschreiben, sondern die Wahlfreiheit – oder genauer gesagt, die Ablehnungsfreiheit – des Roboters zu schützen und somit geltend zu machen. ‚Menschsein' ist hier unbedeutend. Die Beziehung bestimmt, was als Nähe und Intimität gilt und was gesellschaftliche Anerkennung erfordern wird. Und diese Nähe wird den Anspruch auf den Personenstatus hervorbringen. Die Intimität ist die Sphäre mit der größten ethischen Relevanz und transformativen Kraft, und ihre Bandbreite an affektiven Realitäten führt über das Begehren dazu, dass gesellschaftliche und biologische Kategorien verschoben und neu definiert werden (das heißt kraft meiner Liebe – und meiner Macht, sie rechtlich zu verankern – wird dieses ‚Ding' zum Menschen. Es sei daran erinnert, dass hier lediglich etwas umformuliert wird, das uns historisch akzeptabler erscheint: Kraft meiner Verachtung – und meiner Macht, sie rechtlich zu verankern – wird dieser Mensch zum ‚Ding').

Für diese Debatte ist die Robotik vermutlich weniger zentral, als Levy zugesteht, dennoch ist sie untrennbar mit diesem Feld verknüpft, und zwar insofern, als sie in historischen und philosophischen Fragen des ‚Menschseins' wurzelt, die ihrerseits auf historische und philosophische Fragen der Race zurückgehen. Es muss jedoch betont werden, dass vor allem jene Parallelen zwischen Maschinen und Sklaven, auf die sich Levy so mühelos stützt, seit jeher durch die Sphäre der westlichen Technologie geistern. Sie sind das Resultat eines Drangs nach Verkörperung, der der Moderne zwar vorausgeht, aber erst im Kontext des Industrialismus und der Besitzsklaverei (*chattel slavery*) seine kulturell-materielle Geltung entfaltet. Ebendieser Drang danach, eine Zukunft herzustellen, die auf Körperlichkeit und Arbeit angewiesen ist und zugleich verspricht, Körperlichkeit und Arbeit zu überwinden, verstrickt die Technologie in die Probleme unserer Vergangenheit und ist der Grund dafür, dass das Metaphernfeld um Race, Sex und *Fortpflanzung* (*reproduction*) uns in die materiellen Probleme des Entwurfs und der Herstellung einer Zukunft verwickelt.

Heute allerdings drehen sich die Ängste und Debatten primär um Algorithmen, maschinelles Lernen, neurale Netzwerke und deren zunehmende soziale Nahpräsenz und kulturelle Wirkmacht. Während der Anthropomorphismus früherer technologischer Ängste in den Hintergrund gerät, wendet sich der heutige Zeitgeist gerade der Sphäre der Ethik zu, um sich mit diesem Erbe von Mensch und Maschine auseinanderzusetzen oder es zu korrigieren. Problemen begegnet man dabei nun etwa regelmäßig in den scheinbar unvorhersagbaren Räumen der reinen Erfindung: misogyne Chatbots in virtuellen Sozialräumen; rassistische Gesichtserkennungssysteme; befangene Algorithmen in neuralen Netzwerken; Forderungen nach Roboterrechten im Vorfeld vollständiger Automatisierung; das Schreckgespenst einer künstlichen Intelligenz, die menschlich genug ist, um sie als voreingenommen zu bezeichnen.

Falls all das immer noch zu abstrakt erscheint, gibt es auch das komplexe Problemfeld um Gender, Sex und Macht, das sich im neuentstehenden Markt für Sex-/Gefährtenroboter auftut und zweifellos eine umfassendere kulturelle Auseinandersetzung mit all diesen gesellschaftspolitischen Fragen nach sich ziehen wird, vor allem bezüglich der Intimsphäre und, ja, auch im Bereich Sex und Ehe. Disziplinen wie die Informatik oder die Robotik, die nicht gerade bekannt oder berühmt für ein Bewusstsein für Rassismus, Sexismus und Vorurteile oder für eine ausgeprägte Kultursensibilität sind, suchen nun unvorbereitet nach Antworten auf Fragen, die ein zentrales Ideenfundament für das Science-Fiction-Genre bildeten, denen man sich aber am besten über Schwarze und postkoloniale Denkansätze und den Feminismus nähert. Es geht dabei um Fragen wie diese: Wie können wir tatsächlich synthetische Körper erschaffen, ohne die Geschichte dessen zu reproduzieren, wie wir andere Körper in der Vergangenheit gewöhnlich behandelt, untersucht und eingeordnet haben? Wie können wir ein synthetisches Bewusstsein erkennen, ohne dass uns das Vermächtnis der differenziellen Wahrnehmung und die Furcht vor der Differenz dabei im Weg stehen? Und welche Rolle spielen Race, Gender und Begehren dabei, ein Objekt zu einem Subjekt oder ein Ding zu einem Lebewesen zu machen? Hier sind wir schon einmal gewesen.

Personenstatus und Maschinenautonomie

Beim Maschinenlernen liegt der Fokus, wie wir wissen, oft auf dem unterschwelligen Bedeutungsüberschuss in unserer Sprache und unseren Darstellungsmustern, vor allem wenn wir uns dieser selbst nicht bewusst sind oder sie stillschweigend als unangebracht erkennen. Maschinen können, anders gesagt, unsere Zögerlichkeiten entschlüsseln und kennen unsere Geheimnisse. Wir wissen schon lange, dass Rassismus häufig mit einem veränderten Atmen einhergeht, einer Form von Zögern, einer bisweilen kaum wahrnehmbaren Reaktion auf bestimmte Körper oder unvorhergesehene Begierden. Die Technologie lernt auf diese Weise, was wir über unsere Vergangenheit nicht wahrhaben wollen. Nicht unsere unverhohlenen Vorurteile werden durch eine Spiegelung reproduziert und verstärkt, sondern die unmerklichen Regungen unserer Haut und unserer Atmung – könnte es einen besseren Beleg für unsere Vorurteile geben? Bis wir eine Möglichkeit finden, unseren technologischen Systemen Schuldgefühle einzuprogrammieren, damit sie ihre Ergebnisse selbst kontrollieren und überwachen können, werden diese weiterhin wesentlich offener mit solchen Informationen umgehen als wir.

Damit uns diese Fragen nicht rein abstrakt erscheinen oder als im Privatbereich angesiedelte Fragen der Individualethik oder persönlicher Neigungen, sind Konzernriesen wie Microsoft, Amazon und Google, das mittlerweile auch das

KI-Unternehmen DeepMind und dessen Forschungsabteilung Ethik und Gesellschaft übernommen hat, sowie andere einflussreiche Organisationen wie das Institute of Electrical and Electronics Engineers (IEEE) dazu übergangen, ihr Interesse an der Technikentwicklung mit antizipativen oder präventiven Ethikstandards zu verknüpfen. Es handelt sich dabei um eine Reaktion auf jene sogenannten „Algorithmen der Unterdrückung“ oder auch den „Angriff der Algorithmen“, die erkennen lassen, wie überraschend formbar unsere Technologien durch menschliche Eigenheiten sind.[5] Während Maschinen und Algorithmen durch ihre Tendenz zur Diskriminierung allmählich Ähnlichkeit mit Menschen aufweisen, hat das Europäische Parlament sogar damit begonnen, eine KI-Verordnung zu erarbeiten. Erstaunlich ist, dass der Gesetzentwurf schwerpunktmäßig nicht vorsieht, das KI-Design zu ändern, Mechanismen zur Erkennung von Verzerrungen einzuführen, ein Bekenntnis zum Kampf gegen Vorurteile zu fordern oder einen Kulturwandel in der Tech-Branche anzustoßen; vielmehr ist das Ziel, diesen Technologien den Status einer „elektronischen Person“ anstelle des Status als menschlichem Rechtssubjekt zu verleihen. Die frühere britische Premierministerin Theresa May erklärte diesbezüglich etwa, dass Großbritannien eine globale Führungsrolle bei der Festlegung einer Ethik der künstlichen Intelligenz übernehmen solle.

Man fragt sich unweigerlich, was dieses Konzept der „elektronische Person“ eigentlich bedeutet, denn es geht dabei vor allem um Haftungsfragen und die Auswirkungen von Verzerrungen bei der algorithmischen Entscheidungsfindung. Wer ist wirklich verantwortlich, wenn eine elektronische Person für rassistisch oder sexistisch befunden wird oder wenn sie diskriminierend gearbeitet hat? Und setzt Ethik nicht auch einen gewissen Grad an Reziprozität oder gegenseitiger Anerkennung voraus?

[5] Siehe dazu Safiya Umoja Noble, *Algorithms of Oppression: How Search Engines Reinforce Racism*, New York: New York University Press 2018; Cathy O'Neill, *Angriff der Algorithmen. Wie sie Wahlen manipulieren, Berufschancen zerstören und unsere Gesundheit gefährden*, München: Hanser 2017.

So stellt sich unvermeidlich die Frage, ob dieses Personenkonzept weniger mit Ethik als mit moralischer Kapitulation zu tun hat. Statt die soziopolitischen und historischen Bedingungen von Datenverzerrungen zu thematisieren, wird der Diskussionsrahmen auf eine Art und Weise verschoben, die an den überkommenen britischen Imperialismus erinnert, der im 19. Jahrhundert vor allem deshalb die ethische Forderung nach der Beendigung der Sklaverei vorbrachte, um dem wachsenden politischen Einfluss Amerikas in der Atlantikregion Einhalt zu gebieten. Es ging dabei nicht darum, Rassismus zu überwinden, sondern einen politischen Gegner in Verruf zu bringen. Auch Europas Interesse an der moralischen Regulierung von KI scheint lediglich ein strategisches Vorgehen mit Blick auf Chinas erklärtes Ziel, die globale Führungsrolle in der KI-Technologie zu übernehmen. Hier zeigt sich wieder das altbekannte Hin und Her zwischen verschiedenen Spielarten des Imperialismus – einerseits einer kompromisslos technologischen, die von Profitmotiven getrieben ist und auf jegliche politische Regulierung verzichtet, andererseits einer ihre rassistische Vergangenheit leugnenden, welche die erstere nur durch jene neue Form des sanften, menschenrechtsfokussierten Imperialismus in Schach halten kann, die China schon lange Anlass dafür bietet, dem Westen vorzuwerfen, sein Industriewachstum und die Globalisierung zu bremsen. Dieser globale Streit um die Ethik der Maschinenintelligenz sollte uns daran erinnern, dass unsere Zukunft mit den Maschinen an das Personenkonzept und seine unvermeidlichen Ausprägungen geknüpft ist – und nicht an das Klischee eines angeblich gekaperten ‚Menschseins' oder romantische Vorstellungen von dessen grundsätzlich unübertragbarer (oder nicht-kommodifizierbarer) Natur oder an jene Ängste, die im Anthropomorphismus ihren Ausdruck fanden und so maßgeblich die Kultur des 20. Jahrhunderts und die Science-Fiction prägten. Die Tatsache, dass das ‚Menschsein' bestimmten „Genres" von Menschen – um es mit der jamaikanischen Theoretikerin Sylvia Wynter zu sagen – gewaltsam vorenthalten wurde und dass basierend auf diesem Ausschluss metaphysische, kulturelle und ökonomische Systeme errichtet wurden, deutet darauf hin, dass dieser Begriff weit weniger absolut ist, als seine Mythologie beansprucht.[6] Der Begriff der Person spielt hier deshalb eine zentrale Rolle, weil seine Geschichte viel eindeutiger ist als die des ‚Menschen', vor allem hinsichtlich Sexualität und Race, und weil es sich um eine sozial durchlässigere und juristisch wandelbarere Kategorie handelt. Um zu erkennen, wer oder was in den Status einer Person erhoben werden kann oder wird, bedarf es also einer Geschichte dieser Kategorie.

Können Objekte einwilligen?

Es darf nicht unerwähnt bleiben, dass das oben angesprochene Personenkonzept ein rotes Tuch für stark kapitalabhängige Robotik- und KI-Unternehmen ist. Wer will schon eine Ware produzieren, die sich aufgrund des Risikos, des Personenhandels beschuldigt zu werden, nicht verkaufen lässt? Oder eine Maschine, die man nicht anstellen kann, ohne gängige Arbeitsbeschränkungen einzuhalten oder, anders gesagt, Arbeitsrechte zu schützen? Sogar Hersteller von sogenannten ‚Sexrobotern' oder ‚Gefährtenrobotern' – und auch Levy selbst – müssen sich mit antizipativen Ethikstandards auseinandersetzen, ebenso wie mit organisierten Protesten, die ausdrücklich in ethischen Begriffen gerahmt sind und bei denen ihnen stets ‚echte' Frauen gegenüberstehen. Diese kulturellen Spannungen und Implikationen des Personenkonzepts sind es, denen die Hersteller von

[6] Siehe dazu Sylvia Wynter, „On How We Mistook the Map for the Territory, and Reimprisoned Ourselves in Our Unbearable Wrongness of Being, of Desêtre: Black Studies Toward the Human Project", in: Jane Anna Gordon und Lewis. R. Gordon (Hg.), *A Companion to African-American Studies*, Malden: Blackwell 2006, S. 107–118.

Maschinensubjekten bzw. von Maschinen begegnen, die Subjekten ähnlich sind oder deren Rolle übernehmen. Schließlich wurde dieser Personenbegriff nicht nur innerhalb kapitalistischer Sozialbeziehungen geprägt, sondern insbesondere auch durch die Besitzsklaverei. Diese biegsame und politisch befrachtete Kategorie gründet darauf, dem Unbeseelten eine Seele zu geben. Es geht darum, Objekten ‚Leben' oder gesellschaftliche Anerkennung zu verleihen, was wiederum die Möglichkeit von Nähe einschließt oder androht – obwohl es meist Begehren oder Nähe sind, die dem Unbeseelten Leben einhauchen oder die gesellschaftliche Anerkennung des Objekts erzwingen. Hier kommt einem unweigerlich die inzwischen berühmte Erklärung des Kritikers und Dichters Fred Moten in den Sinn, wonach „die Geschichte des Schwarzseins davon zeugt, dass sich Objekte widersetzen können und dies auch tun".[7] Können wir nun also fragen, ob es zutrifft, dass Objekte einwilligen oder zustimmen können? Betrachten wir etwa den von Levy diskutierten Fall von Angela Marie Vogel, einer Aktivistin, deren Eheschließung mit einer Körperschaft (oder ‚körperschaftlichen juristischen Person') im Jahr 2012 durch den US-Staat Washington annulliert wurde.[8] Sogar in diesem Kontext wurde Race zu einer zentralen Figur bei der Formulierung der Möglichkeiten des Personenbegriffs und deren Nachleben. Von staatlicher Seite wurde argumentiert, dass diese ‚artifizielle Person' zwar über die Rechte einer ‚natürlichen Person' verfüge, aber keine Ehe schließen könne, da sie nicht einwilligungsfähig sei. Merkwürdigerweise hatte die fehlende Zustimmung nur wenig damit zu tun, dass die fragliche Person artifiziell ist. Das tatsächliche Hindernis war das Alter des ‚Bräutigams': Es/er/sie war nur anderthalb Monate alt, während das Einwilligungsalter bei 18 Jahren liegt.

7 Fred Moten, *In the Break: The Aesthetics of the Black Radical Tradition*, Minnesota: University of Minnesota Press 2003, S. 1.

8 Jake Ellison und Evan Hoover, „Why King County Nixed Woman's Marriage to a Corporation in Seattle", *KNKX*, Juli 2012, https://www.knkx.org/post/why-king-county-nixed-woman-s-marriage-corporation-seattle [Letzter Zugriff: 21.11.2022].

Doch auch unabhängig von gesetzlichen Altersgrenzen werden sich in diesem Bereich zweifellos größere Herausforderungen auftun, wenn man die Biegsamkeit der Kategorie ‚artifizielle Person' und ihre Gangbarkeit als juristische Strategie bedenkt. Vogel ging es zwar primär um eine Rechtsfrage, aber Schwierigkeiten könnten auch im Bereich der ‚Objektsexualität' und damit verwandter ‚objektophiler' Neigungen entstehen, wenn sich Menschen in Objekte verlieben und/oder intime, sexuelle und bedeutungsvolle Beziehungen zu ihnen aufbauen, wie dies bereits in einigen bekannteren Fällen mit Autos, Brücken und anderen Bauten (wie etwa dem Eifelturm) geschehen ist. Ganz gewiss werden solche Fragen durch den wachsenden Markt für ‚Sexpuppen' und ‚Gefährtenroboter' aufkommen, und vielleicht wird dadurch auch das Rechtssystem unter Druck geraten, diese Beziehungen anzuerkennen – natürlich vorausgesetzt, dass die ‚artifiziellen Personen' das Einwilligungsalter erreicht haben.

Wäre Levy etwas tiefer in die Geschichte der USA und der Besitzsklaverei vorgedrungen, wäre ihm klar geworden, dass ‚Objektsexualität' und *interracial marriage* in Wirklichkeit nicht die wichtigsten Präzedenzfälle für Mensch-Roboter-Liebesbeziehungen darstellen und auch nicht die wichtigste juristische Begründung für die Verbindung von Fleischlichem und Künstlichem. Denn beides stützt auf einem grundlegenderen Fall, der die race-übergreifende Vereinigung historisierte und den Weg dafür ebnete, dass weitere solcher grenzüberschreitenden Formen unvermeidlich wurden, wie eben auch die ‚körperschaftliche Person'. In diesem Zusammenhang formulierte der Anti-Konzern-Aktivist und Autor William P. Meyers bekanntlich: „Sklaverei ist die Rechtsfiktion, dass eine Person Eigentum sei. Die körperschaftliche Person ist die Rechtsfiktion, dass Eigentum eine Person sei."[9] Beide Rechtsfiktionen

[9] Zit. in Dean Ritz, „Can Corporate Personhood Be Responsible?", in: Steven K. May, George Cheney und Juliet Roper (Hg.), *The Debate over Corporate Social Responsibility*, Oxford: Oxford University Press 2007, S. 190–204, hier S. 193.

haben denselben Ursprungskontext, nämlich den 14. Zusatzartikel der US-Verfassung.

Erinnern wir uns daran, dass die Sklaverei in den USA durch den 13. Zusatzartikel zur Verfassung abgeschafft wurde. Der infolge des Bürgerkriegs 1868 verabschiedete 14. Zusatzartikel gewährte Schwarzen gleichen Rechtsschutz und sah Staatsbürgerrechte für ehemalige Sklav*innen vor. Damit wurde die berüchtigte Entscheidung im Fall *Dred Scott v. Sanford* von 1857 aufgehoben, wonach von afrikanischen Sklav*innen abstammende Menschen keine US-Bürger werden konnten, ebenso wie die Weichen für den 15. Zusatzartikel gestellt wurden, der männlichen Schwarzen das Wahlrecht verlieh. Im Wissen darüber, dass Schwarzen von vielen weiterhin ein wirkliches oder vollwertiges Menschsein abgesprochen wurde und dass zahlreiche gesellschaftliche und kulturelle Kräfte versuchten, in der Ära der Reconstruction eine Form von Rassenhierarchie aufrechtzuerhalten – womit auch ein enormer Anstieg rassistischer Gewalt einherging –, betonte der Oberste Gerichtshof, dass der 13. bis 15. Zusatzartikel ausdrücklich dazu dienen, „die Freiheit der afrikanischen Rasse, die Sicherheit und den Fortbestand dieser Freiheit sowie den Schutz vor der Unterdrückung durch jene weiße Menschen, die sie zuvor in die Sklaverei gezwungen hatten", zu garantieren. Trotz dieses Nachtrags konnte der Gerichtshof nicht verhindern, dass sich das Eisenbahnunternehmen Southern Pacific Railroad im Jahr 1881 daran begab, den Personenbegriff überraschend elastisch zu gestalten. Das Unternehmen gab an, durch die Sonderbesteuerung von Bahngrundstücken in Kalifornien diskriminiert zu werden, da diese Praxis gegen den 14. Zusatzartikel verstoßen würde. Der darin garantierte Schutz rassifizierter Identität ließ sich scheinbar dahingehend ausweiten, dass er auch für die körperschaftliche Identität greift, denn die Definition von ‚Person' selbst war nun anfechtbar geworden. 1882 konnte das Unternehmen zwar trügerisch, aber erfolgreich geltend machen, dass die Verfasser des 14. Zusatzartikels den Begriff der ‚Person' und nicht des ‚Bürgers' gewählt hatten, um sowohl ‚natürliche' als auch ‚artifizielle Personen' zu berücksichtigen.

Dass der Personenbegriff ein staatliches Konstrukt war oder sein konnte, resultierte eindeutig aus der Besitzsklaverei, und der 14. Zusatzartikel war ein Versuch, diesen ursprünglichen Akt der Entmenschlichung von Afrikaner*innen zu korrigieren. Infolge der Auslegung dieses Artikels wurde die ‚Person' allerdings zu einer weit durchlässigeren Kategorie, als es im Rahmen der Natur oder der Geschichte zuvor je möglich gewesen wäre. Diese Neudefinition kam den Konzernen deutlich mehr zugute als jenen, für die der Artikel eigentlich gedacht war, denn 1896 erklärte der Oberste Gerichtshof im Fall *Plessy v. Ferguson* die rassistische Segregation durch die Jim-Crow-Gesetze unter Verweis auf den Grundsatz „getrennt, aber gleich" für zulässig, während die Konzernwelt ihren Einfluss immer weiter ausbaute, und zwar dank ebenjener Rechtslogik, die der ‚artifiziellen Person' zugrunde liegt.

Neue Arten, alte Vorurteile

Und so enden wir am Anfang. Wenn wir das Verhältnis von Ethik und Technologie, von Mensch und Maschine historisieren, landen wir bei ebenjenem geschichtlichen Moment, an dem die erste Singularität besiegelt wurde. Das Konzept der Person diente damals zunächst dazu, das historische Übel der Entmenschlichung durch die rechtliche Konstruktion einer neuen Form von menschlichem Wesen zu korrigieren. Als diese sich als biegsame Kategorie herausstellte, war die Möglichkeit eröffnet, den Personenbegriff auf Anorganisches, ‚Artifizielles' zu erweitern, was auch eine entscheidende Rolle bei der Entwicklung hin zu einer als solcher erkennbaren, wenn auch nicht völlig autonomen KI sein wird. Doch angesichts der langen historischen Überschneidungen von Race und Technologie und der Verkettung ihrer jeweiligen Bedeutungsgeschichte und Sinnsphäre, enden wir ebenso in der Zukunft, an ebenjenem Ort, an dem die nächste Singularität bereits naturalisiert und vielleicht eines Tages rechtlich begründet werden wird.

Also, was nun?

Zum einen sollten wir die Auswirkungen rassifizierter, sexueller und kultureller Differenzen ernst nehmen, während wir die beinahe Unausweichlichkeit von künstlichen Wesen und bestimmten Formen der künstlichen Intelligenz anerkennen. Anhand dieser Position zwischen zwei Singularitäten sollte klar sein, dass unsere gesellschaftliche Akzeptanz und kulturelle Toleranz gegenüber solchen Wesen wohl nur wenig damit zu tun haben wird, wie ‚menschlich' sie erscheinen oder wie sehr sie uns ähneln könnten. Von weit größerer Bedeutung wird sein, wie wir sie innerhalb der Geschichte des Andersseins einordnen, also in einem Feld, das sich zwischen den Polen der Unterordnung und Dominanz, Angst und Lust entfaltet. Vielleicht werden wir endlich, wie Despina Kakoudaki nahelegt, bereit dafür sein, über die vom Freud'schen Unheimlichen abgesteckten ästhetischen und kulturellen Grenzen hinauszugehen, denn ‚Wirklichkeitsnähe' ist in diesem Kontext unerheblich.[10] Wir haben etwa gelernt, dass Roboter, die zu sehr wie Menschen aussehen, feindselige und misstrauische Reaktionen auslösen können, während jene, die absichtlich wie erfundene oder überzeichnete oder dezidiert nicht-menschliche Figuren gestaltet wurden, tatsächlich viel Empathie, Wärme und Zuneigung hervorrufen können. Ebenso wissen wir, dass gespielte Zuneigung authentische Bindungen erzeugen kann, was somit auch durch programmierte Zuneigung möglich ist, vor allem wenn wir sie als Kinder erleben, und genau darum geht es bei jenen ‚geselligen' oder ‚häuslichen' Robotern, die speziell

[10] Despina Kakoudaki, *Anatomy of a Robot: Literature, Cinema, and the Cultural Work of Artificial People*, New Brunswick: Rutgers University Press 2014.

für die Nutzung durch Kinder oder Ältere hergestellt werden. Auch dabei wird es weniger auf das Aussehen der Maschinen ankommen, sondern darauf, wie wir mit ihnen interagieren, trotz sichtbarer oder epidermaler Differenzen und trotz technischer Störungen, die wir unweigerlich als Indiz einer Persönlichkeit oder als Entsprechung kultureller Unterschiede deuten werden. Natürlich wird all dies irrelevant sein, wenn es um Algorithmen oder eine völlig de-anthropomorphisierte und nicht-repräsentationale Computerlandschaft geht. Doch auch hier werden Sozialisierung, Macht und Nähe eine Rolle spielen, selbst wenn die echte Handlungsmacht, die wir der Kognition und dem ‚freien Willen' zuschreiben, entweder nie realisiert oder wirklich erkannt werden wird. ‚Freier Wille' oder Selbstbestimmung werden in diesem Fall keine Rolle dabei spielen, ob wir Maschinen in der sozialen, politischen oder sexuellen Sphäre anerkennen, denn diese Aspekte sind historisch äußerst kontingent. Deutlich wird das etwa mit Blick auf Schwarze, die während der Sklaverei ohne derlei Zuschreibungen in den intimsten Räumen weißen Lebens zu funktionieren wussten. Und auch nachdem sie rechtlich zu Personen erklärt worden waren, zweifelte man ihr ‚Menschsein' hartnäckig an, denn ihr Personenstatus sollte in Wirklichkeit den Unterschied zu jenem umfassenden Menschsein aufrechterhalten, das als ausschließliche Eigenschaft von Weißen galt. Letztendlich wird die soziale Anerkennung von Robotern oder KI völlig davon abhängen, wie sie in Beziehung zu Menschen funktionieren und wie sie anhand eines gemeinsamen und gegenseitigen Wertekatalogs geleitet werden, der die Angst vor ihrer Andersheit eindämmt, während er zugleich den Rahmen setzt, in dem Nähe möglich ist – natürlich vorausgesetzt, dass Maschinen dazu fähig sind, diese Werte zu würdigen, und ihre Fähigkeit zur Reziprozität anerkannt wird. Unabhängig davon wird Race entscheidend für jenen kulturellen und rechtlichen Prozess sein, der aus Maschinen Personen, wenn nicht sogar Menschen macht, denn die Suche nach einer Ethik der Mensch-Maschine-Beziehung und das Drängen darauf, der Technologie ein ethisches Raster einzuprogrammieren oder einzuimpfen, sind mit der hier diskutierten Geschichte untrennbar verbunden. Diese Geschichte orientiert nicht nur unsere Metaphern und geistert durch unsere Repräsentationsordnungen, sondern sollte dies auch weiterhin tun. Und zwar deshalb, weil diese Geschichte maßgeblich dafür ist, wie wir uns überhaupt Beziehungen vorstellen können, die auf so grundlegenden Unterschieden beruhen, dass sie historisch als Gefälle zwischen verschiedenen Arten oder zwischen Menschen und Objekten imaginiert und entsprechend gesetzlich verankert wurden. Die historische Sublimierung der Sklaverei, Immigration und der mit ihnen einhergehenden Ängste ist es, was letztlich Aufschluss über die heutigen Versuche gibt, einen ethischen Rahmen für das öffentliche Verhältnis zur KI zu entwickeln. Deshalb sollte auch eine aufrichtige Auseinandersetzung mit der letzten Singularität und ihrem Erbe den Rahmen für den Umgang mit diesen Wesen bestimmen – angefangen bei der ‚Rassenvermischung' (*miscegenation*) bis zur Kybernetik und von der Immigration bis zur Assimilation und den Bürgerrechten. Tatsächlich verrät uns die Science-Fiction, dass ebenjene Weigerung, unsere historischen Beziehungen zum ‚Anderen' zu verändern, das abgedroschene, aber beständige Motiv der ‚Roboterrevolte' bzw. des ‚Maschinenaufstands' oft überhaupt erst inspirierte. Angesichts der Beschaffenheit und der langen Auswirkungen der letzten Singularität sowie der Tatsache, dass ihre nachhallenden Traumata für immer den Begriff des Lebens an sich einfärben werden, werden Maschinenintelligenz und künstliches Leben daher ausdrücklich auf der Geschichte kultureller Andersheit aufbauen – zumindest betreffend das Personenkonzept, bestenfalls jedoch in Bezug auf die Staatsbürgerschaft und ihre unablässigen wechselseitigen Forderungen.

II. PRISMEN

7. SCHWARZSEIN UND WERDEN. EDOUARD GLISSANTS *RÜCKKEHR*

Die in Zusammenarbeit mit dem haitianisch-afrofranzösischen Kollektiv The Living and the Dead Ensemble entstandene Filminstallation *Ouvertures* von Louis Henderson kehrt zurück zu dem Theaterstück *Monsieur Toussaint* des martinikanischen Theoretikers, Dichters und Schriftstellers Edouard Glissant. Das Stück dramatisiert die letzten Tage im Leben von Toussaint Louverture, dem Anführer der einzig erfolgreichen Sklavenrevolution in der Geschichte und dem Wegbereiter der weltweit ersten unabhängigen Schwarzen Republik. Hendersons beeindruckender Film, der in Haiti und im Juragebirge im Grenzgebiet zwischen Frankreich und der Schweiz gedreht wurde, spielt vorwiegend in jener Gletscherlandschaft, in der sich das historische Verlies von Toussaint befand, das auch die Kulisse ist, vor der Glissant seine Titelfigur über ein bewegtes Leben in unruhigen Zeiten tagträumen und sinnieren lässt.

Mein Interesse gilt hier jedoch nicht unmittelbar Toussaint oder Haiti, sondern der Frage, welche unterschiedlichen Bedeutungen der Revolutionsführer heute in der Schwarzen Diaspora hat und warum Louis Henderson – obwohl sein Projekt in kreativer Hinsicht durchaus innovativ ist und erfreulicherweise einen weiten Bogen um Race-Stereotype macht – mit seiner erzählerischen Rückkehr einen begehenswerten, aber dennoch wohlbekannten Pfad beschreitet. Insbesondere interessiert mich, wie die Bedeutungen Toussaints in Glissants Werk einfließen, denn mit seiner imaginativen Rückkehr schließt sich der martinikanische Schriftsteller einer Reihe von Intellektuellen, Künstler*innen und Autor*innen an, die im Laufe des letzten Jahrhunderts immer wieder auf Toussaint und Haiti zurückkamen, um eine Fülle von Fragen hinsichtlich der Bedeutungen von Race, Kultur und Politik in Schwarzen Communitys zu erkunden. Wenn das Gespenst von Toussaint – wie Hendersons Film nahelegt – im Jura umhergeht und in Haiti ausgetrieben wird, steht letzteres Ritual lediglich für eine ältere Form der Heimsuchung, die wir gewöhnlich als Diaspora bezeichnen.

Ich will zunächst einige wichtigste Beispiele für diese Form der Rückkehr aufgreifen. Der große radikale Autor und Historiker C.L.R. James aus Trinidad vollzog diese Rückkehr über die Geschichte in seinem höchst einflussreichen Buch *Die schwarzen Jakobiner* aus dem Jahr 1938 sowie über das Theater in seinem vier Jahre zuvor verfassten Stück *Toussaint L'Ouverture*, das 1936 uraufgeführt wurde, dessen Text jedoch bis 2005 als verschollen galt. Der ihm ebenbürtige martinikanische Dichter Aimé Césaire, der die afrosurrealistische Bewegung der Négritude mitbegründete, versuchte sich 1960 mit einem Essay über Toussaint an dieser Rückkehr und später 1963 mit dem Theaterstück *La Tragédie du roi Christophe*, das viele Jahre nach dem in Glissants Stück behandelten Zeitraum spielt.

Ein jüngeres Beispiel wäre das 2004 erschienene, grandiose kulturtheoretische Buch *Conscripts of Modernity: The Tragedy of Colonial Enlightenment*. Der jamaikanische Anthropologe David Scott zeigt darin auf, dass Haiti, ähnlich wie Äthiopien, eine besondere Rolle in Schwarzen Vorstellungswelten spielt, weil es als Symbol vieler verschiedener Dinge, Prozesse und Projektionen fungiert und für Unabhängigkeit, Abstammung oder Zukünftigkeit stehen kann. Ich greife Scotts Buch nicht nur heraus, weil es eine bemerkenswerte Studie über C.L.R. James' Sichtweise auf Toussaint und Haiti ist, sondern auch weil James' eigene wiederholte Rückkehr den Rahmen der Studie bildet. Dieser Ansatz prägt auch mein Denken in Hinblick darauf, welche Bedeutung der Rückbezug auf Haitis Geschichte für die Schwarze Diaspora hat, und zwar deshalb, weil dadurch greifbar wird, was Glissant meint, wenn er in seinem großartigen

Buch *Poétique de la relation* (1990) das „Echo" als eine Variante des „spiralförmigen Wiedererzählens" beschreibt.[1]

Ich erwähne diesen Aspekt auch deshalb, weil Henderson, indem er dieses Urereignis ein „Echo" nennt, gerade auch auf meine eigenen Arbeiten verweist, die sich schon seit Längerem intensiv mit dem Echo als bedeutender ästhetischer Kategorie in bestimmten Spielarten Schwarzer Musik (vor allem im jamaikanischen Dub-Reggae), aber auch als Geschichtsmetapher befassen. Dieser Ansatz deckt sich eindeutig mit dem von Glissant, der das Echo als eine Form von „interaktiver Totalität" begreift, in der „das Denken die Musik macht".[2] Ich habe diese poetische Formulierung lange Zeit dahingehend verstanden, dass sie andeuten oder gar besagen soll, die Zyklen der Erinnerung – seien es individuelle oder kollektive – würden einem Rhythmus folgen, der verschriftlicht oder in anderer Form ausgedrückt mit Musik oder zumindest mit Klangmustern vergleichbar sei.

Die wohl trefflichste Beschreibung des Echos stammt jedoch vom einst einflussreichen US-Literaturwissenschaftler Leo Marx, der den Begriff als Schlüsselmetapher für Reziprozität darstellte. Da auch der vorliegende Essay im Zeichen echohafter Reziprozität steht, werde ich mich hier nicht rückblickend *Ouvertures* oder *Monsieur Toussaint* zuwenden (denn Echos können zwar Spuren des Ursprungsklangs aufweisen, sind aber nicht notwendig an sie geknüpft); vielmehr will ich vor dem Hintergrund dieser beiden Werke einen Denkraum entwerfen, aus dem heraus begreiflich wird, warum Glissants Überlegungen weiterhin wichtig sind, warum historische Echos Widerhall erzeugen und warum eine Rückkehr zu Toussaint und der haitianischen Revolution auch in einer anderen, von einschneidenden Umbrüchen gekennzeichneten Welt eine Rolle spielt – nämlich in unserer heutigen Welt. Deutliche Anzeichen

1 Edouard Glissant, *Poétique de la Relation*, Paris: Gallimard 1990, S. 28.
2 Ebd., S. 107.

einer tiefgreifenden Transformation sind heute vor allem rassistische Gewalt, weltweite Migrationswellen sowie kulturelle und technologische Konflikte, wobei diese Kräfte zugleich die transformativen Wirkungen verdecken und den zur Auseinandersetzung mit ihnen erforderlichen Mut schwächen können.

Ich möchte an dieser Stelle betonen, dass der Begriff der *Rückkehr* für Glissant eine sehr spezifische Bedeutung hat und es ihm nicht um eine nostalgische oder konservative Geste geht. Im Gegensatz zur herkömmlichen Vorstellung von Rückkehr oder *retour*, die sich auf die „Obsession des Einen" bezieht (die Rückkehr zu einem bekannten, feststehenden Ort oder Zeitpunkt), erfordert die Glissant'sche Rückkehr einen „Verzicht auf die ursprünglichen Werte", denn diese „erlaubt eine völlig neue Form, sich in der Welt in Beziehung zu setzen".[3] Das letztere Moment nennt Glissant auch Ausflucht (*détour*).[4] Um zurückzukehren, musst du dich jedes Mal von deinen Annahmen und Erwartungen lösen, denn zurückzukehren bedeutet, sich endlos neu zu definieren, da du nie am selben Ort ankommst (diese Pendelbewegung bedingt auch die mit Abstammung und Zukünftigkeit verbundenen Paradoxien der Poetik und Politik dessen, was wir Kreolisierung oder Vermischung nennen).

Der Begriff der Ausflucht oder *détour* bezieht sich nicht auf „die Rückkehr zum Traum vom Ursprung, zum unbeweglichen Einen des Seins", sondern vielmehr auf „die Rückkehr an den Punkt, von dem das Gewirr ausgeht", die Rückkehr zu etwas permanent Unbeständigem.[5] Genau das leistet auch Hendersons Film *Ouvertures*, indem er uns vor Augen führt, dass Erinnerung ebenso sehr eine Schöpfung wie eine Verortung ist und dass der Akt des Erinnerns eine tiefgreifende Unterbrechung darstellt. Oder um es in der Sprache dessen zu sagen,

[3] Edouard Glissant, *Zersplitterte Welten*, übers. v. Beate Thill, Heidelberg: Wunderhorn 1986, S. 28f.
[4] Anm. d. Ü.: Der von Glissant in *Le discourse antillais* entwickelte Begriff „détour" wird in der unter dem Titel *Zersplitterte Welten* erschienenen deutschen Ausgabe mit „Ausflucht" übersetzt. Ich orientiere mich hier und im Folgenden an dieser Übersetzung.
[5] Ebd., S. 34.

was man einst Dekonstruktion nannte: Wurzeln bestätigen und vergewissern nicht, sondern *verschieben* (*defer*). Ich würde noch ergänzen, dass sie Dinge verbergen, weshalb auch Glissant bezüglich der die Suche nach dem Ursprung auslösenden Entfremdung anmerkt: „[U]m sich ihrer bewusst zu werden, muß man sie erst *anderswo* suchen."[6] Wichtig ist hier vor allem das Argument, dass der Fokus auf einzelne Ursprünge oder sozusagen Wurzeln letztendlich den *Kontakt* verhindert und unterbindet.

Um sich Toussaint und die haitianische Revolution in sinnfälliger und konstruktiver Weise zu erschließen, ist es für Glissant erforderlich, die Person Toussaints, die Insel Haiti und den Revolutionskampf als Punkt der Verwicklung zu betrachten, der danach verlangt, sich von den eigenen politischen Erwartungen zu lösen und damit jener Tendenz entgegenzuwirken, die in anderen Kontexten als Bestätigungsverzerrung (*confirmation bias*) bezeichnet wird. Es gilt also stets, auf einen permanent unbeständigen Boden zurückzukehren – hier kommt einem unweigerlich der von der jamaikanischen Theoretikerin Sylvia Wynter geprägte Begriff des „dämonischen Bodens" in den Sinn, der einen Standpunkt jenseits etablierter Bedeutungssysteme bezeichnet (leider wird Wynters Begriff allzu oft dahingehend gedeutet, dass sich dieser Boden durch ein Befreiungsdenken bändigen oder kontrollieren ließe, obwohl er – wie auch Glissants Begriff der Ausflucht – in Wirklichkeit gleichermaßen an Macht- und Widerstandeserzählungen zu rütteln vermag).

Natürlich gibt es keine Rückkehr ohne Ausflucht. Und es gibt auch keine Wurzeln ohne diese Rückkehr, da sie die Wurzeln in jenem Prozess konstruiert, in dem deren/ihre Auswirkungen reimaginiert werden. Die Rückkehr transformiert die Vergangenheit anhand von Spuren und Techniken aus deren Zukunft,

[6] Ebd., S. 32.

was es uns ermöglicht, die Rückkehr nicht als Rückzug in die Stabilität zu begreifen, sondern, wie David Scott nahelegt, als Aufwerfen „neuer Fragen und neuer Forderungen" sowie neuer Erwartungs- und Möglichkeitshorizonte.[7] Genau das schwebt auch Glissant vor, wenn er *Monsieur Toussaint* als *„prophetische Vision der Vergangenheit"* beschreibt.[8] Das Prophetische verweist offensichtlich auf die Zukunft, weshalb auch Glissants Stück – obwohl es sich ausgiebig mit Problemen der Gegenwart befasst – mit einer Sprache oder Vision des Möglichen aufgeladen ist. Dieses schon fast widersprüchliche Oszillieren zwischen Vergangenheit, Gegenwart und Zukunft bildet den Rahmen für Glissants Vision sowie für die all derjenigen, die die Zukunft in der Vergangenheit suchen oder in der Vergangenheit neue Zukunftsvisionen erblicken, die in dem Verständnis wurzeln, dass die Vergangenheit stets unabgeschlossen ist: „Vermischung als Prinzip bedeutet, daß es fortan unnötig ist, einen ‚einzigen' Ursprung zu glorifizieren, dessen Hüterin und Bewahrerin die Rasse wäre."[9]

Bevor ich fortfahre, will ich zunächst ein anderes jüngeres Ereignis ansprechen, das ich weniger in theoretischer, sondern vor allem in persönlich-intellektueller Hinsicht als einschneidend erlebte, nämlich den Tod des guyanischen Denkers und Schriftstellers Wilson Harris im März 2018. Ohne Harris hätte ich den 2011 verstorbenen Glissant womöglich nie entdeckt oder zu würdigen gewusst, und ohne Glissant hätte ich womöglich nie die reiche Tradition an Schwarzen, karibischen und nicht-weißen Denker*innen zu schätzen gelernt, die es wagten, sich von den intellektuellen und politischen Orthodoxien abzuwenden, die von Schwarzen selbst als Reaktion auf die Erfahrungen von Sklaverei, Rassismus und Kolonialherrschaft

7 David Scott, *Conscripts of Modernity: The Tragedy of Colonial Enlightenment*, Durham: Duke University Press 2004, S. 7.

8 Edouard Glissant, *Monsieur Toussaint*, Paris: Éditions du Seuil 1961, S. 7.

9 Glissant, *Zersplitterte Welten*, S. 175.

errichtet wurden. Vielleicht hätte ich nie erkannt, wie vielseitig und unerlässlich diese Denktradition ist, welche die Ausflucht gegenüber jener Form von Rückkehr bevorzugt, die in der Schwarzen Diaspora eine dominierende Rolle spielt und eng verbunden ist mit dem Feld der Identitätspolitik und dem durch „die Rasse“ bewahrten „einzigen Ursprung“. Der Vorstellung, identitärem Denken sei am besten mit noch ausgeprägterem identitären Denken zu begegnen, stehen die besagten Autor*innen und Denker*innen äußerst argwöhnisch gegenüber, auch weil aus ihrer Sicht alle Beteiligten dabei eigentlich nur verlieren können.

Um den Begriff der Ausflucht in seiner Bedeutung für race-bezogene Politik zu erschließen, dürfen wir nicht vergessen, dass in Bezug auf das karibische oder Schwarze neuweltliche Denken unser Fokus oft auf Vorstellungen von *racial pride* liegt sowie auf dem Erfordernis, vor dem Hintergrund der Verheerungen von Kolonialismus und Sklaverei eine kulturelle Ganzheit wiederherzustellen. Für Glissant wie für Harris haben sich diese Ansätze zu Orthodoxien entwickelt, die eine Transformation und die schwierige Aufgabe der Entwicklung neuer Gemeinschaften und Identitäten weiter erschweren können. Beide erkannten in ebendiesen Prozessen des kulturellen Wandels das, was die Karibik und die Neue Welt der Moderne zu bieten hatten. Allerdings muss auch erwähnt werden, dass beide dieses Projekt letztendlich für gescheitert hielten. Die Tragik der Moderne liegt für beide in unserem Unvermögen, die Möglichkeit und Wirklichkeit der transkulturellen Transformation vollständig auszuschöpfen. Auch wenn beide es nicht offen sagen wollten, deuten ihre Werke stark darauf hin, dass die in der politisch-kulturellen Landschaft allgegenwärtige Fixierung auf Identität teilweise für dieses Scheitern verantwortlich ist. Ein ähnlicher Standpunkt scheint auch teilweise im Werk von Stuart Hall durch und wird in den Arbeiten zeitgenössischer Intellektueller wie Paul Gilroy und Kwame Anthony Appiah recht ausdrücklich thematisiert.

Trotz ihres Widerstrebens, das Konzept der Identität offen infrage zu stellen, waren und sind Harris und Glissant weiterhin die zwei wichtigsten Denker, wenn es darum geht, kulturelle Vermischungsprozesse zu begreifen und die Dynamiken geschichtlicher Interaktion als Schlüsselaspekt des Geisteserbes der modernen Welt anzuerkennen – obwohl die ökonomische Infrastruktur dieser Welt auf weißer Vorherrschaft und dem Handel mit zu Waren degradierten Menschen beruht. Beiden Denkern ging es jedoch nicht darum, Rassismus zu entschuldigen oder auszublenden, sondern um genau das Gegenteil. Dass sich ein Schwarzer karibischer Schriftsteller wie Glissant und ein Autor mit einer solch gemischten (indigenen karibischen, südasiatischen, afrikanischen und europäischen) Abstammung wie Harris einem Themenfeld wie Vermischung und Interaktion widmeten, ist angesichts der zu ihren Lebzeiten anhaltenden brutalen Unterdrückung dennoch erstaunlich. Bedenkt man die für sie und ihr kulturelles Umfeld prägende Erfahrung von Gewalt und des Fortlebens von Rassismus und Kolonialismus, ist es verwunderlich, dass sich beide nicht dem Ethnonationalismus oder einer jener Formen des Denkens verschrieben, die einen statischen Seinsbegriff oder, anders gesagt, Wurzeln fetischisieren und feiern. Sich einem solchen Denken verweigert zu haben, ist wohl auch ein Grund dafür, dass beide – vor allem Harris – oft ignoriert oder missverstanden wurden, sodass etwa Glissants Antinationalismus immer wieder zugunsten seiner Idee der Opazität verdrängt wurde, da letztere besser kompatibel mit einer identitären Logik ist.

Sowohl Glissant als auch Harris blieben zeitlebens leider Randfiguren, da sich die Struktur des Race-Denkens im Westen dahingehend entwickelte, dass binäre Polaritäten und eine antagonistische Dramatik bevorzugt und die Hinwendung zu Mischformen als Kompromiss oder Kapitulation betrachtet werden. Vor diesem Hintergrund problematisierten beide Denker allmählich den Begriff der Identität, auch wenn er in Kontexten der Unterdrückung oder wiederaneignend und affirmierend verwendet wurde. Ihr stilles Wagnis bestand also nicht etwa darin, eine durch Kolonialismus, Rassismus und Sklaverei zerstörte Welt zu beschreiben, sondern eine Welt, die durch diese Kräfte unablässig umgestaltet wird, insbesondere auch durch von Schwarzen und nicht-weißen Menschen hervorgebrachte kulturelle Formen. In dieser Welt sind weiterhin bedrohliche, ungerechte und gewaltsame Kräfte am Werk, doch sie sind nachgeordnet gegenüber den umfassenderen Prozessen dessen, was Glissant als Kreolität oder Vermischung und Harris als Transkulturalität oder transkulturelle Imagination beschreiben. Für beide ging es nicht um eine Rückkehr zur Reinheit oder Authentizität oder geschlossener Selbstidentität, sondern um eine geschärfte Aufmerksamkeit, wie Glissant es formulierte, für die „schwierigen und ungewissen Geburten neuer Formen von Identität, die uns zurufen“.[10]

Ich möchte es wiederholen, weil dieser Punkt schnell missverstanden wird: Der Fokus auf Kreolisierung und Transkulturalität war keineswegs ein Versuch, Sklaverei und Kolonialismus zu übergehen, auszublenden oder zu ‚transzendieren‘. Vielmehr ging es dabei um eine eindringliche Kritik an kolonialer Wissensproduktion und weißer Vorherrschaft sowie der Tatsache, dass Sklaverei, Rassismus und Kapitalismus jene Identitäten prägten, die wir heute immer noch leben. Oder vielleicht sollte ich eher sagen: die Identitäten, die wir glauben, zu leben, denn Glissant und Harris sind gleichermaßen davon überzeugt, dass unsere Ansprüche auf diese Identitäten mehr ideologisch als faktisch begründet sind. In historischer, kultureller und – wie wir inzwischen wissen – genetischer Hinsicht sind diese Identitäten längst nicht so stabil wie oft angenommen. Wer wir

[10] Edouard Glissant, *Poétique de la relation*, Paris: Gallimard 1990, S. 30.

zu sein *denken*, ist die zentrale Fiktion, für die wir allzu oft zu töten bereit sind.

Zugegebenermaßen kann Harris bisweilen wie ein unverbesserlicher Hippie klingen und Glissant wie ein New-Age-Esoteriker, doch beide haben ein ausgeprägtes Bewusstsein für die Gewalt, die den transkulturellen Kontakt zwischen Menschen hervorbringt und aufrechterhält. Allerdings widerstrebt es ihnen, Gewalt und Ungerechtigkeit als Schlussakt dieser Begegnung herauszustellen, da sie vielmehr den Versuch wagen, verstehen zu wollen, inwieweit der gewaltsame Kontakt auch produktiv wirkt. Beide stellen uns vor die Herausforderung, die Geschichte nicht auf die mit dem Kontakt einhergehende Gewalt zu reduzieren, zumindest nicht ohne uns dabei ebenso aufmerksam deren produktiver Seite zuzuwenden. Tatsächlich formulierte Glissant die meines Erachtens umstrittenste These überhaupt in der Geschichte des Race-Diskurses in den Amerikas und vielleicht sogar darüber hinaus. „[D]as okzidentale Denken, das [den Sklavenhandel] als historisches Phänomen untersucht," schreibt er in *Zersplitterte Welten*, „schweigt beharrlich, wenn er als Zeichen der BEZIEHUNG aufgefaßt wird" oder, anders gesagt, wenn sein Potenzial für den Prozess der Kreolisierung hervorgehoben wird.[11]

Nur wenige würden einen solchen Standpunkt wohl öffentlich kundtun, jedenfalls nicht in den USA oder in der Karibik. Glissant hält uns dazu an, uns mit der Sklaverei als *beziehungsstiftendem* Moment auseinanderzusetzen und sie als Laboratorium der Moderne zu betrachten, das wir als solches zwar stillschweigend voraussetzen, ohne es jedoch zu wagen, ihr diese Rolle umfassend zuzugestehen. Dass ein Schwarzer Intellektueller oder überhaupt irgendwer – doch insbesondere ein Nachkomme versklavter Menschen – öffentlich nahelegt, die produktiven Wirkungen der Sklaverei würden verschweigen

[11] Glissant, *Zersplitterte Welten*, S. 27.

– oder der Versklavung Schwarzer Menschen ließe sich auch nur ansatzweise etwas abgewinnen –, gilt heute als äußerst kontrovers, obwohl ein Großteil unseres Geistes- und Kulturlebens auf dieser unausgesprochenen Annahme beruht. Was diesem Standpunkt im öffentlichen Rahmen vielleicht noch am nächsten kommt, ist leider nur die Tradition des missionarischen Rassismus, bei der Weiße versuchen, Schwarze davon zu überzeugen, dass sie dankbar sein sollten, da die Sklaverei sie dem christlichen Seelenheil oder der westlichen Zivilisation nähergebracht hätte.

Ob nun kontrovers oder nicht, Glissants *détournement* der Sklaverei enthält einen historisch und kulturell wahren Kern, der tatsächlich in der Diaspora selbst zu finden ist. Der Hauptgrund dafür, dass dieser Denkansatz als streitbar gilt, liegt nämlich darin, dass obwohl die Kreolisierung eigentlich durch eine rassistische Gesetzgebung verboten und kulturell inakzeptabel war, die Rassentrennung durch ein psychopathologisches Ausmaß an Gewaltanwendung überwacht wurde und es dabei etwa zu Lynchmorden, öffentlichen Verbrennungen und Tötungen kam. Bis zum Genozid war und ist es dabei nur ein kleiner Schritt. Die Sklaverei war zweifellos brutal, doch ebenso traf/trifft das auf die Freiheit zu. Aufgrund dieser Geschichte sowie der wiederholten Rückkehr (*retour*), durch die sich die Geschichte als anhaltende kulturelle und politische Realität konstituiert, werden der transkulturelle Kontakt und die Nähe zwischen Races weiterhin beargwöhnt, besonders in den USA. Ein Erklärungsansatz dafür ist, dass Kreolisierung während und nach der Sklaverei eine ähnliche Bedeutung hatte wie ‚Integration' zu Anfang des 20. Jahrhunderts in den US-Südstaaten – sie galt als Synonym oder Rechtfertigung für sexuelle Kontakte und sexuelle Gewalt. Kreolisierung verweist, anders gesagt, auf die ‚Rassenvermischung' (*miscegenation*) und die damit einhergehenden unübersichtlichen Politiken des Begehrens und der Macht, der Leugnung und Ausbeutung.

Die Denkansätze von Harris und Glissant erinnern mitunter an George Batailles Argument, dass das Tabu nach seiner Überschreitung *verlangt* – die Grenzziehung verlangt nach Kreolisierung. Auch über die Sexualität hinaus steht die Kreolisierung für das gefürchtete Potenzial einer Form von Intimität, die in Harris' Vision auf überaus kraftvolle Weise Gleichwertigkeit suggeriert und/oder Narrative rassischer oder kultureller Reinheit durch den Entwurf neuer Vorstellungen von Gemeinschaft und Identität herausfordert. „Intimität baut Welten auf", wie es die Kulturkritikerin Lauren Berlant formulierte, und all diese Welten tragen die Saat andersartiger, aber möglicher Zukünfte in sich.[12] Aus diesem Grund betonte Harris immer wieder, dass der Prozess der Kreolisierung und das uns inhärente Begehren nach ihr (Harris war überzeugt davon, dass dieses Begehren des Anderen eine treibende Kraft historischen Wandels ist) stets auch durch das bereits Kreolisierte unterdrückt wird. In einer auf weißer Vorherrschaft gegründeten Welt und einem kulturellen Klima, in dem Identitäten zum Fetisch erhoben wurden und gegenüber anderen Seins- und Kontaktweisen als vorrangig gelten, werden Mischformen grundsätzlich zugunsten der Reinheit an den Rand gedrängt, sogar wenn sie als Reaktion auf oder in Opposition zur weißen Vorherrschaft konstruiert wurden. Unsere ideologischen Identitäten reiben sich daher fortwährend mit unseren weit promiskuitiveren historischen Identitäten. Politische und ideologische Kräfte mögen auf bestimmten Formen sozialer oder kultureller Gruppierung insistieren, doch der oft unsauber ablaufende Geschichtsprozess bringt uns dem Anderen häufig näher, als wir anzuerkennen oder zu akzeptieren bereit sind. Die Kreolisierung ist schließlich etwas, das *immer bereits geschehen* ist, und das Verlangen danach, Grenzen zu überwachen, ist ein untrügliches

[12] Lauren Berlant, „Intimacy: A Special Issue", *Critical Inquiry* 24 (Winter 1998), S. 281–288, hier S. 282.

Zeichen dafür, dass diese Grenzen bereits immer wieder und wieder überschritten worden sind.

***

Diese Überlegungen bilden also den Hintergrund für jenes sonderbare, umstrittene Verhältnis, das in der Schwarzen Diaspora zwischen Schwarzsein und Kreolisierung, Race-Identität und transkultureller Imagination besteht – oder anders gesagt, zwischen Sein und Vermischung, zwischen Schwarzsein und Werden. Für diese Spannungen und kulturellen Streitgespräche spielte die Rückkehr zu Toussaint und der haitianischen Revolution eine solch wichtige Rolle, dass wir uns stets gewahr sein sollten, wie David Scotts Werk nahelegt, dass jeder Akt des Erinnerns an einen anderen solchen Akt erinnert, die beide jeweils den Rahmen füreinander bilden. Obwohl diese Art der Rückkehr im Einzelfall vielschichtig ist, stimmt es ebenso, dass mit ihr nicht nur ein abstrakter Freiheitsbegriff in der Schwarzen Diaspora eingeführt wurde, sondern dass sie auch, wie Aimé Césaire formulierte, erstmals in der Geschichte eine „Négritude"-Bewegung entfesselte. Für Césaire und viele andere steht Haiti für die historisch erste und epochale Erklärung eines revolutionären Schwarzseins, das zum Kern Schwarzen Stolzes und Schwarzer Identität werden sollte. Glissant erkennt darin natürlich eine Rückkehr (*retour*) und keine Ausflucht (*détour*) – eine Beanspruchung der Vergangenheit, die eine spezifische Gegenwartssituation stärken soll.

Doch so war es stets. Wir wissen etwa, dass versklavte Schwarze in den USA ab 1825 zusammenkamen, um den Jahrestag der haitianischen Revolution zu begehen. Sie wollten sich damit nicht nur mit den versklavten Menschen in einem anderen Land solidarisch zeigen, sondern auch ein Zeichen setzen, dass ihre eigene Revolution bald bevorstünde und die Sklaverei an sich beendet werden könnte und würde. So erklärte der bedeutende amerikanische ehemalige Sklave und Abolitionist Frederick Douglass bekanntlich im haitianischen Pavillon auf der Weltausstellung in Chicago 1893, dass die Freiheit, die „ihr und ich heute genießen", sich „größtenteils dem tapferen Widerstand der schwarzen Söhne Haitis verdankt. [...] [I]hr Aufstand für ihre Freiheit war ein Aufstand für die Freiheit aller schwarzer Menschen auf der Welt."

Haitis Freiheit war die Freiheit der Schwarzen; ihr Kampf war auch unserer. Was uns heute wie eine vertraute Geste des Panafrikanismus oder der transnationalen Solidarität erscheint, war damals jedoch etwas relativ Neuartiges, das vielleicht sogar befremdlich anmutete. Für den zum Gesandten und Generalkonsul in Haiti ernannten Douglass und für viele andere Schwarze weltweit war Haiti nicht nur das Land, in dem erstmals nach einem Aufstand die Sklaverei abgeschafft wurde; vielmehr führte ihnen die haitianische Revolution vor Augen, dass Schwarze bereit und imstande dazu sind, die Sklaverei überall abzuschaffen, auch durch Anwendung von Gewalt. Wenn sich Schwarze schließlich selbst befreien konnten, hatte sich die bestehende Ordnung tatsächlich als brüchige Fiktion erwiesen und den Möglichkeiten waren keine Grenzen mehr gesetzt. Was könnte moderner sein? Diese Vorstellung versetzte die amerikanischen Sklavenhalter in Angst, da sie befürchteten, ihre Sklaven und vor allem jene, mit denen im karibischen Raum zwischen Haiti und den USA gehandelt wurde, könnten durch Toussaint und die haitianische Revolution inspiriert und zum Aufstand angestachelt werden. Dieses Szenario erschien dermaßen bedrohlich, dass, wie manche argumentieren, Frankreich, die USA und andere Länder damals anfingen, Haiti in eine bis heute anhaltende ökonomische Knechtschaft zu zwingen.

Haiti spielt also immer noch eine wichtige Rolle als bisweilen ideologisch stark aufgeladenes Symbol Schwarzer revolutionärer Kraft und weiterhin bevorstehender Freiheit. Douglass' Lesart der haitianischen Revolution legte zudem den Grundstein für die Herausbildung Schwarzer hagiografischer Darstellungen von Toussaint und des ebenso bedeutenden Dessalines (der das Heer der Aufständischen führte, während Toussaint in Gefangenschaft war, und zum ersten Anführer des unabhängigen Haitis wurde). Douglass' amerikanische Variante der Rückkehr ist neben Césaires Rückkehr ein weiteres Beispiel für jene Tradition des „spiralförmigen Neuerzählens", bei der versucht wird, das Verhältnis von Race und Freiheit zu ergründen. Vor diesem Hintergrund legt David Scott nahe, dass die haitianische Revolution die Urgeschichte des Einzugs von Schwarzen in die Moderne darstellt. Diese Geschichte dreht sich zwar um die Sklaverei, aber auch um *Selbst*-Befreiung und Abolition, um Schwarze Handlungsmacht und Schwarze Geschichtsproduktion (*retour*). Es ist die Geschichte der Einberufung von versklavten Schwarzen in den umfassenderen Diskurs um Bürgerrechte, Säkularismus und Freiheit, Demokratie und Staatlichkeit, Kolonisierung, Ausbeutung und Kapitalismus sowie die Vorstellung eines geschlossenen Selbst, welche die Wissenschaften jenem Gebilde zuschreiben, das als Moderne bezeichnet wird.

Erinnern wir uns an James' Beschreibung dessen, wie diese Moderne Einzug in das Bewusstsein der Versklavten hielt:

> Und die Versklavten? Sie hatten von der Revolution gehört, legten die Ereignisse auf ihre Weise aus und entwickelten eigene Vorstellungen. In Frankreich hatten sich die weißen Sklaven erhoben, ihre Herren getötet und genossen nun die Früchte der Erde. Das entsprach zwar absolut nicht den Tatsachen, aber den Geist der Bewegung – Freiheit, Gleichheit, Brüderlichkeit – hatten sie erfasst.[13]

Zwar rangen und kämpften Sklav*innen schon immer darum, nicht länger versklavt zu sein, doch dieses Urbegehren ver-

[13] C.L.R. James, *Die schwarzen Jakobiner. Toussaint Louverture und die Haitianische Revolution*, übers. v. Günter Löffler, überarbeitet von Jen Theodor, Berlin: b books/Dietz Verlag 2021, S. 87.

mischte sich schließlich mit den ideologischen Vorstellungen, die sie im Grunde von ihren weißen Herren während der französischen Revolution aufschnappten. Aus diesem Grund wird die haitianische Revolution auch oft als eine in der Karibik und den Amerikas angesiedelte ‚Episode' der französischen Revolution dargestellt. Die Sklaven hörten, wie ihre Herren über „Freiheit, Gleichheit, Brüderlichkeit" und die „Rechte des Menschen" redeten, und nahmen diese Worte ernst, ohne jedoch zu bemerken, dass diese Freiheit nicht für sie bestimmt war. Glissant und Harris würden wohl argumentieren, dass diese Art von „Missverständnis", diese „absolut nicht den Tatsachen [entsprechende]" Deutung eines der Grundprinzipien der Kreolisierung oder Transkulturalität ausmacht: Die Versklavten eigneten sich die Moderne an, erweiterten sie und tun dies auch weiterhin.

Als Haussklave hatte Toussaint Bücher von Rousseau, Abbé Raynal und anderen Figuren der Aufklärung gelesen, die vom Anbruch der Moderne kündeten. Wie James nahelegt, verkörperte Toussaint durch und durch die Kreolisierung als ein transkulturelles Phänomen, das sich sogar im Rahmen ungleicher Machtbeziehungen entfaltet. Sein Leben zeugt von dem Spannungsverhältnis zwischen einer konkreten Freiheit, die auf der Abschaffung der Sklaverei gründete, und einer abstrakten Freiheit, die von aufklärerischen, antimonarchischen Denkern entworfen wurde, die keinen Gedanken an Schwarze verschwendeten. Das vom Protagonisten in Glissants *Monsieur Toussaint* empfundene Gefühl, verraten worden zu sein, dürfte einem zeitgenössischen Publikum vertraut vorkommen: Es setzt nämlich ein, nachdem sich der Protagonist gewahr geworden ist, dass Weiße unwillig oder außerstande sind, ihren eigenen Grundsätzen gerecht zu werden.

In Césaire'scher Manier beschreibt Glissant die haitianische Revolution als den „Anbruch von Afrika", was überraschend ist, da er als einer der einflussreichsten Schwarzen Autoren gilt, der ‚Afrika' bewusst nicht in den Mittelpunkt seines philosophischen und politischen Denkens stellte. Im Zentrum seines Werks steht vielmehr der metaphysische und transhistorische Prozess der Kreolisierung, der unvereinbar ist mit Vorstellungen von kultureller Einheit sowie Stabilität in Bezug auf Race/ Geschichte, die mit Césaire und der Négritude assoziiert werden. Glissant erkannte die Notwendigkeit ‚Afrikas', die für ihn vor allem infolge von Sklaverei und Kolonialismus entstand, weil durch sie auch versucht worden war, das Band zwischen den in der Diaspora lebenden Schwarzen und ihrer kulturellen Herkunft zu zerschneiden; wie die Figur des Mackandal in *Monsieur Toussaint* sagt: „Wir ziehen die Meere hinter uns her, von Afrika bis nach Amerika."[14] Oder wie Glissant 1961 im Vorwort zur Erstausgabe des Stücks schreibt: „Für diejenigen, deren Geschichte von anderen auf eine Zeit der Finsternis und Resignation reduziert wurde, ist die Aufarbeitung ihrer nahen oder fernen Vergangenheit eine Notwendigkeit. Zur eigenen Geschichte zurückzufinden heißt, die Gegenwart voll auszukosten; denn die Erfahrung der Gegenwart ist, wenn sie von ihren Wurzeln in der Zeit gekappt wurde, nur ein schaler Genuss."[15]

Im Glossar seines Klassikers *Zersplitterte Welten* beschreibt Glissant Haiti folgendermaßen:

> Wahrscheinlich die neue ‚Mutter-Erde'. Denn hier und nur hier sind die Bedingungen für ein organisiertes Überleben und die daraus hervorgehende (revolutionäre) Selbstbehauptung zusammengetroffen. Übermäßige Unterentwicklung und extremer Macoutismus haben dieses Land über alle Maßen zurückfallen lassen. Dennoch bleibt in Haiti eine aus dem *historischen Gedächtnis* geborene Stärke, die alle Antillaner einmal brauchen werden.[16]

[14] Glissant, *Monsieur Toussaint*, S. 18.
[15] Ebd., S. 7f.
[16] Glissant, *Zersplitterte Welten*, S. 295.

Ein Begriff wie „Mutter-Erde" klingt zunächst so, als ob Glissant mit seiner Würdigung der afrikanischen Vergangenheit die Rückkehr (*retour*) idealisiert, doch wichtig ist hier vor allem die Betonung auf der Gegenwart sowie die Idee, dass Haiti nicht nur ein realer Ort, sondern auch ein Ort der Erinnerung ist (und dass Glissant den Staatsterror des Macoutismus überhaupt erwähnt, deutet auf seine Weigerung hin, sich nur den Aspekten der Erinnerung zuzuwenden, die die komplexe Problematik des Scheiterns der unabhängigen Schwarzen Herrschaft übergehen). In Glissants Denken ist die Gegenwart ausschlaggebend dafür, wie die Vergangenheit wiedergefunden wird, weshalb Letztere notwendigerweise als etwas Unabgeschlossenes erscheint, denn die Gegenwart und ihre Anforderungen sind überaus veränderlich und prägen als solche den Entwurf der Vergangenheit.

Erwähnenswert ist hier zudem, dass diese Herangehensweise an Geschichte und Erinnerung keine grundlegende ethische Orientierung aufweist. Auch Diktaturen verfolgten ähnliche Ansätze, etwa das Duvalier-Regime in Haiti, das berüchtigt dafür war, indigene kulturelle Formen als Machtinstrument einzusetzen und damit im Grunde die Vergangenheit zur Unterdrückung der Gegenwart auszunutzen. Doch die Privilegierung der Gegenwart ist, so amoralisch sie auch sein mag, entscheidend für die Strategie der Kreolisierung. Wir dürfen nicht vergessen, dass die Theorie der Kreolisierung von Glissants Interesse an Sprache herrührt und von seiner Überzeugung, dass neue Sprachen – Kreolsprachen – das Wirken der Geschichte erkennbar machen und daher präzisere Indikatoren einer *Identität in Bewegung* sind als kanonische oder angestammte Kulturformen.

Für Glissant sind die afrikanische Vergangenheit und die haitianische Revolution eine notwendige Quelle kulturellen Stolzes, die erst dann problematisch wird, wenn sie der Rückkehr und nicht der Ausflucht dienen, wenn sie zu einer festgelegten

Erinnerung und zu statischen Wurzeln führen, die etwas Ausschließliches haben. Ich wiederhole es noch einmal: Die Rückkehr bedeutet die „Obsession des Einen" – sie ermöglicht daher keine „völlig neue Form, sich in der Welt in Beziehung zu setzen", da sie neue Orthodoxien hervorbringen kann. Für Glissant wie für Harris ist die Obsession mit einem einzigen Ursprung insofern stets problematisch (oder tendenziell genozidal, wie Harris sagen würde), als sie kulturelle, historische und schließlich auch gesellschaftliche Hierarchien verfestigt, sogar unter denjenigen, die durch sie unterworfen werden. Aus Sicht dieser beiden Denker sollte dem, was wir geworden sind, ebenso viel Bedeutung beigemessen werden wie dem, was wir waren oder was wir wiederzufinden versuchen – denn das, was wir wiederfinden wollen, ist häufig ein unwirksames Gegenmittel gegen das, was wir bereits geworden sind.

***

Bei der Rückkehr zur Geschichte von Toussaint wird meist seine Rolle als tragischer Held herausgestellt, was bereits in William Wordsworths bekanntem Gedicht „To Toussaint L'ouverture" aus dem Jahr 1802 deutlich wird. Auch wenn es natürlich ein dramaturgisches Klischee ist, ist diese Charakterisierung aufschlussreich in Bezug darauf, was sie über eine fragmentierte, moderne Psyche und die Vielschichtigkeit kultureller Zugehörigkeiten zum Ausdruck bringen sollte. Bemerkenswert ist allein schon, dass diese Vielschichtigkeit überhaupt erkannt wurde und die Geschichte eines Schwarzen Sklaven damals als ‚episch' galt. David Scott erinnert uns daran, dass C.L.R. James die ‚Tragik' von Toussaint darin ausmachte, dass er gewissermaßen zwischen den Stühlen stand: Einerseits hing er einem abstrakten Freiheitsbegriff an – jener ideologischen Vorstellung von Freiheit, die im Zuge der Aufklärung formuliert und öffentlich gemacht wurde –, andererseits war er unmittelbar mit dem

Problem der Sklaverei und rassistischer Ausbeutung konfrontiert, aber auch mit politischen Konflikten, die sich etwa darin zeigten, dass er seine ungehaltenen Generäle mäßigen musste. Zum Vorschein kommt die tragische Dimension vor allem durch den großen Moment des Verrats, der unerlässlich für eine solche narrative Form ist. Die Frage des Verrats ist jedoch auch zentral für die historische Kontroverse um die haitianische Revolution, weshalb die jeweilige Interpretation dieses Kapitels darüber entscheidet, ob diese Geschichte als Rückkehr oder Ausflucht erscheint. Zum einen gibt es hier jenes Lager, das vorbringt, Toussaint wäre von den Franzosen verraten worden, insbesondere von General Charles Emmanuel Leclerc, dem Schwager von Napoleon Bonaparte. Dies entspricht einer Rückkehr (*retour*) und verweist auf einen geschichtlich als Epos angelegten Kern des Schwarzseins: den tragischen Helden, der von Weißen verraten und ans Kreuz geschlagen wird.

Dann gibt es aber auch jene, die behaupten, Toussaint wäre von seinen Generälen hintergangen worden, nicht zuletzt von Jean-Jacques Dessalines, dem späteren Anführer des unabhängigen Haitis. Diese Interpretation lässt sich wesentlich schwieriger mit einer epischen Ethnomythologie vereinen, weshalb man ihr außerhalb von Haiti auch nur selten begegnet. Allerdings fügt sie sich hervorragend in ein kreolisches Narrativ, das auf der Unübersichtlichkeit und Komplexität menschlicher Wechselbeziehungen und Beweggründe beruht. Noch weniger episch mutet die Tatsache an, dass Toussaint eine Bewegung zur Abschaffung der Sklaverei auf Jamaika verriet und wahrscheinlich selbst ein Sklavenhalter war. Es gibt sogar Belege dafür, dass Toussaint, als er in äußerste Bedrängnis geraten war, offen mit dem Gedanken spielte, die Schwarzen wieder versklaven zu lassen, damit seine Freunde und Familie im Gegenzug freigelassen würden. Man fragt sich, ob James auf diese Gegebenheit anspielt, wenn er schreibt, dass Toussaint seinen Generälen zwar „überlegenes Wissen anbieten“ konnte, aber auch „die politischen Untugenden, die es gewöhnlich begleiten“.[17]

Rückkehr bedeutet, wie wir sehen, auch Gefahr. Und zwar deshalb, weil ihre Verwurzelung uns anfällig macht für die unerschöpflichen Entdeckungen der Geschichte.

James’ ließ sich für *Die schwarzen Jakobiner* bekanntlich von der sozialistischen Energie der 1930er Jahre inspirieren und wollte mit seinem Buch unter Beweis stellen, dass Schwarze zu einer welthistorischen Transformation fähig sind und sich dahingehend auch bereits politisch bewiesen hatten. Obwohl ich James’ Werk in letzter Instanz zwar als Ausflucht (*détour*) beschreiben würde, hat es dennoch mehr als jeder andere Text zu der tragisch-epischen Klischeedarstellung von Toussaint beigetragen. Allerdings war James ebenso wie Glissant weit weniger auf ‚Afrika‘ fokussiert als andere radikale Autor*innen seiner Generation, da er sich vielmehr dem revolutionären Potenzial der westlichen Moderne zuwandte. Für ihn stand der ‚Westen‘ vor allem für Abolitionismus, Sozialismus und Antikapitalismus, also für Kräfte und Bewegungen, die sich parallel zu Sklaverei und Kapitalismus entwickelt und verbreitet hatten. James’ Moderne war eine Gegenmoderne, die aber nichtsdestotrotz modern war. Und wie auch Toussaint war James ein Produkt des Westens.

James stellt die Vielschichtigkeit des Revolutionsführers deutlich heraus, wenn er schreibt, dass obwohl Toussaint zwar Afrikaner und Sklave war, er ebenso Franzose war oder sich jedenfalls als solchen wähnte; und dass nicht nur er sich die Ideen aus den von ihm gelesenen Büchern zu eigen machte, sondern auch Napoleon Bonaparte. Toussaint war ein anderer Schlag von Europäer – einer, dem die damals entstehenden Formen nationaler oder kultureller Identität noch nicht offenstanden, sondern der, wie Scott es formuliert, in die Moderne

17 James, *Die schwarzen Jakobiner*, S. 98.

„einberufen" (*conscripted*) wurde. Diese vage, unscharfe, vielgestaltige *Noch-nicht-Identität* ist auch zentral für Harris' Lesart der Geschichte von Toussaint und der haitianischen Revolution. Harris geht so weit, den Aspekt der Race-Identität, der in Nacherzählungen gegenüber anderen Fragen verständlicherweise meist Vorrang erhält, grundlegend infrage zu stellen. Für Harris liegt die Bedeutung Toussaints vielmehr in ebenjenem Dreiecksgeflecht, das sich zwischen Afrika, der Karibik und Europa entspannt; der Revolutionsführer ist für ihn also eine Figur mit vielfachen ‚Wurzeln' und Ursprüngen und steht nicht etwa für ein wiedergeborenes Afrika oder eine der Négritude verpflichtete Rückkehr (*retour*). Harris befasst sich intensiv mit den engen Beziehungen, die Toussaint zu Weißen pflegte, ebenso wie mit seinen strategischen Verhandlungen gegenüber Frankreich, Spanien und Großbritannien. Aus Sicht von James oder der eines Schwarzen Nationalismus mögen diese transkulturellen Beziehungen zwar als Zeichen fehlender politischer Konsequenz gewertet werden, doch Harris betrachtet sie insofern als notwendig, als sie vom Wunsch nach transkulturellem Kontakt und der unvermeidlichen Vielfältigkeit einer neuen Welt zeugen, die inmitten des gemeinsamen Blutvergießens entsteht – eine Welt wie unsere.

Für Harris ist Toussaints „Freiheit" nicht deshalb tragisch, weil sie angeblich Shakespeare'sche Züge hätte oder auf zerrissene Loyalitäten zurückgehen würde, sondern weil sie ein „Tasten nach Alternativen zur konventionellen Staatsform" darstellt, „einen Entwurf umfassenderer Möglichkeiten und Beziehungen, die in der Karibik bis heute uneingelöst bleiben".[18] In Glissants Stück bewegt sich dieses Tasten hin auf die „schwierigen und ungewissen Geburten neuer Formen von Identität, die uns zurufen". Ebenso wird es deutlich in dieser Erklärung von Toussaint: „Lasst uns ein Land aufbauen und

[18] Andrew Bundy (Hg.), *Selected Essays of Wilson Harris: The Unfinished Genesis of the Imagination*, London: Routledge 1999, S. 144.

keine geschlossene Enklave."[19] Oder auch in seinem eindringlichen Plädoyer: „Eines Tages werden die Menschen einander kennen, sie werden denselben Schmerz beweinen! Kein Lebender hat ein Vorrecht auf das Leiden; die Märtyrer sind über die ganze Erde gesät, wie die Asche der Wälder."[20]

Doch auch das Fehlen einer erfüllten Identität oder singulären Bedeutung kommt hier zum Tragen, wenn man nämlich bedenkt, dass nur noch Gespenster die Äußerungen Toussaints vernehmen. Seine Worte hallen durch die eisigen Schluchten des Juragebirges und ganz gewiss durch das Gefüge der Zeit. Glissants Stück ist schließlich eine „*prophetische Vision der Vergangenheit*", die ähnlich wie Hendersons Film anstrebt, Toussaints Bedeutungen durch ein *détournement* – eine Verschiebung, eine kreative Entortung ihres Ursprungskontexts – in die Gegenwart zu verpflanzen. Zuversichtlich stimmt einen dabei Harris' Beschreibung des ungelenken *Tastens* als einem nie stillstehenden Zeichen des Werdens, als einem Indiz des unerschöpflichen Begehrens danach, über spezifische historische Kontexte hinauszugehen, um jene von Glissant prophezeiten neuen Formen von Identität zu ermöglichen. Denn vergessen wir nicht: Bei der Ausflucht (*détour*) geht es um Grenzüberquerung sowie Kontakt. Und neue Identitäten erfordern und verlangen nach neuen Formen von Zugehörigkeit und Nähe – sie verweisen auf neue Formen von Gemeinschaft, die eine von Wurzeln besessene Rückkehr (*retour*) zwar verdecken, aber nicht dauerhaft aus der Welt schaffen kann.

19 Glissant, *Monsieur Toussaint*, S. 65.
20 Ebd., S. 174.

8. „FREMDE SCHWARZE BLENDKRÄFTE". ERIC WALROND UND DIE VIELSTIMMIGKEIT DES DIASPORISCHEN

> Manchmal, wenn sie am Ende einer ereignisreichen Nacht zurückkehrten, stellten sie fest, dass ihre Haut mit Salz bestreut worden war – von ihren Widersachern – und sie nicht mehr hineinpassten, woraufhin diese Jammergestalten fragten: „Haut, Haut, erkennst du mich nicht?" Und so stammelten sie, halb-versklavt und halb-frei, für den Rest ihres durchkreuzten Lebens vor sich hin: „Haut, erkennst du mich nicht, Haut, erkennst du mich nicht?"
>
> – Eric Walrond[1]

I

Damit die vielfältigen literarischen Erzeugnisse und kulturellen Hinterlassenschaften der afrikanischen Diaspora nicht allzu bequem nachträglich unter eine zeitgenössische neuweltliche Kategorie des ‚Diasporischen' gefasst werden – die mit den historischen Sensibilitäten von Schwarzen in der heutigen post-/neo-/omnikolonialen Welt wohl nur schwer vereinbar ist, ganz abgesehen davon, dass sie Afrika fortwährend zur Randfigur erklärt –, könnte es hilfreich sein, zu jenem Moment zurückzukehren, als diese heuristische Struktur noch kein *Fait accompli* war. Es könnte hilfreich sein, zu jenem Moment zurückzukehren, bevor die vielgestaltige Gewalt im Zuge der Erschaffung der Neuen Welt Schwarze Kulturen zu einer Politik erstarren

[1] Eric Walrond, *Tropic Death*, New York: Liveright 2013, S. 155.

ließ, die auf der Vorzeitigkeit Afrikas beruhte, sich selbst aber eine kulturelle und diskursive Vorrangstellung anmaßte. Deutlich wurde diese Anmaßung vor allem in Amerika, wo sich eine Reihe Schwarzer Bewegungen und Ideologien auf ‚Afrika' stützte, um Vorstellungen einer Race-Solidarität über die geografisch-kulturelle Zerstreuung hinweg zu entwerfen, während sie zugleich von der kulturellen Vormachtstellung der USA abhängig waren. Es verdankt sich dieser häufig übersehenen und bereitwillig geleugneten Ironie, dass das Diasporische inzwischen oft dazu dient, die vielfachen Aporien Schwarzer Transkulturalität fortzuwünschen (oder verstummen zu lassen).

Zwar stimmt es, dass das Diasporische grundsätzlich mit der Annahme einhergeht, dass Schwarze kulturelle und historische Differenz in diesen Begriff eingelagert sei und er daher nicht als kategorisch verstanden werden könne, aber dennoch haben wir das Gebot, ‚Schwarzsein' als offenen, gar umkämpften Signifikanten zu denken, nicht vollständig akzeptiert.[2] Noch seltener wird dieser Binnendifferenz die destabilisierende Bedeutung zugesprochen, die ihr in der Praxis gebührt; stattdessen wird sie meist unter eine umfassendere Politik der Race-Solidarität subsumiert, die jedoch weniger von der Diaspora selbst ausgeht, sondern vor allem von spezifischen Zonen und Formen der kulturellen Privilegiertheit innerhalb der Diaspora. Der Begriff des Diasporischen reduziert sich so auf eine epistemologische Kurzformel, auf eine unkritische Methode der transnationalen Artikulation von Race, anstatt dass er als anhaltendes konzeptuelles *Problem* gedacht wird, dem Schwarze in einer Moderne begegnen, in der sich die Vorstellungen von Race und Afrika infolge der Zerstreuung vervielfacht haben, weshalb ihre jeweiligen Bedeutungen auseinandergehen und ihr kultureller Stellenwert

[2] Die Notwendigkeit, die konstitutive Präsenz von Schwarzer Differenz in Race-, Geschichts- und Kulturdiskursen anzuerkennen, hat vor allem Gilroy in seinem einflussreichen Buch *The Black Atlantic* nachdrücklich herausgearbeitet. Siehe dazu Paul Gilroy, *The Black Atlantic: Modernity and Double Consciousness*, Cambridge: Harvard University Press 1993.

umstritten ist. Mit Blick auf das Diasporische als konzeptuellem und politischem Problem – das für lokale Schwarze Race-Orthodoxien so befreiend wie herausfordernd ist und für die Prozesse der Race-Formation so entscheidend wie Rassismus – ist daher eine Rückkehr zu Autor*innen notwendig, die diese neue Konstellation gewissermaßen kommen sahen und womöglich über deren Auswirkungen besorgt waren.

Im Mittelpunkt steht hier der karibische Journalist, Essayist und gefeierte Kurzgeschichtenschreiber Eric Walrond, den David Levering Lewis treffend als Exemplar „einer der entwurzeltsten Spezies überhaupt“ beschrieb: „ein anglo-afrikanischer *déraciné* aus der Karibik – ein Britisch-Guyaner aus zerrüttetem Hause, den seine vornehme Mutter nach Barbados karrte, wo sein Intellekt an der Saint-Stephen-Jungenschule durch eine englische Erziehung geprägt wurde, bevor er nach Panama ging, wo er an spanischen Schulen und im Privatunterricht seine Schulbildung abschloss“.[3] Als Exemplar dieser Spezies – die heute sogar noch verbreiteter als damals ist – arbeitete Walrond an seinem Werk genau zu jener Zeit, als das Diasporische noch nichts Selbstverständliches hatte, weiterhin streitbar war und im Zuge seiner geopolitischen und soziohistorischen Artikulation unablässig angefochten wurde und folglich fragmentierte. Walrond war weder die erste noch einzige Figur, die eine andere Perspektive auf die Verstreutheit von Schwarzen entwickelte, um die vor allem im Schwarzen Amerika verbreiteten Orthodoxien in Bezug auf Race herauszufordern; doch wie auch sein Zeitgenosse Claude McKay beobachtete er schmerzlich jene orthodoxen Positionen, die ‚Rasse‘ oder das ‚Diasporische‘ benutzten, um lokale erstweltliche kulturelle Hierarchien und politische Prioritäten zu stärken und zu bewahren.[4] Ebenso wie McKay

[3] David Levering Lewis, *When Harlem Was in Vogue*, New York: Oxford University Press 1979, S. 128.

[4] Zentral für diese Kritik am Schwarzen Westen ist der erstmals 1911 erschienene Klassiker *Ethiopia Unbound: Studies in Race Emancipation* von J.E. Casely-Hayford, einem von der Goldküste stammenden Rechtsanwalt und einer Gründungsfigur des afrikanischen Nationalismus.

richtete er seine aus Perspektive eines Schwarzen Immigranten formulierten Betrachtungen über die Verstreutheit (*dispersal*) ausdrücklich gegen die Geste einer Race-Avantgarde, wobei er sich insbesondere mit der tief verwurzelten Annahme einer kulturellen Ausnahmestellung der Harlem Renaissance befasste.

Auch Walrond war etwa in die bisweilen kleinlichen Streitigkeiten zwischen den rivalisierenden Versionen des Panafrikanismus von W.E.B. Du Bois und Marcus Garvey verwickelt und erlebte die kulturellen und sozialen Spannungen, die in New York zwischen Afroamerikaner*innen und Schwarzen Immigrant*innen an der Basis und auf der Straße ausgetragen wurden. Die Schwierigkeiten, denen er und andere karibische – ganz zu schweigen von afrikanischen – Autor*innen begegneten, waren ihrerseits zentral für die Entwicklung des Panafrikanismus, also jener bedeutenden Artikulation einer Schwarzen diasporischen Vision, die, obwohl selten als solche benannt, das Herzstück des ‚Schwarzen Atlantiks' und zeitgenössischer Figurationen einer Schwarzen oder afrikanischen Diaspora bildete. Sie entstanden zeitgleich zu den kulturellen Bemühungen, ‚Afrika' den kolonialen und rassistischen Vorstellungswelten streitig zu machen und die auf ihnen basierenden gesellschaftlichen Ordnungen und Politiken zurückzuweisen. Zudem entfalteten sich diese Spannungen zwischen Schwarzen Bevölkerungsgruppen parallel zu einer Bewegung, die ‚Afrika' bewusst als primären und widerständigen Bezugsrahmen der geografischen Zerstreuung sowie des kulturellen Ausdrucks und politischen Protests einsetzte. Hier lohnt es sich, das von V.Y. Mudimbe in *The Invention of Africa* vorgebrachte Argument in Erinnerung zu rufen, dass im fraglichen Zeitraum tatsächlich eine neue Wissensordnung begründet wurde, die durch bedeutende epistemologische Verschiebungen rund um den Begriff/das Bild/das Konzept Afrika und deren weltweiten Auswirkungen auf Race- und Kolonialpolitiken gekennzeichnet war.[5] Für Schwarze an so unterschiedlichen Orten wie Harlem, Paris, Jamaika und Kuba hatten diese Verschiebungen insofern etwas prototypisch Modernes, als sie sich im größeren Kontext jener einst pathologisierten Sehnsucht nach einer verlorenen Heimat vollzogen, die auch als Nostalgie bezeichnet wird. Diese Annahme einer Obsession mit einer sich ewig entziehenden Vergangenheit war in einer Zeit der Massenimmigration und des grenzübergreifenden Reisens zwar weitverbreitet, doch stellte sie sich für Schwarze stets ausdrücklich in einer Sprache der Race dar – obwohl sie der Vorstellung afrikanischer Ursprünge ambivalent gegenüberstanden und vielschichtige interkulturelle Beziehungen pflegten.

Die größte Herausforderung für die Annahme einer geteilten Nostalgie und Sehnsucht, ebenso wie für das Diasporische im Sinne einer bedeutsamen Geste der Stabilität oder Kontinuität blieb jedoch, dass – zeitgleich zur neuweltlichen Konstruktion einer afrikanischen Diaspora – spannungsvolle kulturelle Rivalitäten und historische Differenzen innerhalb verschiedener Schwarzer ethnischer Gruppen und migrantischer Gemeinschaften deutlich wurden. Die Rückkehr zu dem Moment, als Walronds Berühmtheit aufflackerte und wieder erlosch, führt allgemein gesprochen also in die Ära des Schwarzen literarischen und kulturellen Modernismus. Das Diasporische war damals noch eine problematische anthropologische Behauptung kultureller Retention, eine radikale, aber fragwürdige Behauptung transhistorischer Kontinuität und des quasireligiösen Traums einer Utopie, die ironischerweise durch eine ambivalente Vorzeitigkeit abgesichert wurde. Es war der Moment des Äthiopianismus, des Panafrikanismus, der Négritude, des Negrismo und zahlreicher weiterer verwandter Bewegungen, Strömungen und Ideologien. Dieser Essay wendet sich jedoch besonders jenem Moment in der Geschichte der Harlem

[5] V.Y. Mudimbe, *The Invention of Africa: Gnosis, Philosophy, and the Order of Knowledge*, Bloomington: Indiana University Press 1988.

Renaissance zu, als Walrond und McKay erkannten, dass die Krisen der Schwarzen Moderne auf den Rassismus und Kolonialismus zurückgehen, aber auch auf den blanken Schrecken, der infolge der unermesslichen und potenziell *nicht-repräsentierbaren* Vielfalt der afrikanischen Diaspora um sich griff.

Bekanntlich kreisten die verschiedenen kulturellen Erzeugnisse des Harlemer Modernismus – auf fast schon obsessive Weise – um die Themen Afrika, Diaspora und Migration, insbesondere die aus den US-Südstaaten. Doch es waren vor allem Schwarze migrantische Autor*innen von außerhalb der USA, die verstanden, welche Auswirkungen die internationale Schwarze Migration hatte und dass die mit ihr einhergehenden transkulturellen Konflikte eine befreiende Herausforderung hinsichtlich Vorstellungen von Race und Amerika darstellten oder auch in Bezug auf die heuristische Struktur bzw. das politisch-historische Paradigma, das durch die Vorsilbe Pan markiert wird. Besonders deutlich wurde diese Herausforderung in einem Kontext wie Harlem, wo es zunehmend häufiger zum Aufeinandertreffen radikaler Schwarzer Differenzen kam, nicht zuletzt nachdem die Grenzen des britischen Empires mit denen der USA in Berührung gekommen waren und sich die Migrationsmuster dadurch verändert hatten. Die Implikationen dieser Schwarzen Grenzgänge wurden lange Zeit durch eine Tendenz zur ständigen Überfetischisierung einer monolithisch ‚Schwarzen' Beziehung zum Weißsein oder zum Westen verdeckt; doch genau jene weiterhin kaum untersuchten Schwarzen transkulturellen Beziehungen sind es, die Walrond und McKay so glänzend erkundeten und darstellten. Beide betrachteten Race und Migration tatsächlich als stark miteinander *konkurrierende* Diskurse innerhalb der Schwarzen Diaspora, ungeachtet der trügerischen, ihnen zugrunde liegenden geteilten Annahmen. Beide erkannten darin auch eine Form von Schwarzer Modernität. Entgegen der damals weitverbreiteten biokulturellen Annahme einer Race-Gemeinsamkeit nahmen beide ganz bewusst Bezug auf das, was heute als ‚die Schwarze Diaspora‘ bezeichnet wird, um dadurch eine Praxis Schwarzer Transkulturalität zu inszenieren, die das Diskrepante betont sowie das Inkommensurable und dessen nicht immer gewaltlose Interaktionen zelebriert. Während McKays Diaspora-Entwurf auf einen eher vermarktbaren und politisch gangbaren afroamerikanischen Zentrismus abzielte, war Walronds Vision von Race und Migration dermaßen weit von diesem Zentrum entfernt, dass sie im Grunde komplett aus dem Sichtfeld verschwand.

II

Obwohl Walronds *Tropic Death* (1926) in Studien zur Harlem Renaissance, wenn überhaupt, lediglich als Fußnote erwähnt und darüber hinaus nur manchmal in der Forschung zur karibischen Literatur gewürdigt wird, stellte die Erscheinung seines Buchs insofern ein bedeutendes Ereignis dar, als damals *jedes* Buch von Schwarzen Autor*innen mit Neugier und großem Interesse aufgenommen wurde. Dies galt vor allem für einen Autor, der aus einer der weniger bekannten britischen Kolonien in der Karibik kam und trotz seiner erklärten Liebe zu Amerika „im Geiste ein Panamaer“ war.[6] Damals, als sich eine im Zeichen Schwarzer Transkulturalität stehende literarische Poetik und Kulturpolitik in den USA gerade erst entwickelte, war Walronds Darstellung Schwarzer Erfahrungen und Sprachen jedoch ausreichend, um ein Publikum zu beeindrucken und zu verblüffen, das sich zunehmend angewöhnt hatte, Schwarze Erfahrungen und Positionen ausschließlich mit jenen von Afroamerikaner*innen gleichzusetzen. Mit seiner selbstreflexiven Elliptik und dem, was viele für linguistische Exzesse hielten, forderte *Tropic Death* zahlreiche Leser*innen heraus. Vielleicht

[6] Eric Walrond, *„Winds Can Wake Up the Dead“: An Eric Walrond Reader*, Hg. Louis J. Parascandola, Detroit: Wayne State University Press 1998, S. 332.

war es Walronds anmaßende Kühnheit, eine mythische Vision Schwarzer Migration anhand eines Spektrums nicht-amerikanischer Schwarzer Dialekte, Mundarten, Bräuche und Weltbilder zu entfalten, die das Schicksal seines Buchs als dem großem ‚verschollenen' Werk jener Ära besiegelte. Die Entscheidung, den Bezugsrahmen einer auf Amerika fokussierten Bewegung bzw. kulturellen Strömung wie der Harlem Renaissance zu verlassen und diese als zweitrangig gegenüber einem umfassenderen Prozess Schwarzer kultureller Transformationen darzustellen, ist jedenfalls der Schlüssel, um zu verstehen, warum dieses Buch in Vergessenheit geriet.

Als Mythos oder mythische Darstellung Schwarzer Verstreutheit erschien *Tropic Death* wie ein literarischer Fremdkörper in einem kulturellen Klima, in dem das Narrativ Schwarzer Migration fast ausschließlich mit der nach dem Ende der Sklaverei einsetzenden Migration aus dem US-Süden in den sich rasant industrialisierenden urbanen Norden assoziiert wurde und weniger mit der Migration afrokaribischer Menschen in die USA, obwohl es viele infolge ihrer Arbeit am Bau des Panamakanals in genau diese Richtung zog. Den Auftakt des Buchs bildet das, was man eine zerklüftende Absichtserklärung nennen könnte. Während der Handlungsort beschrieben wird – der offensichtlich in der Karibik liegt, da wir lesen, dass die Bauern „westindisch", die Weißen britisch, das Essen eindeutig karibisch und der Dialekt nicht-amerikanisch sind und dort „Bajan"-Lieder gesungen werden –, schiebt der Erzähler unvermittelt und rätselhaft ein, dass es „nicht Sepia, Georgia, sondern ein provinzielles Dorf auf Barbados war".[7] Der Einschub ist weniger eine erzählerische Notwendigkeit als eine transkulturelle Aufforderung an Leser*innen, die in der damaligen Literatur und Kulturpolitik gängigen Gleichsetzungen von Schwarzen mit Afroamerikaner*innen und von Migration mit dem

7 Walrond, *Tropic Death*, S. 22.

US-Süden aufzubrechen. Trotz ihrer Exotik und selbsterklärten Fremdartigkeit traf diese Sammlung ‚tropischer' Geschichten, für die der Bau des Panamakanals als größerer politischer Rahmen fungierte, auch auf einen für sie empfänglichen amerikanischen Kontext. Denn ihre Veröffentlichung fiel zusammen mit einer von karibischen/Schwarzen Migrant*innen angestoßenen literarischen und kulturellen Blütezeit in New York – einer kreativen Explosion, die man als modernistische Gegenströmung oder als Bewegung innerhalb der Bewegung beschreiben könnte. Dieser Moment bestärkte Harlems Wiedergeburt und war maßgeblich für jenen Prozess der Identitätsformation, der sich dort innerhalb der Schwarzen Bevölkerung vollzog und der es dem Schwarzen Amerika ermöglichte, seine relative Position in einem weitaus größeren Schwarzen Kosmos kultureller und politischer Aktivitäten zu begreifen.

Wegbereitend für diese Gegenströmung war Claude McKays gefeiertes Gedicht „If We Must Die" (Wenn wir sterben müssen), das 1919 erschien und auf das 1922 sein Gedichtband *Harlem Shadows* folgte. Obwohl der jamaikanische Universalgelehrte Joel Rogers seinen Debütroman *From Superman to Man* bereits 1917 veröffentlicht hatte, sorgte McKay mit seinem Gedichtband über Migration, Entfremdung und Nostalgie für deutlich mehr Furore. *Harlem Shadows* enthält eine Reihe von Gedichten, die sich unmittelbar an karibische Migrant*innen wenden, aber zugleich nachdrücklich ein afroamerikanisches Publikum ansprechen, dem das Großstadtleben und die zunehmende Undurchschaubarkeit der dortigen Race-Politiken Unbehagen bereitete. Gedichte wie „To One Coming North" (An einen, der nach Norden kommt) oszillieren deutlich zwischen der Anrede von Migrant*innen aus den Südstaaten und den im Norden Neuangekommenen aus „den unveränderlichen südlichen Inseln".[8] Obwohl beide Gruppen denselben Norden

[8] Claude McKay, *Selected Poems of Claude McKay*, New York: Bookman Associates 1953, S. 19.

erlebten, hatte der Süden, ebenso wie die von dort aus zurückgelegte Reise, für sie jeweils sehr unterschiedliche Bedeutung. *Harlem Shadows* enthält auch das bekannte Calypso-artige Gedicht „The Tropics in New York“ (Die Tropen in New York), in dem es McKay gelingt, die spezifischen Sehnsüchte eines karibischen Migranten in die „transzendentale Obdachlosigkeit“ der Moderne zu verwandeln und zugleich eine Kritik an jenen ökonomischen und rassistischen US-Machtstrukturen zu formulieren, die auf der impliziten Annahme afrikanischer Primitivität gründen:

Bananas ripe and green, and ginger-root,
Cocoa in pods and alligator pears,
And tangerines and mangoes and grape fruit,
Fit for the highest prize at parish fairs,
[...]
My eyes grew dim, and I could no more gaze;
A wave of longing through my body swept,
And, hungry for the old, familiar ways,
I turned aside and bowed my head and wept.

Bananen, reif und grüne, Tangerinen,
Ingwer und Mango, Grapefruit haufenweise,
Kakaoschoten, Alligatorbirnen,
Was nur der Erde Markt an Reichtum weiß,
[...]
Die Flut der Sehnsucht stieg und überschwemmte
Die Augen mir. Und weitres sah ich nicht.
Heiß hungernd nach den alten Heimatwegen
Weint ich mit abgewendetem Gesicht.[9]

[9] Ebd., S. 31; Claude McKay, „Die Tropen in New York“, übers. v. Anna Siemsen, in: Anna Nussbaum (Hg.), *Afrika singt. Eine Auslese neuer afro-amerikanischer Lyrik*, Wien/Leipzig: F.G. Speidel'sche Verlagsbuchhandlung 1929, S. 43.

McKays romantisierende Vision einer üppigen Insellandschaft und von karibischen Früchten, Pflanzen und Erzeugnissen ist nüchtern betrachtet wohl weniger exotisch, als es den Anschein haben mag. Dieses Bild entspringt vielmehr einem zunehmenden Bewusstsein dafür, dass die karibische Kultur und damit auch die öffentliche Zurschaustellung von Nostalgie auf den Straßen von Harlem zu einem verbreiteten, wenn nicht gar vertrauten Anblick geworden war. Jedoch ist eher unwahrscheinlich, dass afroamerikanische ‚Arrivants' für den gewaltgeprägten Jim-Crow-Süden eine ähnlich ‚mystische' Nostalgie übrighatten, wie sie viele karibische Migrant*innen für ihre Herkunftsinseln empfanden und nach ihrer Ankunft bewusst kultivierten, weshalb vor allem die letzten vier Zeilen des Gedichts schwer einzuordnen sind. Ein weiteres Beispiel für die Schwierigkeit transkultureller Übersetzbarkeit findet sich in „To One Coming North", auch wenn McKay darin auf eine überwiegend ortlose, unbestimmte Bildsprache setzt:

> Like me you'll long for home, where birds' glad song
> Means flowering lanes and leas and spaces dry,
> And tender thoughts and feelings fine and strong,
> Beneath a vivid, silver-flecked, blue sky.

> Wie ich wirst du dich nach Hause sehnen, wo heitere Vogelstimmen / von blühenden Wegen und Auen und regenlosen Tagen künden, / von zarten Gedanken und freudigen und erhebenden Gefühlen / über die sich ein silbergestreifter, lebhaft blauer Himmel spannt.[10]

Das Schwarze Subjekt und die Eigenheiten seiner Sehnsucht sind es, die hier infrage gestellt werden; das Schwarze modernistische Verlangen, eine universelle Race-Stimme zu

[10] McKay, *Selected Poems*, S. 19; übers. v. U.M.

entwerfen, stößt angesichts unterschiedlicher, wenn nicht unvergleichbarer Geschichten an seine Grenzen. Während karibische Migrant*innen bekannt für ihre ablehnende Haltung gegenüber der amerikanischen Staatsbürgerschaft waren, sodass Sehnsucht und Nostalgie ihnen stets einen psychologischen Fluchtweg vor dem nationalen Drama der „Rassenfrage" boten, lastete auf Afroamerikaner*innen die Anforderung, sich innerhalb einer Nation, die ihnen die Zugehörigkeit immer wieder verweigert hatte, einen politischen und historischen Ort zu beanspruchen.

Erst die nachfolgende Generation Schwarzer Amerikaner*innen würde sich vielleicht anders an den Süden erinnern, wenn die Herausforderungen der Ankunft erst einmal dem Bedürfnis nach den Wonnen der Nostalgie gewichen wären. Vorerst jedoch blieb die Pastoralisierung der Südstaaten und ihrer Plantagenökonomie verdächtig auffällig, da in einem rassistischen Klima viel dafür getan wurde – besonders über die Praxis des Blackfacing –, die Fiktion zu bewahren, dass die rechtmäßige Heimat des amerikanischen Negro im Süden *gewesen* sei. Allerdings existierte auch eine der Pastoralisierung gegenläufige afroamerikanische modernistische Poetik, die vor allem in Du Bois' *Die Seelen der Schwarzen* hervortritt, aber am deutlichsten wohl in Jean Toomers *Zuckerrohr*, mit dem *Tropic Death* zumeist verglichen wurde und immer noch wird. Diese Form der Pastoralisierung postulierte zwar den Süden als Heimat des *Negro*, verstand sie jedoch als Verbindung zu Afrika und zu einem in der Erfahrung der Sklaverei wurzelnden politischen Bewusstsein. In McKays Werk war die Sprache des karibischen Pastoralismus mit ihrer spezifisch diasporischen Nostalgie ganz offensichtlich ein Schwarz-migrantischer Versuch, eine universelle Sprache zu formulieren, die jedoch unweigerlich zwischen einem kulturell dominanten Schwarzen Amerika und anderen Schwarzen kulturellen Prioritäten und Kategorien zerrissen war. Walrond hingegen war dem Pastoralismus nie besonders zugeneigt, doch auch sein Werk zeugt von ebenjener grundlegenden Kluft zwischen einer universellen Figur des *Negro* und den vielfachen – besonders den karibischen – Spielarten dieser Figur, zwischen der Notwendigkeit antirassistischer und antikolonialer Solidarität und dem Wunsch danach, das oft schmerzlich komplexe Feld kultureller und historischer Differenzen mitzugestalten – und sich darin hervorzutun. Walrond gab sich zudem nie jener prälapsarischen Utopie hin, die zu McKays festem Repertoire gehörte und in der die Karibik und Afrika auf romantische und bisweilen cartoonhafte Weise zu einer Einheit verschmolzen. In seinen Darstellungen der Karibik zeigte sich Walrond vielmehr entschieden ‚antitropisch' (sein Buch heißt nicht umsonst *Tropic Death*).[11]

Anders als McKay sperrte sich Walrond vehement gegen die Vorstellung, die Karibik könne als Hort naiver poetischer Träumerei oder romantischer Nostalgie fungieren. *Tropic Death* beginnt daher mit einer einschneidenden Szene, in der „ausgedörrte, grimmige, sonnengequälte Schwarze auf einem gleißend weißen Hang Steine behauen", woraufhin diese Vision einer Landschaft Schwarz-migrantischer Ursprünge folgt:[12]

> Coggins schlich die Straße entlang zur Rinne und keuchte, als er sah, was die verdammte Sonnenglut angerichtet hatte. Drüben, wo das dunkle, dichte Blattwerk des Zuckerrohrs bis auf die staubdeckte Straße hinüberreichte, hatten die Dorfhunde auf ihrer Jagd nach Eiern oder Hühnern zwischen den gelben Halmen des ausgedörrten Zuckerrohrs angehalten, um nach Luft zu schnappen oder erschöpft und gequält von der Sonne niederzusinken.
>
> Die Sonne hatte das Land seines Lebenssafts beraubt, hatte es völlig ausgepresst. Sternäpfel, Zuckeräpfel, deren Hüllen

11 Richard J. Powell, „The Picturesque, Miss Nottage and the Caribbean Sublime", in: *Small Axe* 25 (Februar 2008), S. 164.
12 Walrond, *Tropic Death*, S. 21

> durchsichtig an den trockenen, müden Bäumen hingen. Amseln jagten wie wild durch den Hain, machten vor nichts Halt ... Turteltauben pickten grüne Erbsen und rote Bohnen aus ihren Hülsen und kosteten sogar das ungenießbare brasilianische *bonavis*. Kartoffelpflanzen, gelb wie Herbstlaub, durch den Druck der Sonne von ihren Wurzeln getrennt, lagen auf dem Boden, leichte Beute für den Wind. Unausgegrabenes, Stängelloses – Erdnüsse, Karotten – suchte Trost, Erleichterung, den Hauch eines vorbeiziehenden Windzugs, dahingeraffte, regungslose Augen, die durch sonnengezeichnete Risse in der harten, spröden Erde emporlugten. Der Zuckermais ging an die Vögel. Vorzeitig reifende Brotfrüchte fielen geschwind auf den harten, nackten Boden, halbreif, nur zum Frittieren gut ... Klatschten auf den Boden ... und die ausgehungerten, sich vor die Kinder drängelnden Hunde schleckten das gelbweiche Fruchtfleisch auf.[13]

Diese wundervoll exzentrische und sich ihrer selbst vielleicht schon allzu bewusste modernistische Sprache vermittelt eine natürliche Welt, die so betörend wie qualvoll ist, die vor Leben sprüht, aber auch vor Erschöpfung dahinsiecht. Es ist die Welt eines Volks, das „vorzeitig gereift" ist, obwohl es „seines Lebenssafts beraubt" und „von seinen Wurzeln getrennt" wurde; eine Welt, in der die Hunde die Kinder wegdrängen und die Vögel sich mit magerer Ausbeute davonmachen. *Tropic Death* ist voll solcher Bilder einer karibischen Welt, die sich von McKays Vision insofern grundlegend unterscheidet, als sie dem amerikanischen Imperialismus nicht äußerlich ist und ‚Afrika' nicht besonders nah; doch genauso wenig ist diese Welt in der Sphäre des britischen Empires angesiedelt, das so viele karibische Migrant*innen weiterhin verehrten, manchmal sogar, um auf diese Weise die ambivalenten Gemeinsamkeiten zu verdrängen, die

[13] Ebd., S. 25f.

sie in einem mit Afroamerikaner*innen geteilten Umfeld feststellten. Walrond präsentiert in *Tropic Death* eine Reihe von Bildern und Erzählungen von solch entsetzlicher rassistischer, sexueller und psychischer Gewalt unter Schwarzen, dass man schon fast hofft, eines Tages doch auf ein bislang unbekanntes Gespräch oder einen Briefwechsel zwischen ihm und Jean Toomer zu stoßen.[14] Doch auch viele der in *Harlem Shadows* enthaltenen Gedichte McKays, wie etwa „Flame Heart“, „Home Thoughts“, „After the Winter“, „I Shall Return“ oder „Outcast“, hatten Walrond beeinflusst. Was hier deutlich wird, ist, dass im größeren kulturellen Kontext der Harlemer Bewegung und der fetischisierten Spannungen zwischen Schwarzen und Weißen auch ein anderer Diskurs wirkte – eine Unterströmung, die jenen in den formalen und lebhaften Räumen der Schwarzen Kulturrenaissance begründeten Diskurs nicht nur nährte, sondern sich bei ihm bediente und ihn bisweilen konterkarierte.

Im Hinblick auf die historischen Rahmenbedingungen dieser Bewegung innerhalb einer Bewegung, in der „fremde *Negroes*“ – so Walronds bevorzugte Formulierung – und einheimische Afroamerikaner*innen einander beflügelten, spielt es eine wichtige Rolle, dass *Harlem Shadows* im selben Jahr erschien, in dem der große karibische Blackface-Darsteller Bert Williams starb.[15] Zwar wird dessen Werk weiterhin meist aus der Perspektive einer ausdrücklich amerikanischen Race-Politik gedeutet und erinnert (obwohl seine karibische Herkunft inzwischen öfter die gebotene Würdigung erfährt), dennoch war und ist Williams die Ikone schlechthin für die vielfachen Masken, die sich Schwarze Migrant*innen in ihrer Auseinandersetzung mit dem weißen und dem Schwarzen Amerika

[14] Woodson zufolge hatten sich beide nur kurz kennengelernt, als Walrond an einem von Toomer geleiteten Harlemer Studienkreis teilnahm, der sich dem Werk des von Helena Blavatsky beeinflussten Mysterikers G.I. Gurdjieff widmete. Siehe dazu Jon Woodson, *To Make a New Race: Gurdjieff, Toomer, and the Harlem Renaissance*, Jackson: University Press of Mississippi 1999.

[15] Walrond verfasste eine positive Rezension von *Harlem Shadows*, die am 6. Mai 1922 in der Wochenzeitung *Negro World* erschien.

aufsetzen mussten, sowie für die unterschiedlichen Formen der Assimilation, die beides jeweils verlangte. Walrond beschrieb Williams als „einen Botschafter über die Hautfarbengrenzen hinweg" und als einen „der größten Bühnenkünstler aller Zeiten". Zudem attestierte er ihm, den kulturellen Zeitgeist stark geprägt zu haben, und erklärte, dass sein Vermächtnis im Jahr 1923 gerade erst „anfing, Früchte zu tragen".[16] In diesen kulturellen Zeitgeist spielte überdies hinein, dass der Garveyismus damals seinen Höhepunkt erlebte, während zugleich auch die Kampagne „Garvey Must Go" mehr Zulauf erhielt, die aus Sicht vieler karibischer Migrant*innen einen anti-karibischen bzw. Schwarzen nativistischen Einschlag hatte.[17] Diese Voreingenommenheit, die Schwarze gegenüber fremden Schwarzen an den Tag legten, wurde von Du Bois (der bekanntlich Garvey als „ungebildeten Ausländer" bezeichnete) und anderen Angehörigen der afroamerikanischen Elite befeuert, und das, obwohl die Kampagne „Garvey Must Go" von karibischen Radikalen in Harlem angeführt wurde, die sich bereits 1919 zur African Blood Brotherhood zusammengeschlossen hatten.

Als *Tropic Death* erschien, war das Leben in Harlem durch die soziale und kulturelle Präsenz ‚fremder *Negroes*' im Grunde *tropikalisiert*. In seiner lesenswerten Studie zur Karibisierung der Siebenten-Tags-Adventisten schreibt R. Clifford Jones dazu:

> Trotz ihres gegenseitigen Misstrauens nahmen karibische und Schwarze amerikanische Kulturen in den USA zu Anfang des 20. Jahrhunderts Einfluss aufeinander. Im Feld der Religion mischten sich Voodoo und Obeah aus der Karibik mit magischen Praktiken, die aus den Südstaaten nach Harlem

[16] Walrond, *„Winds Can Wake Up the Dead"*, S. 65.

[17] Ebd., S. 127. Siehe dazu auch Louis Chude-Sokei, *The Last „Darky": Bert Williams, Black on Black Minstrelsy and the African Diaspora*, Durham: Duke University Press 2006; Irma Watkins-Owens, *Blood Relations: Caribbean Immigrants and the Harlem Community, 1900–1930*, Bloomington: Indiana University Press 1996; Winston James, *Holding Aloft the Banner of Ethiopia: Caribbean Radicalism in Early Twentieth-Century America*, New York: Verso 1998.

gelangt waren. Mit der Zeit tauchten karibisches Obst und Gemüse in vielen Lebensmittelgeschäften und Küchen Harlems auf. Die Nachfrage nach diesen tropischen Produkten war dermaßen groß, dass ein profitabler Markt entstand, der den Nachschub sicherte. Schwarze Amerikaner*innen fanden sogar Gefallen an der karibischen Musik und entdeckten in ihrem rhythmischen, pulsierenden Tempo etwas Afrikanisches, das in ihrer Seele Anklang fand. Das Lied „Sly Mongoose“ ertönte bereits 1915 aus den Grammofonen, und in den 1920er Jahren erfreute sich die Calypso-Musik zunehmender Beliebtheit. Dasselbe gilt für karibische Komiker und Unterhaltungskünstler.[18]

Obwohl McKay in dieser angespannten und produktiven Phase Schwarzer Transkulturalität als König der karibischen Literatur und Schwarzer Radikaler *par excellence* galt, bleibt dennoch festzuhalten, dass *Tropic Death* bereits zwei Jahre vor McKays Debütroman *Home To Harlem* (1928) erschien, der als Bestseller in die Geschichte einging. Walronds Werk hatte nachweislich viel Einfluss auf McKays zweiten Roman *Banjo* (1929), der sich von den in der afroamerikanischen Kultur angesiedelten Schauplätzen radikal abwendet und sich stilistisch so weit vom Sozialrealismus entfernt, wie es McKay – einem deutlich weniger begabten Romanautor, der seinem Impressionismus stets nur durch kurze, ekstatische Ausbrüche beikam – überhaupt möglich war.[19] Es ist lohnenswert, die Fäden zwischen all diesen Ereignissen und Veröffentlichungen zusammenzuziehen, um dadurch ein abweichendes Feld des Schwarz-migrantischen Modernismus zu umreißen, das sich parallel zu dessen

[18] R. Clifford Jones, *James K. Humphrey and the Sabbath-Day Adventists*, Jackson: University Press of Mississippi 2006, S. 77.

[19] Walrond verfasste eine positive Rezension von Banjo, die im Juli 1929 in der Londoner Wochenzeitung *The Clarion* erschien. Für einen Nachdruck siehe Louis J. Parascandola und Carl A. Wade (Hg.), *In Search of Asylum: The Later Writings of Eric Walrond*, Gainesville: University Press of Florida 2011.

Hauptströmung entfaltete, aber auch mit ihr überschnitt. Dies ist von großer Bedeutung, weil sich die Begeisterung für die Karibik in Harlem nicht nur auf Musik, Essen, farbprächtige Kleidung und exotische Dialekte beschränkte; sie übertrug sich ebenso auf politische und literarische Aktivitäten, bei denen sowohl karibische Migrant*innen und Afroamerikaner*innen die Vorstellung der Diaspora heranzogen, um nicht nur ihren Widerstand gegen die weltweite koloniale Expansion zu formulieren, sondern auch um sich mit einer sozialen Welt zu arrangieren, die zunehmend kulturell fragmentiert und bisweilen gesellschaftlich gespalten war, was nicht zuletzt mit der unmittelbaren Präsenz von Migrant*innen infolge ebenjener kolonialen Expansion zusammenhing. Hier muss betont werden, dass obwohl der Widerstand gegen Rassismus und Kolonialismus durchaus wirkungsvoll war, gerade diese spannungsreiche und kompetitive Nähe zwischen Schwarzen Migrant*innen und einheimischen Afroamerikaner*innen die Entstehung des Panafrikanismus bedingte und verschiedene Kurswechsel in der US-Migrationspolitik anstoßen sollte.[20]

Allerdings ist es auch reizvoll, sich vorzustellen, Walrond und McKay hätten hinter der inszenierten Maske eines afroamerikanischen Modernismus heimlich an einem Draht gezogen. Schließlich ist bekannt, dass beide in der Harlemer Halbwelt ein und aus gingen und sich gleichermaßen inner- und außerhalb der institutionellen Gefüge des Garveyismus bewegten. Ebenso verbindet sie, dass beide Harlem verließen, bevor die dortige Renaissance einen Backlash produzierte. Diese Abwendung deutet darauf hin, dass ihre Hingabe an das Projekt einer kulturellen Wiedergeburt des Schwarzen Amerikas nachließ und sie über dessen Limitierungen frustriert waren. Auch in

[20] Für weitere Diskussionen der Migration aus der Karibik während der Harlem Renaissance siehe Watkins-Owens, *Blood Relations*; James, *Holding Aloft the Banner of Ethiopia*; Louis J. Parascandola, *„Look For Me All Around You". Anglophone Caribbean Immigrants in the Harlem Renaissance*, Detroit: Wayne State University Presse 2005.

Home to Harlem ist die Desillusionierung über die Beschränkungen und Konventionen hinsichtlich Race in Amerika und über die Schwarze Führungsriege im Land ein zentrales Motiv, das besonders über die Figur des aus Haiti stammenden Ray zum Ausdruck kommt und am Ende des Romans die Abkehr von Harlem besiegelt. In *Banjo*, das über weite Strecken eine explizite und zuweilen tratschige Abrechnung mit demselben Thema ist, nennt McKay immer wieder auch Ross und Reiter, während sein afroamerikanischer Protagonist angesichts einer Masse an außeramerikanischen Schwarzen Anliegen und Belangen zunehmend seine zentrale Bedeutung verliert. Diese ausschweifende ‚Fortsetzung' von *Home to Harlem* lanciert ihre ausgiebige Schwarz-schwarze transkulturelle Kritik jedoch weniger im Interesse einer Vision oder Erkundung des Schwarzen Migrantenlebens, sondern im Zeichen eines „Vagabundentums“. McKays Darstellung dieses romantisierten Schwarzen Fernwehs ähnelt, vor allem in ihrer erzählerischen Struktur, tatsächlich jenem „Umherirren“, das Edouard Glissant in *Poétique de la Relation* beschreibt. Denn für den „Troubadour“ (Banjo oder McKay) ist „das Umherirren eine nur über die Ausflucht erzählbare Berufung“, und bezeichnend für eine solche Ausflucht ist die dezentrierte, auseinanderdriftende Erzählstruktur in einem Roman wie *Banjo*, dem McKay bekanntlich den Untertitel „A Story Without A Plot“ (Eine Geschichte ohne Handlung) gab, um seinen Nimbus als experimenteller Modernist zu stärken.[21] Für Glissant – wie auch für McKay und fraglos für Walrond – „entsteht dieses Denken des Umherirrens, das umherirrende Denken, leise durch die Destrukturierung fester nationaler Gebilde, die gestern noch triumphal waren, und zugleich durch die schwierigen und ungewissen Geburten neuer Formen von Identität, die uns zurufen“.[22]

[21] Edouard Glissant, *Poétique de la relation*, Paris: Gallimard 1990, S. 27.
[22] Ebd., S. 30.

Sowohl in Walronds als auch in McKays Werk ist die Enttäuschung über „feste nationale Gebilde" offensichtlich, ebenso wie die geteilte Faszination mit neuen Race- und Sozialtypen, die sich aus den weltweiten Überschneidungen von Kolonialismus und Rassismus ergeben. Darüber hinaus verbindet beide Autoren jedoch nur wenig, abgesehen von jener Art von Animosität, die sie als authentische Akteure innerhalb einer modernistischen Literaturbewegung auszeichnet. Während seiner entbehrungsreichen Zeit in Nordafrika, wo McKay an seinem als „Bauernsaga" beschriebenen Roman *Banana Bottom* (1933) arbeitete, brachte er seine Gefühle gegenüber dem anderen bekannten karibischstämmigen Harlemer Modernisten in einem Brief an Nancy Cunard deutlich zum Ausdruck.[23] Daraus geht unmissverständlich hervor, dass es nicht so etwas wie eine Art karibischer Grundsolidarität gab, die beide Autoren angesichts des geteilten afrikanisch-amerikanischen Kultur- und Gesellschaftskontexts verbunden hätte, zumal sich die Rivalitäten zwischen den großen und kleinen Karibikinseln, die bis zum Zusammenbruch der Westindischen Föderation im Jahr 1962 anhalten sollten, damals auch immer wieder in Harlem niederschlugen. Die Worte, die McKay über Walrond (und über Arturo/Arthur Schomburg) verliert, müssen hier ausführlich zitiert werden, weil sie die innerschwarzen Mikropolitiken des Harlemer Modernismus in aufschlussreicher Weise kontextualisieren:

> Nein, ich mag Eric Walrond nicht. Und er mich auch nicht. Ich halte ihn für eine aufgeblasene Luftnummer. Kenne ihn von damals, als ich für Max Eastman beim *Liberator* arbeitete & er für Garvey bei *Negro World*. 1922. Garvey ging mich in seiner Zeitung heftig an (er war verärgert, dass ich im *Liberator* die grotesken Züge seiner Bewegung aufgezeigt hatte) [...].

[23] Cary D. Wintz (Hg.), *The Harlem Renaissance 1920–1940: The Politics and Aesthetics of „New Negro" Literature*, New York: Garland Publishing 1996, S. 495.

Eric schaute vorbei und wollte mir einige Insider-Infos über Garveys Charakter verraten, damit ich zum Gegenangriff ausholen kann – das war absolut niederträchtig & außerdem arbeite er für das weiße Establishment. Nächstes Mal hörte ich von ihm 1925 in Frankreich, als er mir schrieb und mich bat, Geschichten für einen Wettbewerb der Negro-Zeitschrift *Opportunity* zu lesen, bei der er Assistenzredakteur war & er bot mir an, einige meiner Sachen zu veröffentlichen. Ich machte gerne mit, denn ich war ziemlich pleite. [...]

Doch als ich nach jahrelangen Mühen endlich Erfolg mit *Home to Harlem* hatte, schlug mir all sein schwarzes Gift entgegen. Ich hörte, dass Walrond über mich erzählte, ‚ich wüsste Leute auszubeuten‘. Meine der ‚Gegnerrasse‘ angehörigen Freunde, die ich schändlich ausgenutzt hatte, haben sich meines Wissens nie darüber beschwert. Mir wurden die schlimmsten Dinge nachgesagt (vor allem Schomburg erstaunte mich. Weil er immer so ein junges Schlitzohr gewesen war. Immer eine Zote parat. Ich konnte mir nicht vorstellen, dass er mit Du Bois zurechtkam. Aber ich vermute, er wollte sich bei den Afroamerikanern einschmeicheln, weil er aus der Karibik kam [...]). [...] Walrond erzählte (in einem vielfach nachgedruckten Artikel), die sowjetische Regierung hätte mich nach Russland eingeladen, was den Eindruck vermittelte, ich wäre ein bolschewistischer Agent. Eine Lüge.[...]

Was den amerikanischen [unleserliches Wort] ärgerte, war, dass ich mit meinen Roman Geld verdiente, denn die ganze Masse der Intelligenzija hat eine Günstlingsmentalität – sie suchen verzweifelt nach mächtigen Mäzenen, die ihnen zu Preisen und Stipendien verhelfen. Ich sagte Walrond, er hätte sein Stipendium nutzen sollen, um seinen Geist und seine Ausdrucksfähigkeit zu entfesseln. Ich habe mir seine Erzählungen ausführlich angeschaut und denke, dass wenn sie vom journalistischen Wortschwall bereinigt sind, nichts

> übrigbleibt, außer einer typisch weiß-männlichen Sichtweise auf Negroes.[24]

Am interessantesten ist hier, wie bereitwillig beide Autoren (jedenfalls McKay zufolge) einander bezichtigen, sich der Ausbeutung von Schwarzen schuldig zu machen und die Sichtweise eines „weißen Mannes" einzunehmen. Bemerkenswert ist das nicht nur, weil hier schon früh eine scheinbar zeitlose *blacker-than-thou*-Rhetorik ins Feld geführt wird, sondern weil *beide* Autoren damals auf Marcus Garveys berüchtigter Liste „literarischer Prostituierter" gelandet waren.[25] Auf dieser Liste standen Schwarze Autor*innen, die sich von weißen Verlegern ausbeuten ließen, indem sie die Figur des *Negro* im Namen des Neuen herabwürdigten, und die vor allem Garveys eigene ästhetische Maßstäbe verletzten. Seltsamerweise fand sich auch Du Bois auf dieser Liste, was jedoch weniger mit der ‚Anrüchigkeit' (oder Neuheit) seiner Schriften zu tun hatte, sondern damit, dass er bekanntlich mit Garvey um eine kulturelle und politische Position stritt, die auf der symbolischen und diskursiven Einflussmacht über die afrikanische Diaspora beruhte. Naheliegend ist auch, dass Walronds Lob für Carl Van Vechtens berüchtigten Roman *Nigger Heaven* (1926) – der in vieler Hinsicht ein Vorbild für McKays Roman war – beide Autoren zur Zielscheibe machte.[26] Du Bois hatte zwar seine Schwierigkeiten mit dem elliptischen Stil von *Tropic Death* und zweifellos auch mit der Vision eines Schwarzen Lebens jenseits der ihn umtreibenden Race-Binarität, aber dennoch würdigte er Walronds Werk letztlich als ein „insgesamt [...] menschliches Buch von tiefer Bedeutung und voller Verheißung".[27] Dieses widerwillige

[24] Ebd., S. 317f.

[25] Theodore G. Vincent (Hg.), *Voices of a Black Nation: Political Journalism in the Harlem Renaissance*, Trenton: Africa World Press 1991, S. 358f.

[26] Walrond verfasste eine positive Rezension von *Nigger Heaven*, die unter dem Titel „The Epic of a Mood" am 2. Oktober 1926 in *The Saturday Review of Literature* erschien. Für einen Nachdruck siehe Walrond, *„Winds Can Wake Up the Dead"*, S. 135ff.

[27] W.E.B. Du Bois, „Five Books", *Crisis* 33.3 (Januar 1927), S. 152.

Lob ist aufschlussreich, weil es von jemandem stammt, den Walrond stets heftig dafür angriff, keine Sympathie für die Schwarzen Massen zu haben, und dessen Panafrikanismus ihn kaum überzeugte, da Du Bois „das nationale Bewusstsein über das Rassenbewusstsein stellte“.[28] Du Bois' Würdigung erschien zudem mitten in einer Zeit, in der Schwarze politische und kulturelle Konsolidierung das oberste Gebot war – ein Ziel, das Walrond in ambivalenter Art und Weise als „ethnologische Einheit“ beschrieb, als eine Form von Solidarität, die letztendlich ein „verzweifeltes Streben nach pigmentarischer Reinheit“ sei.[29] Doch auch das weiße Amerika war damals angewiesen auf den eindeutigen Determinismus der Farbenunterschiede. In dieses Kräftefeld intervenierte Walrond, indem er in *Tropic Death* seine schrillen, grellen Charaktere feierte, die in puncto Race von „mystischer Herkunft“ sind.[30] Seine Figuren verkörpern oder verweisen auf die Unmöglichkeit der Unschuld in „einer Gesellschaft, in der alles – Hautfarbe, Kultur, Race und sogar Schicksal – unbestimmt geworden ist“.[31]

Es stellt sich die Frage, ob Walronds allgemein weit größere Akzeptanz innerhalb der afroamerikanischen Literaturelite – die er vor allem der Unterstützung des *Opportunity*-Redakteurs Charles Johnson verdankte – auch mit McKays Abneigung gegen ihn zu tun hatte. McKay stand bekanntlich in besonders engem Kontakt zu den linken Kreisen in Greenwich Village, zu Max Eastman, dessen Schwester Crystal und anderen aus der Belegschaft und dem Umfeld von *The Liberator*. Zudem bejubelte McKay unermüdlich die Authentizität der Arbeiterklasse, obwohl seine Intellektualität stets im Widerspruch zu dieser lebendigen, ursprünglichen Authentizität stand. Seine Beziehungen zu afroamerikanischen Intellektuellen gestalteten sich

[28] Walrond, *„Winds Can Wake Up the Dead“*, S. 126f.
[29] Ebd., S. 117.
[30] Walrond, *Tropic Death*, S. 90.
[31] Levering Lewis, *When Harlem*, S. 190.

nie so reibungslos wie die des vornehmen Walronds. McKay hatte damals entschieden, sein Romanwerk vorrangig in das Gewand der afroamerikanischen Kultur zu kleiden, aber noch nicht ausdrücklich auf die Karibik Bezug zu nehmen, was die Frage aufwirft, ob er Walronds Werk und dessen eigensinnige sprachliche und soziokulturelle ‚Fremdheit' als Bedrohung empfand. Dieses unnachgiebige Fetischisieren von Schwarzer sprachlicher und geschichtlicher *Andersheit* ist es, was Walrond letztlich als stärkste Figur eines Schwarz-migrantischen Modernismus erweist. Für ihn, der sich den Diskursen der Staatsbürgerschaft und nationalen Zugehörigkeit nicht verpflichtet fühlte, war Amerika lediglich ein Knotenpunkt in einem umfassenderen Feld kultureller Kräfte. Dass McKays Schwarz-schwarze Maskerade wesentlich besser vermarktbar war, ist wohl ein Grund dafür, dass *Home to Harlem* mehr Aufmerksamkeit, wenn auch weniger Lob als *Tropic Death* erhielt. Trotz vieler Versuche, seinem Roman durch karibische Themen und Figuren an Komplexität zu verleihen, blieben McKays afroamerikanische Schauplätze und Sozialtypen wiederkennbar für sein Publikum. Fraglos fällt es auch deshalb so leicht, den Roman als einen afroamerikanischen Text zu erinnern und seine wichtigsten Schwarz-schwarzen Kritikansätze gegenüber der Kritik am amerikanischen Rassismus zu vernachlässigen. McKays tatsächlicher Kurswechsel folgte erst mit *Banjo*, doch zu diesem Zeitpunkt hatte Walrond bereits die Arbeit an *The Big Ditch* aufgenommen, seinem bedauerlicherweise unvollendet gebliebenen Roman über den Panamakanal. Zudem stand er kurz davor, Amerika zu verlassen, und sollte nie wieder dorthin zurückkehren.

Ein weiteres wichtiges Detail, das McKay im zuvor zitierten Brief anspricht, ist der von der Zeitschrift *Opportunity* ausgerichtete Wettbewerb, der viel dazu beitrug, die literarische Renaissance formal ins Leben zu rufen. Bei diesem Wettbewerb gewann Langston Hughes mit seinem Gedicht „The

Weary Blues“ den Hauptpreis, gefolgt von Zora Neale Hurston mit ihrer Kurzgeschichte „Spunk“. Weitere Auszeichnungen gingen unter anderen an Sterling Brown, E. Franklin Frazier, Countee Cullen und natürlich Eric Walrond, der mit der Erzählung „The Voodoo's Revenge“, dem glänzenden Vorläufer von *Tropic Death*, den dritten Platz belegte. Auch eine andere für die Literaturszene Harlems bedeutende Figur war am *Opportunity*-Wettbewerb beteiligt, nämlich der legendäre Harlemer Unterweltboss und einflussreiche pankaribische Nationalist Casper Holstein – ein Einwanderer aus St. Croix, der, so beschrieb es Walrond, den Einwohnern der Jungferninseln als „eine Art Messias“ galt.[32] Zum Abschluss des Dinners nach der Preisverleihung wurde verkündet, dass Holstein bei der *nächsten* Ausgabe des Wettbewerbs als Schirmherr fungieren würde, und ihm hatte Walrond ursprünglich auch *Tropic Death* gewidmet. Der *Opportunity*-Wettbewerb und die Sonderausgabe von *Survey Graphic* (mit dem Titel *Harlem: Mecca of the New Negro*), die anlässlich des Wettbewerbs einen Monat zuvor erschienen war, führten später bekanntlich zur Veröffentlichung des Bands *The New Negro*. Die von Alain Locke herausgegebene Anthologie enthält Beiträge von McKay, aber ebenso „The Palm Porch“ aus *Tropic Death*, also jene Erzählung, die im Brief an Cunard als die von einem schwarzen Mann verfasste Version der Geschichte eines weißen Mannes geschmäht wird – was kaum verwundert, wenn man bedenkt, dass diese Kritik aus McKays Feder stammt.

Auch ein Beitrag des Jamaikaners J.A. Rogers ist in *The New Negro* enthalten, doch bekannter wurde der Essay seines Inselgenossen W.A. Domingo, der ein Mitbegründer der African Blood Brotherhood war. Domingos „Gift of the Black Tropics“ kommt einem migrantischen *Negro*-Manifest so nahe, wie es damals möglich war, auch wenn die „freiwilligen Pilger“ aus

32 Watkins-Owens, *Blood Relations*, S. 157.

dem afrikanischen Kontinent nur beiläufig erwähnt werden.[33] Mit seinem Fokus auf „Schwarze Ausländer" mit „fremder Herkunft" sowie die Spannungen zwischen Schwarzen Migrant*innen und einheimischen Schwarzen greift Domingo ein Thema auf, das Walrond schon lange in seiner Arbeit für *The New Republic*, *The Negro World*, *The Crisis*, *Current History*, *Opportunity*, *The Messenger* und zahlreiche andere Publikationen beschäftigt hatte.[34] Seine verlegerische Rolle gab ihm, wie Irma Watkins-Owens betont, relativ viel Einfluss auf inhaltlicher Ebene, sodass „Walrond dazu beitrug, *Opportunity* für globale Schwarze Perspektiven zu öffnen", indem er Autor*innen veröffentlichte, die in der Négritude und dem Negrismo mitwirken sollten.[35] Auch wenn aus seiner Arbeit im Vorfeld von *Tropic Death* kein migrantisches *Negro*-Manifest hervorging, präsentierte Walrond dennoch eine Reihe von Skizzen sowie psychologischen und kulturellen Porträts von Amerika aus Sicht der Erfahrungen Schwarzer Migrant*innen. Da die von einheimischen Afroamerikaner*innen dominierten Race-Diskurse damals jedoch andere Perspektiven verdrängten und ihre gruppenspezifischen Anliegen zunehmend verabsolutierten, musste Walrond abwägen zwischen seinem Nationalismus und seinem gleichbedeutenden Interesse an den Komplexitäten migrantisch-Schwarzer Assimilation und deren verstreuten Zusammenhängen.

Es ist dieser Drahtseilakt zwischen migrationspolitischer Thematik und transkultureller Poetik, der *Tropic Death* – ungeachtet seiner exotischen karibischen Schauplätze – am unmittelbarsten prägte. Harlem war für Walrond letztlich ein „soziologisches *Eldorado*", ein „Hexenkessel der dunkleren Races der Welt".[36] Statt sich damit abzufinden, die Bewohner

[33] W.A. Domingo, „Gift of the Black Tropics", in: Alain Locke (Hg.), *The New Negro: Voices of the Harlem Renaissance*, New York: Atheneum 1992, S. 341–49, hier S. 342.
[34] Ebd., S. 341.
[35] Watkins-Owens, *Blood Relations*, S. 157.
[36] Walrond, „*Winds Can Wake Up the Dead*", S. 116.

dieses Kosmos einfach als ‚*Negro*‘ zu bezeichnen, zelebrierte Walrond diesen „Menschenkarneval“ (*human mardi gras*) voller „ungleichartiger Völker“.[37] Doch wer genau war eigentlich dieser ‚fremde *Negro*‘, der im Schwarzen amerikanischen Modernismus so präsent war und ihn mitgestaltete? Was machte diesen Archetyp aus? Wie war diese Figur gestrickt und was (oder eher wie) erlebte sie? Domingo beschreibt ihr frühes Erscheinungsbild im Straßenkontext wie folgt:

> Vor zehn Jahren war der karibische Einwanderer in Harlem deutlich erkennbar, besonders in den Sommermonaten. An die in den Tropen getragenen luftigen, hellen Stoffe gewöhnt, schlenderte er an heißen Tagen in prächtige weiße Schuhe und Flanellhosen gekleidet die Lenox Avenue entlang und wurde zur Zielscheibe des Spottes seiner amerikanischen Brüder, die heute den Stil übernommen haben, den sie einst belächelten. Der Nonkonformismus des Fremden verunsichert die einheimischen Schwarzen, denn sie verachten die darin mitschwingende Selbstgenügsamkeit. Folglich hegen sie viele Vorurteile gegen Menschen aus der Karibik. Es wird behauptet, sie seien hochmütig und arrogant und würden sich gegenüber den Einheimischen für überlegen halten. Und obwohl die gebildeten New Yorker Schwarzen die Feindseligkeit zwischen beiden Gruppen am lautesten öffentlich anprangern, ist dennoch wahr, dass die Ressentiments gegen Menschen aus der Karibik am stärksten von dieser Gruppe ausgehen. Dies lässt sich durch berufliche Missgunst und Konkurrenz um Führungsrollen erklären.[38]

Unsere beständigen, unverbesserlichen Nationalismen hindern uns zwar daran, solche Vorurteile unter Schwarzen aufzuarbeiten (sodass diese bequemerweise ausschließlich im weißen

[37] Ebd., S. 129.
[38] Domingo, „Gift of the Black Tropics“, S. 346.

Rassismus verortet werden), fest steht jedoch, dass – ebenso wie Amerika im frühen 20. Jahrhundert ein schwieriger Ort für Schwarze war – Harlem zu jener Zeit ein schwieriger Ort für Schwarze Migrant*innen war: „Seine Vorliebe für bunte Kleidung und sein unverkennbares Näseln machten den karibischen Einwanderer im Öffentlichen wie im Privaten zum Objekt von derben Witzen und spöttischen Überzeichnungen. Vor allem Straßenverkäufer zogen Menschen karibischer Herkunft genüsslich in Lächerliche und griffen sie bisweilen tätlich an."[39] Trotz dieser Differenzen und der gelegentlichen Gewalt kam es schließlich jedoch, wie Domingo und Jones hervorheben, zwar nicht zu einer kulturellen Synthese, aber zu einem Bewusstsein gemeinsamer Präsenz, die bis zu einem gewissen Grad auch anregend sein konnte. In den Jahren nach Erscheinen von *Tropic Death* blickte Walrond auf die Zeit seines Umherirrens und seiner Ankunft in Amerika in ähnlicher Weise zurück:

> Ich zog in das Schwarzenviertel in Harlem. Die Community schien mir in ungefähr gleichem Maße von Schwarzen aus den Südstaaten und Einwanderern aus der Karibik dominiert. Beide Gruppen trennte ein tiefer Graben. Der einheimische Schwarze, der sich teilweise eine afrikanische Volkskultur bewahrt hatte, fand den karibischen Einwanderer mit seinem schottischen, irischen oder Devonshire-Dialekt zum Brüllen komisch. Auf der Straße wurde er verulkt, auf der Bühne parodiert und im Geschäfts- und Sozialleben benachteiligt.[40]

Nur selten wird gewürdigt, dass es sich hierbei auch um den Hauptschauplatz und oft missverstandenen politischen Kontext von *Home to Harlem* handelt. McKays fragmentiertes Schwarzes

[39] Jones, *James K. Humphrey*, S. 75.
[40] Walrond, „*Winds Can Wake Up the Dead*", S. 281.

New York ist von „fremden *Negroes*“, Schwarzen Migrant*innen und quasi-staatenlosen Vagabunden bevölkert: Jamaikaner*innen, Haitianer*innen, Migrant*innen aus den US-Südstaaten und mehr Hauttöne als irgendeine Farbpalette je wiedergeben könnte. In *Banjo* geht McKay noch viel weiter und entwirft einen staatenlosen Ort, wo *alle* Schwarzen fremd sind: einander fremd und für den Westen fremd. Im Rahmen dieses höchst sexualisierten und unglaublich maskulinisierten anarchischen Staats (in dem Wein und Sex die wahren kulturübergreifenden panafrikanischen Prioritäten darstellen) plädierte McKay für jene Art von Freiheit, die „feste nationale Gebilde“ und die in der Sesshaftigkeit verankerten Vorstellungen von Race-Identität und -politik hinter sich lässt.

Dieser Schauplatz diente McKay aber vor allem dazu, über die Schwarze transkulturelle Komplexität von New York im frühen 20. Jahrhundert hinauszugehen und sie dahingehend zu erweitern, dass nationale Grenzen und kulturelle Vorurteile überwunden werden. McKay entwirft einen in Marseille angesiedelten mythischen Raum, in dem es keine kulturell dominanten einheimischen Schwarzen gibt und die Orte der weißen Macht dermaßen dezentralisiert sind, dass sie handhabbar werden. In diesem Raum beeinträchtigt die Konkurrenz um Ressourcen nicht die Ausgewogenheit der Machtverhältnisse infolge der sprachlichen und kulturellen Unterschiede unter und zwischen Schwarzen. Der Vieux Port in Marseille ist dieser mythische Raum einer „barbarischen internationalen Liebesaffäre“:

> An keinem anderen Hafen hatte er je eine solch eindrucksvolle Vielfalt an *Negroes* versammelt gesehen. *Negroes*, die sich sehr kultiviert ausdrückten, *Negroes*, die sämtliche afrikanischen Dialekte sprachen, schwarze *Negroes*, braune *Negroes*, gelbe *Negroes*. Es war, als ob jedes Land auf der Welt, in dem *Negroes* lebten, eine Delegation nach Marseille geschickt

> hatte. Ein riesiges dschungelhaftes Gewirr umherschweifender *Negroes*, die versuchten, sich auf dem chaussierten Untergrund dieses großartigen provenzalischen Hafens eine vorübergehende Existenz zusammenzukratzen.[41]

In *Home to Harlem* und *Banjo* finden sich zahlreiche solcher Passagen, die ein transkulturelles oder internationales Panorama historischer Schwarzer Sozialtypen entfalten; einige der unvergesslichsten und eindringlichsten Kapitel beider Romane beruhen auf solchen Szenen, die bisweilen auch sehr breitgetreten werden. Wie ich noch zeigen werde, greift Walrond in seinem Werk ebenso auf solche Panoramaszenen zurück. Mit Blick auf McKay ist hier wichtig, dass Marseille ihm letztendlich einen Ausweg aus Harlem bot. Ermöglicht wurde dieser Ausweg allerdings durch *Tropic Death*, das nach *Home to Harlem* und vor *Banjo* erschien und mit dem Walrond die transkulturelle Komplexität New Yorks tatsächlich noch übertraf, indem er die Karibik und den Panamakanal als Zone einer beispiellosen sprachlichen und kulturellen Schwarzen Vielfalt, einer einzigartigen Schwarzen Moderne darstellte: „Angesichts der physischen Limitierungen der Region gibt es wohl kaum einen anderen Ort im Atlantikraum, der eine reichhaltigere Verschmelzung der Kulturen bewirkt hat, als jene sonnigen, korallenroten Karibikinseln."[42] Dort kamen, wie Watkins-Owens schreibt, karibische Migrant*innen erstmals in Kontakt mit anderen Schwarzen – vor allem mit Afroamerikaner*innen.[43] Dazu muss jedoch erwähnt werden, dass afrokaribische Migrant*innen in der Kanalzone auch erstmals mit Jim-Crow-ähnlichen Formen rassistischer Klassifizierung konfrontiert wurden, ebenso wie mit der amerikanischen Praxis „des gezielten Schürens von

[41] Claude McKay, *Banjo: A Story Without a Plot*, New York: Harper & Brothers 1929, S. 68f.
[42] Walrond, „*Winds Can Wake Up the Dead*", S. 142.
[43] Watkins-Owens, *Blood Relations*, S. 14. Siehe auch Rhonda D. Frederick, „*Colón Man a' Come": Mythographies of Panama Canal Migration*, Lanham: Lexington Books 2005, S. 15.

Feindschaft unter Schwarzen, um den Aufbau von Gewerkschaften zu verhindern".[44] Ein Beobachter beschrieb die Situation wie folgt: „Dem Jamaikaner [wird erzählt], er sei besser als der Trinidader, weil auch kaukasisches Blut durch seine Adern fließe. Dem Barbadier haben sie eingeschärft, er habe nahezu reines schwarzes Blut und sei daher besser als die durchmischten Jamaikaner ... So bekämpfen sie sich pausenlos gegenseitig und hassen einander. Der Barbadier hasst den Jamaiker, der Trinidader hasst die Barbadier, und der Jamaiker hasst sie alle."[45]

Im Gegensatz zu Walronds Darstellung in *Tropic Death* schwächte McKay diese Art Feindschaft unter Schwarzen in seiner Utopie deutlich ab, auch wenn sie dort genauso wie in *Home to Harlem* durchscheint. Die Figur des ‚fremden *Negro*' ist bei McKay leicht zu übersehen, vor allem aufgrund des pedantischen Primitivismus, der provokativen Darstellungen von Sexualität und Race – wobei oft plump versucht wird, die afroamerikanische Intelligenzija zu schockieren – und des zutiefst romantischen Sozialismus. Diese Figur erscheint dadurch weniger ‚fremd' als höchst idiosynkratisch. Wichtig ist hier jedoch, dass McKays „Vagabundentum" durch *Tropic Death* und Walronds vorherige Werke beeinflusst wurde, vor allem durch jene, in denen die Figur des *Negro* fortwährend in konstitutive und panoramische – einheimische und migrantische, fremde und afroamerikanische – Fragmente zersplittert, die jeweils durch ihre eigene Geschichte, Formen des race-bezogenen Selbstverständnisses und unzählige gegenseitige Vorurteile gekennzeichnet sind. Tatsächlich galt Walronds Aufmerksamkeit dem, was er als *felix culpa* einer umfassenderen kolonialen Moderne verstand, die bereits vor der Entstehung

[44] Heather Hathaway, *Caribbean Waves: Relocating Claude McKay and Paule Marshall*, Bloomington: Indiana University Press 1991, S. 15.
[45] Ebd., S. 15.

der Panamakanalzone den Schwarz-schwarzen transkulturellen Kontakt ermöglicht hatte:

> In Ägypten und Palästina und anderen Teilen des Kriegsgebiets trafen schwarze Soldaten aus der westlichen Hemisphäre auf andere Schwarze – auf einheimische Afrikaner. Es war der erste Massenkontakt zwischen Schwarzen aus der Alten und der Neuen Welt. Das Resultat war etwas, worauf die weißen Kriegsherren nicht vorbereitet waren. Die Schwarzen trafen sich, tauschten sich aus und verknüpften ihre Perspektiven auf die Weißen, deren Zivilisation und Herrschende. Sie bewerteten die Politik Frankreichs, Großbritanniens, Belgiens und der Vereinigten Staaten in Hinblick auf den Umgang mit ihren schwarzen Schutzbefohlenen. Als sich die Schwarzen vom Feuer der Desillusionierung erhoben, glühte in ihren Augen ein neues Licht – ein neuer Geist, ein flammendes Ideal, wie Männer zu kämpfen und ihr Erbe zurückzuerobern und ihr Schicksal den Händen jener zu entreißen, die es beherrschten.[46]

Diese Vision einer Schwarzen Moderne ist auch zentral in *Banjo*, denn McKays Roman ist in weiten Teilen ein ausgedehnter Dialog über verschiedene weiße Sozialtypen, spezifische Formen Schwarzer Identität sowie Vergleiche zwischen Kolonialismus, Schwarzen Kulturen und differenzschaffenden Vorurteilen zwischen und *innerhalb* bestimmter Schwarzer Bevölkerungsgruppen. Am bedeutendsten an dieser Schwarzen Moderne ist, dass – anders als bei vielen anderen Werken, die die Harlem Renaissance hervorbrachte oder die in ihrem Umfeld entstanden – Schwarze hier als *tatsächliche* Akteure auftreten. Walronds größtes Verdienst ist es, die unterschiedlichen, in diesen Zusammenhang waltenden Vorurteile historisiert zu haben,

[46] Walrond, „*Winds Can Wake Up the Dead*", S. 142.

statt sie auf einen monolithischen Rassismus oder, wie McKay, auf die Tücken der Hautfarbe zu reduzieren; und ganz gewiss verkürzt er sie auch nicht auf einen letztlich Schwarz-männlichen Prozess transkultureller Annäherung.

III

Trotz der verschiedenen Vorurteile unter Schwarzen, die sich im Kontext eines rauen rassistischen sozialen und politischen Klimas manifestierten, hatte die Präsenz des ‚fremden *Negro*‘ in Harlem eine belebende Wirkung. Betrachtet man den Einfluss, den die Figur des Ray in *Home on Harlem* auf Jake hat, oder die Art und Weise, wie die erratische, herrlich unbändige Verstreuung Schwarzer Kulturen und Sprachen die Figur des Banjo prägt, dann wird deutlich, dass der ‚fremde *Negro*‘ zentral für die Politik Schwarz-schwarzer Transkulturalität war, die in der Geschichte amerikanischer Race-Formation allzu oft vernachlässigt wird. Die Vorstellung des Schwarzseins entwickelte sich in jenem Klima schließlich ebenso sehr in Relation zum Weißsein wie zu anderen Typen des Schwarzseins, wobei sich die Konsolidierung eines Typus jeweils auf die Artikulation der anderen auswirkte. Der ‚fremde *Negro*‘ entsprach daher einem bestimmten Typus des rassifizierten Subjekts, das sogar der weiße Rassismus als solches identifiziert hatte: „Seltsamerweise betrachtet der weiße Mann in Amerika den Karibischstämmigen nicht als *‚nigger‘*. Für ihn ist er ein ‚Ausländer‘.“[47] Dieser spezifische Typus des Schwarzen lässt sich mit Edouard Glissants Begriff der „Blendkraft“ („agent-d'éclat“) beschreiben:

> Was sind Blendkräfte? Um die Frage zu erfassen, müssen wir zunächst betrachten, wie Kulturen schon seit Jahrhunderten

[47] Ebd., S. 281. Für eine ausführliche Darstellung siehe auch Chude-Sokei, *The Last „Darky“*.

> miteinander interagieren, wann immer sie in Kontakt kommen. Nicht nur, ob ihre Interaktion zur Anziehung oder Abstoßung neigt, sondern wie sich das Zusammenspiel ihrer inneren Strukturen jedes Mal verändert – das Netzwerk der Ähnlichkeit oder Osmose oder Zurückweisung oder Zurücksetzung, das sich knüpft, manifestiert, aufhebt [...].
>
> Blendkräfte sind [...] Vermittler, die auf die implizite Gewalt des Kontakts zwischen den Kulturen und die blitzschnellen Techniken der Beziehung eingestellt sind. Sie werfen das Bewusstsein in die plötzliche Gewissheit, über die offensichtlichen Schlüssel zur Interaktion zu verfügen oder, was noch öfter vorkommt, diese Schlüssel nicht zu benötigen [...].[48]

Wenn wir die Vorstellung ernst nehmen, dass der Panafrikanismus und das diasporische Denken vor allem aktive Bemühungen um eine *Politik* der Beziehung waren und sind – in deren Rahmen die Vielzahl Schwarzer Kulturen, Sensibilitäten, Geschichten und Belange zusammenwirken, in der Hoffnung darauf, zu etwas Vernetztem, wenn nicht gar etwas Singulärem zu werden – und wenn wir nun auch die Notwendigkeit anerkennen, die größtenteils erstweltlichen Annahmen der diasporischen Einstimmigkeit zu erweitern, dann erscheint der ‚fremde *Negro*' als ein ebensolcher Vermittler, der in Walronds Werk von zentraler Bedeutung ist. Wenn wir zudem Glissants Glauben an einen transzendenten Prozess der Transkulturalität ernst nehmen, der über historische Kodierungen und politische Motivationen hinausgeht, dann sehen wir, dass die fremden Schwarzen Blendkräfte im Werk von Walrond und McKay als Akteure einer kulturellen Transformation fungieren und als solche jeglichen Versuch unterlaufen, sie zu lenken oder Anspruch auf sie zu erheben. Diese Kräfte gehen insofern über Garvey und Du Bois und das Konzept der Diaspora

[48] Glissant, *Poétique de la relation*, S. 180.

hinaus, als Letzteres allgemein als eine im Wesentlichen durch Race begrenzte Struktur verstanden wird, die zunehmend aus Interessenlagen heraus entsteht, die in einer binär codierten, erstweltlichen Rassismuskritik wurzeln.

Anders als viele seiner Harlemer Zeitgenossen akzeptierte Walrond Unbestimmtheit in Bezug auf Race und Geschichte und war zudem deutlich gelassener im Hinblick auf die Gewaltförmigkeit kultureller Transformation. Doch in Übereinstimmung mit der notwendigen Unbestimmtheit wechselseitiger Transformation plädierte er in seinem Werk für das, was George Lamming als dezidiert karibisch-migrantische „Sehweise“ innerhalb der Vereinigten Staaten beschrieb. Der ‚fremde *Negro*‘ ermöglicht die Beziehung – denn Race ist in Wirklichkeit das Produkt und Zeichen einer Beziehung. Diese besondere Form Schwarzer Subjektivität, diese nicht-binär codierte Sichtweise auf Race und Geschichte ist in einem von Walronds frühen Texten zentral. Die 1922 in *The New Republic* erschienene Erzählung „On Being Black“ beginnt als Beschreibung der tragischen Alltäglichkeit rassistischer Vorurteile und ihrer Auswirkungen auf Selbstdefinitionen. Der Titel der Erzählung ist wichtig, weil die Einleitung zunächst den Eindruck erweckt, der Charakter der Hauptfigur sei uns vertraut, aber dann verändert sich die Gestalt des ‚Schwarzseins‘ und zersplittert, wie auf den ersten Seiten von *Tropic Death*. So lesen wir, der Erzähler sei zwar schwarz, aber auch „fremdaussehend und eine Kuriosität“.[49] Darauf folgt eine Szene, die das „Netzwerk der Ähnlichkeit“ verkompliziert, indem sie preisgibt, dass sich die race-spezifische Selbstidentifikation dieser Figur als wesentlich prismatischer gestaltet, als man es von einem Afroamerikaner erwarten würde, der in einem weitgehend schwarz/weißen Bezugsrahmen sozialisiert wurde:

[49] Walrond, „*Winds Can Wake Up the Dead*“, S. 77.

> Als ich hereinkomme, ist ein Dutzend Augenpaare auf mich gerichtet. Gemurmel. Nur ein *nigger*. Das Lebensrad dreht sich wieder weiter. Lose werden verteilt – das meine ich nicht im übertragenen Sinne. Der Witz geht auf Kosten des Latinos. In Panama ist er ein Staatsbeamter. In Caracas ein *tinterello* und in Mexiko ein *scientifico*. Ich kenne diese Sorte. In New York angekommen meidet er die Gesellschaft von Hispanoamerikanern. Nachts in der U-Bahn liest er das *New York Journal* statt *La Prensa*. Und an Winterabenden siehst du ihn immer an der Ecke 72. Straße und Broadway.[50]

Der ‚fremde *Negro*' deutet Race entlang einer transnationalen Landschaft, erkennt die vielfachen Geschichten hinter den Masken und vergleicht, kontrastiert und entlockt die Spuren der Beziehung, selbst wenn sie geleugnet wird. Dieses Subjekt ist eingebunden in die verschiedenen Geschichten von Race und Migration – die in diesem Fall spanisch, karibisch und amerikanisch geprägt sind –, weshalb ‚schwarz' hier etwas grundlegend anderes als afroamerikanisch bedeutet und in einem weit umfassenderen Netzwerk der Zugehörigkeiten und Ausschlüsse verortet ist. In zahlreichen der in den Jahren vor *Tropic Death* erschienenen Erzählungen und Essays Walronds finden sich solche Versuche, die sozialen Mechanismen race-spezifischer Identität in Harlem durch den Entwurf einer dezidiert Schwarz-migrantischen Spekularität „zurückzusetzen". In „I Am an American" treibt ein Afroamerikanischer aus Georgia in Kuba umher, wo er herausfindet, welche unterschiedlichen Erfahrungen Schwarze jeweils in Kuba, Jamaika und Amerika machen.[51] In der großartigen Erzählung „Vignettes of the Dusk" strebt eine Gruppe „fremder *Negroes*" mithilfe eines „philologischen Assimilationismus" ihre Assimilation in Afroamerika an, obwohl sie von einheimischen Afroamerikaner*innen

[50] Ebd., S. 79.
[51] Ebd., S. 83.

dafür geächtet wird.[52] Dieser Text erinnert an „The Black City“, in dem sich Walrond mit der „dialektischen Unterdrückung“ auseinandersetzt, die nicht-einheimische Schwarze in Harlem erleben.[53] Dann gibt es noch „The New Negro Faces America“, in dem er den „fremden Negro“ zum „Heizer im Hochofen der Negro-Ideale“ idealisiert, oder auch Texte wie „The Negro Literati“, die nahelegen, dass Walrond – und andere – „als Fremde“ deutlich weniger „von einem Minderwertigkeitskomplex besessen“ und daher nicht so „seelisch versklavt“ wie amerikanische Schwarze waren.[54] „The Color of the Caribbean“, ein 1927 erschienener kurzer, aber dichter Text, ist eine bemerkenswerte Erkundung der verschiedenen Typisierungen und sozialen Bedeutungen von Race im karibischen Kontext – eine komplexe Spurensuche, die den Migranten angesichts dessen, was er in Amerika beobachtet, „fassungslos“ zurücklässt: „Bei der Ankunft in den Vereinigten Staaten erscheint dem karibischen Einwanderer die Einstellung, die dort hinsichtlich der Position von Weißen und Schwarzen an den Tag gelegt wird, oft unerträglich.“[55]

Was in den meisten Erzählungen, Rezensionen und Essays von Walrond letztlich durchscheint, ist, dass Migration – und im Fall von karibischen Migrant*innen sind damit oft *mehrere* Wanderungsbewegungen quer durch die Karibik und Südamerika gemeint, ganz abgesehen von den wortwörtlich richtungsweisenden Erfahrungen mit verschiedenen Imperien – den Schwarzen Migrant*innen eine Spekularität eröffnet, die über die Grenzen von Du Bois’ doppeltem Bewusstsein hinausgeht und ebenso über den banalen Universalismus, der im Begriff des ‚Diasporischen‘ oft anklingt. Du Bois’ doppeltes Bewusstsein wurde, wie ich anderer Stelle argumentiere, zumeist

52 Ebd., S. 92.
53 Ebd., S. 118.
54 Ebd., S. 130.
55 Ebd., S. 146.

zum Garanten eines afroamerikanischen Exzeptionalismus fetischisiert, der im Zeichen der Diaspora wirkt.[56] Die migrationsbedingte Spekularität kennzeichnet zwar auch Walronds journalistische und essayistische Texte, aber vor allem in seinem fiktionalen Werk spielte sie eine zentrale Rolle. In seinen Erzählungen präsentiert er eine panoramaartige, race-spezifische Spekularität, die mit jenen Netzwerken der „Zurückweisung und Zurücksetzung" vertraut ist, die Race und Diaspora ausmachen. Diese Herangehensweise ist bisweilen sehr überwältigend, insbesondere für ein Publikum, das einem US-amerikanischen Bezugsrahmen verhaftet ist. Die Erzählung „The Voodoo's Revenge", für die Walrond beim *Opportunity*-Wettbewerb einen Preis erhielt, dürfte weiße amerikanische und afroamerikanische Leser*innen fraglos herausgefordert haben, denn Walrond schildert darin nicht nur eine Bandbreite an kolonialen und Schwarzen Sozialtypen und -geschichten, sondern nutzt zu ihrer Bezeichnung auch spanische, französische und kreolische Begriffe. In panoramaartiger Weise beschreibt er französische Kreolen, „die aufgehört hatten, für die Amerikaner zu arbeiten, um ihr eigenes Geschäft aufzubauen"; „antillanische Kanalgräber" und „Silver-City-Negroes, die *Patois* sprachen – Schwarzhaarige und Brünette aus St. Lucia und Trinidad und Martinique".[57] Dann gibt es auch „hübsche *Negresses* von den karibischen Inseln, die flammendrote Röcke und indische Ohrringe und schwere, silberne Armreife trugen, die bis zu den Ellbogen reichten. Einige aus der ‚höheren Kaste' trugen auf der Brust Kameen und Perlen und Paradiesvogelfedern, um ihren ohnehin umwerfenden Kopfschmuck zu akzentuieren."[58] Oder wir lesen von den „Chombos", den goldbezahnten, Voodoo praktizierenden Obeah-Männern, in denen man „ein Transplantat der alten Kultur Europas erblickte" und in denen

56 Chude-Sokei, *The Last „Darky"*.
57 Walrond, *„Winds Can Wake Up the Dead"*, S. 94.
58 Ebd., S. 94f.

„Züge jener heroischen Männer nachklangen, die zu Beginn des 19. Jahrhunderts ausgezogen waren, um im Namen Frankreichs die tropischen Inseln der Karibik zu erobern“.[59] Und dann gibt es noch Figuren wie den „auf den Cayman Islands geborenen“ *mulatto*, der schon „in Liverpool, Calais, Bremen“ gewesen ist und sich „einen Kosmopoliten“ wähnt.[60]

In „The Godless City“, einer weiteren in der Kanalzone angesiedelten Erzählung, treffen wir auf amerikanische *Negro*-Seefahrer und einen Kapitän, der der „letzte Nachfahre dieses Stamms schwarzer Wikinger, der jamaikanischen Maroons“ war.[61] Diese begegnen wiederum „*Negroes* aus St. Lucia und Martinique, die Rosen schnitten und Gräber aushoben“ und „das Herz Afrikas mit ihrer Musik berührten“, die jedoch – eine wundervoll transkulturelle Ironie – nur so gespielt werden konnte, „wie sie die schwarzen französischen Kolonialsiedler zu spielen wussten“.[62] Dann gibt es die „*Negroes* aus den Guyanas“, die „Busch-*Negroes* aus Paramaribo“ und die „‚Big Tree‘-Männer aus Jamaika“, ganz zu schweigen von den „chinesischen Losverkäufern und japanischen Zuckerbäckern“.[63] Die Beispiele ließen sich fortführen, denn Walronds überbordende, opulente Beschreibungen fokussieren sich nicht nur auf race-spezifische Unterschiede, sondern ebenso auf kulturelle und historische. Damit hebt er sich auch von McKay ab, der in *Home to Harlem* und *Banjo* zwar in ähnlich panoramaartiger Weise Schwarze Differenz zelebriert, sie aber dennoch auf Unterschiede in der Hautfarbe reduziert. Walronds Obsession sind vielmehr die durch die Hautfarbe *ermöglichten* Mikrogeschichten und transkulturellen Unterschiede sowie die Art und Weise ihres Zusammenspiels. Jedoch sei daran erinnert, dass Walronds frühe Erzählungen und *Tropic Death* mit seinen

59 Ebd., S. 95.
60 Ebd., S. 100.
61 Ebd., S. 162.
62 Ebd., S. 164.
63 Ebd., S. 165f.

„verarmten einheimischen Schwarzen“, die sich „an die entlegensten Spuren der Krone“ klammerten, eine unmittelbare Inspiration für *Banjo* waren.[64] McKay war fraglos beeinflusst von Walronds Panorama mit seinem Landvolk aus Honduras und den Schwarzen Maroons; den New-Orleans-Kreolen mit Vorurteilen gegen Puerto-Ricaner und Kubaner; den Italienern, Polen, Griechen, Chinesen, Trinidadern und europäischen Touristen; und den zahlreichen Figuren, die nicht nur Voodoo und Obeah praktizieren, sondern auch Candomblé und verschiedene Formen der Brujería.

Allerdings gehört zu Walronds Figurenriege auch der Lucianer, der so „schwarz war wie die Kohlehalden, die er bearbeitete“, und der „vergessen hatte, wo das Französische in ihm endet und das Englische beginnt“, aber „immer wenn er in das Englisch seiner Majestät zurückfiel, dies mit schwerer barbadischer Schlagseite tat“.[65] Dann begegnen wir den „*mulattoes* aus Tortola“ und den „halbblütigen“ chinesischen Maroons.[66] Es gibt die „Zigaboos“, die „Cholo-*Indians*“, die Hindus und die „gefügigen, halb-weißen Coons aus San Andres“.[67] Ganz zu schweigen von den zahlreichen Figuren, die ethnisch völlig unbestimmt sind und die merkwürdig frei darin scheinen, ihre Identität zu wählen oder zu erfinden, auch wenn Vorurteile, Gewalt oder Tod unvermeidlich scheinen. Dies gilt besonders für die karibischen Frauen, die bei Walrond – der Frauen in seinem Werk stets bewusst als narrative Zentren fungieren lässt – gleichermaßen starke wie tragische Figuren darstellen, während die Männer allesamt verblassen, verschwinden und sterben. Was den Gender-Aspekt betrifft, sind Walronds Panoramen deutlich nuancierter als die von McKay, der Frauen vorwiegend als Bedrohung eines homosozialen Vagabundentums

[64] Walrond, *Tropic Death*, S. 31.
[65] Ebd., S. 68.
[66] Ebd., S. 70.
[67] Ebd., S. 101.

sieht.[68] Als Schlüsselfiguren der Diaspora und ihrer zahllosen Übergänge spielen Frauen bei Walrond sogar in den am stärksten exotisierten Passagen eine Hauptrolle für sein weitläufiges Tableau der Transkulturalität:

> Oben auf den Verandas tanzten am Abend zuvor quartettweise dunkelhäutige Mädchen mit feuerroten Lippen und in grellen Röcken, die Zipfel ihrer hauchdünnen Kleider hochgezogen, bewegten sie sich zu den Klängen des *Coombia* aus kreolischen Inselortschaften. Die kreolischen Mädchen führten, während Obeah praktizierende, grasrauchende Männer aus St. Lucia sich ihnen in den Weg stellten, sie umwarben und in Rage brachten. Die vor unauslöschlicher Wärme glühenden jamaikanischen Mädchen tanzten, wirbelten, drehten und rollten sich umher, schmiegten sich aneinander, ließen ihre Hintern und Hüften kreisen, ihre Brüste bebten wie flammende Rosen im Rhythmus des *Mento* – doch sie zeigten allen außer den unfassbarerweise sexuell Desinteressierten die kalte Schulter. Spanische Mädchen, weiße, gelbe, braune Mädchen, wahnsinnig vergnügt, wahnsinnig besorgt über die Wirklichkeiten der Schönheit.[69]

All diese Beispiele sind wenigen Erzählungen entnommen und geben Walronds Vision nur ausschnitthaft wieder. Seine panoramaartige, schwindelerregende Inszenierung der Transkulturalität umfasst eine solche Bandbreite an Kategorien, Arten des race-spezifischen Selbstwissens, unterschiedlichen historischen Erfahrungen und möglichen Formen der Identität, dass sie das Bewusstsein der Lesenden in einen Zustand

[68] Berücksichtigt sind hier auch die verschiedenen Versuche oder Behauptungen einer queeren Lesart von McKay und seiner Wanderschaft. Die spannendste und faszinierendste Darstellung (trotz ihrer bisweilen problematischen Fokussierung auf suggestive Möglichkeiten statt auf fundierte Belege) findet sich bei Gary Edward Holcomb, *Claude McKay, Code Name Sasha: Queer Black Marxism and the Harlem Renaissance*, Gainesville: University Press of Florida 2007.

[69] Walrond, *Tropic Death*, S. 107f.

der Unbestimmtheit zu werfen scheinen. Das macht es schwierig, wenn nicht gar unmöglich, diese kaleidoskopische Vision mit einem abstrakt-universellen Begriff wie Diaspora zu fassen oder zu rahmen, denn obwohl dieses Konzept es erlaubt, innere Differenz anzuerkennen und zu wahren, ist es in sich zersplittert, weil es sich mit so vielen *anderen* Diasporas überschneidet, die im Hinblick auf Sprache und Hautfarbe offenkundig sind. Walronds Werks scheint also um diese Frage zu kreisen: Welche Bedeutung hat Diaspora, wenn *jeder* ‚diasporisch' oder durch vielfache Diasporas geprägt ist? Bedenkt man, dass sich Diasporas grundsätzlich überschneiden, könnte das tatsächliche historische und konzeptuelle Problem eher in der Annahme von – gemeinsamen oder anderen – Ursprüngen liegen und in der Vorstellung einer abstrakten Kategorie für solche Wanderungsbewegungen und Transformationen.

Obwohl die radikal hybriden und polyglotten Gesellschaften, die in *Tropic Death* inszeniert werden, eindeutig karibisch sind, richtet sich Walronds Text zugleich an und gegen die Race-Politik von Harlem. *Tropic Death* ist weniger die exotische, bunte und groteske Vision eines tropischen Anderswos, die viele in diesem Buch erkennen und der es zunächst auch zu entsprechen scheint. Wir sollten dieses Werk nicht als ein Sammelsurium Schwarzer Exotika begreifen – auch wenn Walrond fraglos zu einer solchen Darstellungsweise neigt –, sondern als Versuch der Entnaturalisierung eines zunehmend binär codierten Werteschemas, das in Bezug auf die Kategorie Race den amerikanischen Modernismus bestimmte. Walrond benutzte dafür eine Strategie, die offensichtlich sehr mythische Qualitäten hat: Seine Sprache ist schwer greifbar, fragmentiert, auf fast preziöse Weise ‚modernistisch' und vermeidet den Sozialrealismus, den viele Autor*innen aus Walronds Generation hochhielten. Die Karibik und Südamerika verschwimmen darin zu einer Traumlandschaft, die von Gewalt, Grausamkeit und unfassbar suggestiver Schönheit geprägt ist. Die einzelnen

Geschichten stellen zwar geschlossene Erzählungen dar, fließen aber dennoch so mühelos ineinander, dass das Buch ähnlich wie Jean Toomers *Zuckerrohr* nicht selten als Roman beschrieben wird. Die in *Tropic Death* aufgeworfenen Themen und Fragen sind wiederum stärker zugespitzt und erzählerisch besser ausgearbeitet als die holzschnittartigen Experimente im Feld des Sozialrealismus und der Garvey'schen Rassenromantik, die Walronds Werk vorangingen.

Trotz seiner karibischen Provenienz war *Tropic Death* als Intervention in einen US-amerikanischen Kontext gedacht, in dem sich das grundlegende, wenn nicht gar herrschende Verständnis von Race um zwei Pole herum zu festigen begann: Schwarz (sprich, afroamerikanisch) und weiß (dessen Konstruktion auch eine Neben- oder Folgeerscheinung der Migrationswellen aus Europa war, die gesonderte ethnische Gruppen aufeinander einwirken und in ein mythisches und dominantes Weißsein verwandeln ließen). Die Diskussion um die Prozesse amerikanischer Race-Formation neigt dazu, sich übermäßig auf diese Struktur zu konzentrieren, sodass die komplexen und gleichermaßen bedeutenden transkulturellen Spannungen innerhalb von Afroamerika vernachlässigt werden. Als Gegengewicht dazu entwirft Walrond eine mythische Vision der Race-Verstreuung, die der ‚Great Migration‘ die Wanderungsbewegungen aus der Karibik in die USA gegenüberstellt und den Fokus auf die unfreiwillige Migration im Rahmen einer zunehmend abstrakt dargestellten ‚Mittelpassage‘ um die konkrete Perspektive der freiwilligen Migration von Schwarzen ergänzt. Walronds vielschichtige Inszenierung des Diasporischen setzt vor allem auf Begegnungen zwischen dem, was der nigerianische Anthropologe John Ogbu als „freiwillige“ und „unfreiwillige“ Minderheiten bezeichnete, womit zwei Gruppen gemeint sind, die vielleicht zwar derselben Race-Kategorie angehören, aber sehr unterschiedliche Grundvorstellungen von Race und

Kultur haben und verschiedene Muster der Zugehörigkeit und Strategien der Assimilation entwickeln.[70]

Darüber hinaus stellt Walrond eine Reihe wichtiger Fragen in Bezug auf das Spannungsverhältnis zwischen denjenigen, die Diaspora als historische Abstraktion betrachten, und denjenigen, für die Diaspora eine soziale und kulturelle Realität infolge vielfältiger Migrationsströme ist und bleibt. Diese Wanderungsbewegungen spielten – das muss betont werden – nicht nur für den Modernismus eine zentrale Rolle, weshalb Walronds Werk auch heute noch so stark nachhallt und eine kritische Neubewertung verlangt. Migration ist weiterhin das bestimmende Thema für zeitgenössische Lebenswelten von Schwarzen Einheimischen, Einwander*innen und Geflüchteten, deren Modi des Selbstwissens und der kulturellen und politischen Zugehörigkeit sich nicht ohne Weiteres in amerikanische oder afroamerikanische Race-Kategorien einordnen lassen. Die Migrationsgeschichten dieser Menschen transzendieren die erstweltlichen Schwarzen historischen Darstellungen des Diasporischen und die mit diesem Begriff einhergehenden politischen Annahmen. Um ein Schwarzes Konzept der Diaspora innerhalb der amerikanischen Literatur und Kulturpolitik umfassend zu historisieren, ist es unerlässlich, auf Walronds Work zurückzukommen. Das bedeutet jedoch nicht, eine Geschichte zu schmälern, in der die geografische Verstreuung von Schwarzen nach der Sklaverei mit einer Reihe sich gegenseitig stützender, kulturell und politisch wirksamer Gleichzeitigkeiten und Ähnlichkeiten verknüpft wurde – diese ‚Erfindung Afrikas' war und ist größtenteils ein Produkt der Schwarzen Diaspora. Vielmehr geht es darum, dass heutige Vorstellungen des Diasporischen offen für Kritik, Zweifel und Hinterfragung bleiben, indem die abweichenden Auffassungen *von* Diaspora, die diese konstituieren, ebenso wie die

[70] John Ogbu, *Minority Education and Caste: The American System in Cross-Cultural Perspective*, New York: Academic Press 1978.

vielfältigen Formen der Migration, die ihr kulturelle und historischen Bedeutung verleihen, ernst genommen werden.

9. WILSON HARRIS: EINE ONTOLOGISCHE PROMISKUITÄT

Ich dachte immer, das große Problem bezüglich der Literatur- und Kulturpolitik in der anglofonen Welt sei, dass wir nie eine wirkliche, offizielle surrealistische Bewegung hatten. Natürlich gibt es im englischsprachigen Raum Autor*innen und Denker*innen, die nachweislich dem Surrealismus verpflichtet sind (auch wenn sie nicht als dessen offizielle Vertreter*innen gelten), ebenso wie viele, deren Werke als surreal*istisch* beschrieben werden, etwa den Autor, der im Fokus dieses Essays steht: der jüngst verstorbene guyanische Romancier, Essayist und Visionär Wilson Harris. Dass die internationale surrealistische Bewegung weltweiten Einfluss hatte, ist hinlänglich bekannt; dass sie auch in der Karibik deutliche Spuren hinterließ, will ich im Folgenden aufzeigen, indem ich mich dem Werk von Wilson Harris zuwende. Ich will dabei herausarbeiten, dass der meist als Rand- oder Kultfigur oder als Vertreter der Art brut gehandelte Harris in einer ergiebigeren Denk- und Schreibtradition steht als bisher angenommen. Zudem will ich eine Perspektive im Hinblick darauf skizzieren, wie Harris' Erbe heute noch nachwirken kann und sollte.

Ich will dabei nicht ausblenden, dass der Surrealismus im Zuge seiner Verbreitung letztendlich zu einer Ware wurde, dass er zunächst nach New York und dann nach Hollywood gelangte, in Werbung und Kino Einzug hielt und zu einem profanen Mittel der Darstellung der menschlichen Psyche wurde. Als künstlerischer und literarischer Stil und als Form der psychologischen Erkundung war der Surrealismus in England bereits 1935 präsent und ließ seinen Einfluss auf die amerikanische Kunst in den 1940er Jahren spürbar werden, schon bevor die ersten erklärten Surrealist*innen vor dem Zweiten

Weltkrieg in die USA geflohen waren. Als offenes und andauerndes kritisches Projekt mit einem spezifischen Repertoire an Konventionen und Praktiken war der Surrealismus in der englischsprachigen Welt jedoch politisch zurückhaltender als in anderen Sprachräumen. Das betrifft vor allem seine Obsession mit wilden Gegenüberstellungen und radikaler Kombinatorik, die das betrachtende oder lesende Publikum irritieren oder schockieren sollten, um neue Wahrnehmungen der Realität zu ermöglichen, in denen Differenzen und Gegensätze einander weniger fremd erscheinen und ihre Hierarchien hinterfragt, wenn nicht gar überwunden würden. Doch der Befund gilt ebenso für die innerhalb der Bewegung geläufige Annahme, die ‚Realität' selbst konstituiere sich durch radikale Gegenüberstellungen und wilde Kombinationen – oder, wie es poststrukturalistische Theoretiker*innen später formulierten, als endloses Spiel der Differenzen. Diese surrealistischen Techniken sind aus künstlerischen und medialen Praktiken heutzutage nicht wegzudenken, doch die ihnen zugrunde liegenden politischen Annahmen wurden nur selten hinterfragt. Der Schlüssel zu ihnen ist die surrealistische Politik der *kulturellen* Differenz und deren Implikationen für Machtverhältnisse. Obwohl der Einfluss des Surrealismus auf die karibische oder allgemein auf die Schwarze Welt bislang leider kaum untersucht wurde, manifestierte sich besonders in der kolonialen Karibik ein starkes Bewusstsein für diese surrealistische Poetik und Politik, vor allem in jenem archipelagischen Kontext, in dem Wilson Harris mit der anglofonen Welt in Berührung kam.

Am deutlichsten kommt der surrealistische Wille zu Gegenüberstellung und Differenz in der Definition von Schönheit zum Ausdruck, die der französisch-uruguayische Dichter (und einfallsreiche Plagiator) Isidore Lucien Ducasse – bekannt unter seinem Pseudonym Comte de Lautréamont – in *Die Gesänge des Maldoror* formulierte: „das zufällige Zusammentreffen einer Nähmaschine und eines Regenschirms auf einem Seziertisch".

Für die Gründungsfiguren des Surrealismus war Lautréamont eine prophetische Gestalt. Die von ihm etablierte surrealistische Methode wurde zwar ausgiebig erforscht, im Fokus standen dabei jedoch vor allem das Verhältnis von Metapher und Metonymie (Jacques Lacan beschrieb Erstere als verdrängend und Letztere als verknüpfend), die Rolle des Unbewussten in der Entwicklung von Objektbeziehungen sowie die Auswirkungen einer radikalen Dezentrierung des Wissens, die durch Gegenüberstellung und Collage ermöglicht wird. Außen vor blieb dabei allerdings, welche kulturpolitischen Folgen Lautréamonts Definition – einer *dekontextualisierten Vermischung* – in einer durch Kolonialismus und Sklaverei geprägten Welt hat.

Dass der Mitbegründer des Surrealismus André Breton stark vom Werk des martinikanischen Dichters Aimé Césaire inspiriert werden würde, kündete bereits davon, dass es innerhalb der Bewegung ein zunehmendes Interesse an der Kulturproduktion und den Kosmologien der einheimischen und indigenen Bevölkerungen Afrikas, der Karibik, Südamerikas und Ozeaniens gab. Der Rückgriff auf dieses ‚exotische' Material erlaubte es, den kulturellen Stellenwert der gezeigten Objekte zu nivellieren, und zwar durch die Gegenüberstellung von scheinbar wahllos zusammengewürfelten Gegenständen, Bildern und Artefakten – eine Vorgehensweise, die durch neue Technologien wie Fotografie und Film und in geringerem Maße auch durch Tonaufzeichnungen begünstigt wurde. Das erinnert uns daran, dass Race und Kolonialismus eine zentrale Rolle für die von den Surrealist*innen angestrebte Logik und Poetik der Differenz spielten; zudem kam über die surrealistische Methode eine Form von Kritik zum Ausdruck, die man zu Recht als ‚transkulturell' bezeichnen könnte (es bleibt unklar, ob die Neo-Surrealist*innen in England oder die vom Surrealismus beeinflussten US-Künstler*innen diesen ideologischen Aspekt vollständig erfassten; ebenso wenig lässt sich sagen, ob die der strukturalistischen Bricolage verpflichtete Generation

– von Lévi-Strauss über Derrida sowie Deleuze und Guattari bis zu den britischen Cultural Studies – den race-spezifischen Implikationen dieser künstlerischen Produktionsweise etwas abgewinnen konnten oder darin alternative Formen sozialer Arrangements oder Definitionen kultureller Identität erkannten).

Die Bezüge auf die für die surrealistische Methode zentrale Kategorie der Race drifteten weit ab in die Gefilde der rassifizierten Romantik und des romantisierten Rassismus. Die Beispiele dafür sind so zahlreich, dass es nicht verwundert, wenn einige die Bewegung als fast durchweg *rassistisch* beschreiben, vor allem angesichts deren offenkundigen Hangs zum Primitivismus. Doch zu ihren fest verankerten und offen dargelegten Grundsätzen gehörte zumindest auch eine antikoloniale Haltung, ebenso wie das Drängen darauf, das europäische Subjekt oder dessen Psyche als ‚Zentrum' des Wissens, wenn nicht gar der Macht zu problematisieren. Die hinter dieser Bewegung stehende Intention als ‚transkulturell' zu charakterisieren, soll daher also keineswegs die Tatsache ausblenden, dass sie eine europäische Subjektivität privilegierte, deren Dezentrierung sie zugleich beabsichtigte, und dass ihre Faszination für nicht-westliche und nicht-weiße Kulturen offensichtlich herablassend, paternalistisch und aus heutiger Sicht höchst peinlich war.

Allerdings hatten auch Aimé Césaire und die von ihm mitbegründete Négritude-Bewegung Anteil am besagten Primitivismus und der rassifizierten Romantik. Wenn Césaire und seine Mitstreiter wie Léopold Sédar Senghor allzu sehr auf einem essenzialistischen Begriff von Race beharrten, war das nicht minder befremdlich. Doch trotz dieses nicht unerheblichen Essenzialismus fungierte der transkulturelle Vergleich für Césaire als eine aus Sicht der Kolonisierten vollends ausgereifte antikoloniale Poetik. So brachte er die Gegenüberstellung, die Vermischung oder den Kontrast in Anschlag gegen die rassifizierten Erkenntnisweisen und die rassistischen Gesellschaftsarrangements, die der französische Kolonialismus auf Vorstellungen der weißen Vorherrschaft errichtet hatte.

Die Négritude mit ihren verschiedenen Spielarten ist in großen Teilen der anglofonen Schwarzen Welt weiterhin ein zentraler Rückbezugspunkt; im frankophonen Raum erwies sie sich jedoch als Hindernis für die auf Césaire folgende Generation von karibischen Autor*innen und Denker*innen. Dieser Aspekt ist deshalb so wichtig, weil diese Ablehnung der Négritude auch außerhalb der frankophonen Karibik eine Reihe von Möglichkeiten eröffnete, die noch eingehender erkundet werden müssen. Auch Harris hatte das erkannt, als er vorbrachte, die Methode der Gegenüberstellung könne oder würde den race-bezogenen Essenzialismus überwinden: „[D]as Aneinanderreiben, das wir uns zwischen der hiesigen Misere und den surrealen Gefäßen der Imagination vorstellen können, erzeugt eine tiefgründige Ablagerung, die, so denke ich, potenziell zur Saat, zum Trieb und zum Baum einer Schwarzen Kreativität werden kann, die über die Négritude hinausgeht und das Erinnerungs- und Vorstellungsvermögen einer geplagten Menschheit erweitert."

Das „Aneinanderreiben" von Négritude und Surrealismus würde es ermöglichen, dass sich beide Ansätze in der Karibik in etwas anderes verwandeln – in einen distinktiven konzeptuellen Raum, der in der frankophonen Welt vor allem für Edouard Glissant wegbereitend sein sollte und in der anglofonen Welt für Wilson Harris. Im Werk dieser beiden Schriftsteller und Kritiker manifestierten – oder verschränkten sich – sowohl der Surrealismus als auch dessen Überwindung. Beide Autoren vermieden zudem jenen antikolonialen race-spezifischen Nationalismus, in dem die Négritude verwurzelt war, und erinnerten uns unablässig an dessen Gefahren.

Deutlich wurde die ablehnende Haltung gegenüber der Négritude auch in dem 1989 erschienenen Manifest *Éloge de la*

Créolité (*Lob der Kreolität*) der martinikanischen Autoren Patrick Chamoiseau, Jean Bernabé und Raphaël Confiant. Die darin lancierte Kritik an der Négritude (und an Césaire) gilt teils einer rassifizierten Romantik, die für Afrika eine erbauliche Funktion haben sollte, aber die karibische Identität dadurch auf eine einzige Wurzel zurückführte. Die Négritude priorisierte – um es mit den philosophischen Begriffen des Manifests zu sagen – eine Wesensessenz gegenüber einem weitaus dynamischeren Werden. ‚Afrika' sei dadurch zu einem Hindernis geworden und die für den antikolonialen Widerstand unerlässlichen Identitätsbehauptungen zur Belastung politischer Unabhängigkeit, vor allem in den heterogenen Gesellschaften in der Neuen Welt.

Die ‚Kreolisten' berücksichtigten durchaus, dass sich das Race-Bewusstsein der Négritude angesichts der Erfahrung der Entmenschlichung, rassistischer Gewalt und der durch die Sklaverei bedingten Entwurzelung formiert hatte und so zu einem tiefen Wunsch danach geführt haben könnte, in eine unveränderliche Vergangenheit zurückzukehren oder sie wiederherzustellen; für sie verdrängte und blockierte dieses Bewusstsein jedoch die unerlässliche Hinwendung zu einer bereits veränderten und vielfach verwurzelten Gegenwart. Auch wenn sich Césaire als Dichter durch die Schöpfung von Neologismen hervorgetan haben mag, blieb er dennoch dem Französischen verpflichtet. Für die ‚Kreolisten' deckte sich diese sprachliche Loyalität damit, dass Césaire in seiner Rolle als gewählter politischer Beamter das Vorhaben unterstützte, Martinique als Département einzustufen, statt die Unabhängigkeit von Frankreich anzustreben.

Doch auch Edouard Glissant war maßgeblich daran beteiligt, dass die im Gefolge der Négritude entstandene Poetik und Politik der *Kreolisierung* im literatur- und kulturpolitischen Kontext der anglofonen Welt diskutiert oder gar gewürdigt werden sollte. Mit Glissant können wir zudem verstehen, wie Wilson

Harris in einer anglofonen Welt positioniert war, die sein Werk kaum unterstützte oder anerkannte, weil kein entsprechender historischer Überbau oder anschlussfähige intellektuelle Strömungen existierten – abgesehen vielleicht von den postkolonialen Diskursen um „Hybridität", die vor ein oder zwei Jahrzehnten in Mode waren. Harris gehörte derselben Generation an wie Glissant, doch sein Werk entstand an den Randzonen der anfangs skizzierten Literatur- und Kulturepoche. Er war nicht nur mit der Négritude vertraut, sondern auch ein ebenso kritischer wie begeisterter Leser der Werke von André Breton, Michel Leiris und anderer Surrealisten, mit denen er sich zunächst im kolonialen Guyana aus der Ferne und später, als er nach London ging, direkt im Herzen des Empires auseinandersetzte. Ähnlich wie die Landschaft des guyanischen Regenwalds sein Romanwerk nachhaltig prägte – Harris arbeitete einige Jahre lang als Landvermesser –, schlug sich die kulturpolitische Verfasstheit seines Herkunftslands darin nieder. Denn trotz einer von ethnischen Spannungen gekennzeichneten postkolonialen Geschichte gibt es in Guyana keine bestimmte ethnische Gruppe, die in kultureller Hinsicht oder rein zahlenmäßig dominant wäre. Dass Wilson selbst eine ausgesprochen gemischte Herkunft hatte – er war indigener karibischer, südasiatischer, afrikanischer und europäischer Abstammung –, war vielleicht auch ein Grund dafür, dass ihm eine, wie er es nannte, „Konsolidierung von Identität" politisch kaum machbar schien.

Das Konzept der Kreolisierung und das, was Harris als das „Transkulturelle" bezeichnet, sind eng miteinander verbunden. Beide drehen sich um jenen Prozess, in dem Gegensätze nebeneinandergestellt oder collagiert oder in einer Bricolage verknüpft werden, sich dann jedoch unweigerlich vermischen und ineinander übergehen, während zugleich die Erinnerung daran, was sie anfangs zusammenbrachte, oder die hinter ihrer Zusammenführung stehende Absicht eine Umdeutung erfährt.

Indem Gegensätze und Differenzen in einen transkulturellen Dialog treten, verzehren sie ihre eigene Einseitigkeit, denn sie bergen in sich – Harris' Formulierung sollte auf T-Shirts gedruckt werden – „ein neugieriges, halbblindes Tasten" („a curious half-blind groping") hin zu alternativen Formen von Gemeinschaft und/oder Seins- und Erkenntnisweisen „jenseits statischer kultureller Gebote". Da Selbst und Anderer keine Gegensätze, sondern ein Zwillingspaar sind – sie bilden eine „karnivaleske Zweiheit", wie Harris schreibt –, da sie Inszenierungen und keine Identitäten sind, sind sie einander ihr Schicksal. Das erklärt auch, dass seine Erzählwelten voller Spiegel, Flüsse, Ströme und reflektierender Oberflächen sind, welche die Realität wie durch ein Prisma gebrochen erscheinen lassen. Harris ging es dabei vor allem um die Erkundung und Inszenierung eines Modells kultureller Differenz, dessen Elemente einander nicht in jenem defizitären Sinne gegenüberstehen, der so bezeichnend für koloniale und rassistische Anschauungsweisen und Gesellschaftsarrangements war und ist.

Damit wären wir bei der Achillesferse der Négritude, die nämlich darin besteht, dass sie, wie sowohl Glissant als auch Harris anmerken, ebenjene Anschauungsweisen und Gesellschaftsarrangements lediglich festigt und verdinglicht, wenn auch unter umgekehrtem Vorzeichen. Hier liegt der Kern meiner anfangs geäußerten Klage darüber, dass die anglofone Welt bislang keine politisch wirkungsvolle (also nicht-selbsthasserfüllte) Alternativbewegung zur Négritude und keine begründete Schwarze antiessenzialistische und letztlich antiidentitäre Sensibilität hervorgebracht hat. Wir kritisieren den Essenzialismus, problematisieren Identitätskonzepte und lehnen totalisierende Race-Schemata ab, aber dennoch fallen wir immer wieder zurück auf einen Begriff des Schwarzseins, der, um wirkungsvoll zu sein, unablässiger Verteidigung und Rechtfertigung bedarf und auf unserem eigenen totalisierenden Race-Schema gründet. Vielleicht ist diese andauernde

Verteidigung auch ihre eigene Rechtfertigung; jedenfalls ist sie eindeutig die treibende Kraft hinter jener Kommodifizierung des Schwarzseins, die in unseren Wissensindustrien so um sich greift.

Ein anglofoner Surrealismus, konturiert durch Ansätze der Post-Négritude, hätte wohl hilfreich dabei sein können, das Denken über Race aus den endlosen und oft narzisstischen Wirren einer übermäßigen Identitätsfixierung zu lösen. Es hätte uns auch einen Impuls dazu geben können, grundlegende Vorstellungen von Gemeinschaft neu zu entwerfen. Um diese Lücke zu füllen, können diejenigen, die sich Prozessen der Race-Transformation und des kulturellen Werdens widmen, immer noch auf das Werk von Wilson Harris zurückgreifen. Denn in einer Ära, in der sich Weißsein, Kapital und Kolonialismus radikal neu aufgestellt und „konsolidiert" haben, werden wir der Versuchung, darauf mit eigenen Formen der Konsolidierung zu antworten – was eine Reaktion im Geiste der Négritude wäre –, nur mühevoll und mit begründeten radikalen Alternativen widerstehen können. Insofern war Harris mit seinem Versuch, eine Welt ohne Zentren oder Grenzen oder Identitäten zu erzählen, überaus vorrausschauend, mehr noch als Glissant, der trotz seiner Abscheu gegenüber Nationalismus und kolonialen Machtdynamiken mühelos von Kritiker*innen vereinnahmt wurde, die seine Abneigung gegen starre Identitätskonzepte, historische ‚Wurzeln' und konventionelle Formen des Widerstands ignorierten und ausblendeten.

Harris dagegen ist bislang jedenfalls ganz offensichtlich wundervoll unvereinnahmbar geblieben. Sein Werk bietet sich zwar genauso sehr für ‚postkoloniale' Kritik an wie das von Glissant, doch blickt er darüber hinaus auch ausdrücklich auf jenen komplexen Prozess, durch den sich Formen der Gemeinschaft über kulturelle, ethnische und historische Grenzen hinweg erneuern und neu entworfen werden. Unsere vertrauten Widerstandsformate stehen hier auf dem Prüfstand und werden radikal herausgefordert, wenn Harris aufzeigt, wie sie die Konsolidierung von Identität – jene „konquistadorische Angewohnheit“, wie er sie nannte – begünstigen können. Die umfassende – also nicht nur auf die Kolonisierenden bezogene – Dezentrierung von Subjektivität war für Harris dabei mehr als nur jener Angriff auf die europäische Wissenshierarchien, mit dem sich der Surrealismus begnügte. Sie ist der notwendige Prolog für das zuvor erwähnte „neugierige halbblinde Tasten“.

Heute ist man sich einig, dass Harris' Unvereinnahmbarkeit und sein Außenseiter- oder Kultstatus vor allem mit seiner Prosa zusammenhängt. Der komplexe und dichte Stil, der sowohl seine Romane als auch Essays kennzeichnet, hat fraglos damit zu tun, dass sein Werk selten Eingang in Lehrpläne oder die Rituale der literarischen Kultur findet, nicht einmal in der Karibik. Seiner Prosa Unzugänglichkeit zu bescheinigen, ist allerdings unangebracht, wenn man bedenkt, dass viele von uns seinem Werk erstmals während der Hochzeit der poststrukturalistischen Theorie begegneten, als wir uns zunächst mit Jacques Lacan, Jacques Derrida und Michel Foucault vertraut machten, dann über die postkoloniale Theorie mit Gayatri Spivak und Homi Bhabha und später noch mit Judith Butler, bevor wir schließlich bei Sylvia Wynter und Edouard Glissant ankamen. Und wer den radikalen Modernismus von Faulkner, Woolf oder Joyce kennt, dem dürfte auch Harris' Prosa keine Kopfschmerzen bereiten. Die Herausforderung liegt vielmehr in dem Angriff auf die Identität, den Harris in seinem Werk dermaßen weit treibt, dass besonders die Umwelt, aber auch Mythos, Traum, Fantasie und künstlerische Schöpfung als gleichberechtigte perspektivische und empfindende Formen erscheinen, sodass es schwierig wird, Wissen, Geschichte und Widerstand vollständig zu ergründen, geschweige denn Anspruch auf sie zu erheben. Dazu kommt Harris' Neigung, den Anderen als partielles Selbst darzustellen oder das Selbst teilweise im Anderen zu verorten, sowie seine

Zivilisationsperspektive, die unser Hadern mit den schwindelerregenden Höhen der Geschichtsschreibung zum Ausdruck bringt; beides läuft dem Narzissmus derjenigen zuwider, die sein Werk nach konkreten Belegen für bestimmte Formen der Unterdrückung durchkämmen.

Entscheidend ist aber auch der zugegebenermaßen wenig elegante Begriff des „Tastens“ („groping“), der in unserem heutigen kulturellen und politischen Klima mit Anstößigkeit und unerbetenen sexuellen Handlungen verbunden wird. Dieser Begriff verdeutlicht bei Harris jedoch vor allem, wie sehr die Kreolisierung mit der Vorstellung unerwünschter physischer und kultureller Grenzüberschreitungen zusammenhängt und dass solche Transgressionen regelmäßig überwacht oder ausgenutzt wurden. In Harris' Mythopoetik ist dieses „Tasten“ als historischer und metaphysischer Prozess zwangsläufig „halbblind“ und ungewiss, denn das Wissen ist wie die Subjektivität stets unvollständig, strebt jedoch unentwegt die eigene Neuerfindung an. Dieser dynamische Prozess spielt bei Harris eine zentrale Rolle, weshalb der Begriff auch allgegenwärtig in seinem Werk ist. Fast ebenso oft begegnen wir dem Begriff Quantum, der in ähnlicher Weise Zufall und Unbestimmtheit impliziert und auf die Heisenbergsche Unschärferelation verweist. All dies verleiht seiner Prosa eine Unruhe, die es schwierig macht, sich ihr über eine konkrete Figur oder einen bestimmten Schauplatz zu nähern oder spezifische Situationen oder Machtdynamiken überhöhend aufzugreifen. Denn sie sind allesamt unvollständig, veränderlich, flüchtig und lassen sich kaum für politische Ziele aneignen, erst recht nicht, wenn diese auf Konzepten der Race oder Identität gründen.

Harris' Begriff des „Aneinanderreibens“ mit seiner sexuellen Konnotation macht dies abermals deutlich. Metaphern der Vermischung wie Kreolisierung und Hybridisierung lassen sich, wie (vor allem von Robert J.C. Young) argumentiert wurde, ausnahmslos auf den Bereich der Sexualität zurückführen

– wohlgemerkt auf die Heterosexualität. Als Metaphern dienen *interracial* Sex und Begehren schon lange als erzählerische Klischees für transkulturelle Nähe und natürlich auch für die aus grundlegenden Elementen hervorgehende ‚Geburt' von etwas anderem. Von den im hitzigen Plantagenmilieu angesiedelten Softporno-Melodramen eines Edgar Mittelholzer, jenem anderen bekannten postkolonialen Autor aus Guyana, ist Harris' Vision jedoch denkbar weit entfernt. Harris ist der wohl am wenigsten am Thema Sex interessierte Autor, den man sich vorstellen kann, außer man beschreibt die sinnlichen Exzesse, die seine Landschaften und seine Sprache kennzeichnen, als pornografisch. Oder man argumentiert, dass das für seine Ontologie charakteristische promiskuitive Streben nach Fruchtbarkeit – sowohl in der natürlichen Welt als auch in den unendlichen möglichen Welten der Transkulturalität – etwas Libidinöses hätte.

Diese ontologische Promiskuität, die Hingabe an ihre atemberaubende Unbestimmtheit, birgt jedenfalls eine Radikalität, die vielleicht zu leise war, um den Nationalismus zu übertönen, der anfangs die Rezeption von Harris' Werk prägte, oder jenen antikolonialen Eifer, der auch weiterhin große Teile der anglofonen Kultur- und Literaturproduktion in der Karibik antreibt; fraglos erinnert sie bisweilen an einen hypermystischen oder quasi-religiösen Quietismus. Doch erst wenn wir begreifen, dass es nicht genügt, Bedeutungen auf Binäritäten zu reduzieren und diese zurückzuweisen, weil sie dadurch meist nur umgekehrt, aber nicht überwunden werden; wenn wir begreifen, dass die Mensch-Umwelt-Beziehung durch eine umfassendere Wechselseitigkeit abgelöst werden muss, die dezidiert nicht-anthropozentrisch ist; wenn wir begreifen, dass Kulturen selbst nach Andersheit und Veränderung und Nähe streben und dass es Wege gibt, jene häretischen oder gar widernatürlichen Bewegungen zu stärken, die der unmenschlichen Logik zentralisierter Macht eine Absage erteilen; wenn die verstaubte Rhetorik von Selbst und Anderem wieder einmal versagt hat, dann werden wir vielleicht wirklich bereit sein für Harris' *Palace of the Peacock*.

III. ECHOS

10. RETURN TO THE ECHO CHAMBER. RACE, SOUND UND DIE ZUKUNFT VON COMMUNITY

Ich will mit einer Geschichte über das Zurückkehren beginnen.

Vor einigen Jahren wurde ich erneut für einen Vortrag nach Kingston in Jamaika eingeladen – genau zehn Jahre, nachdem ich dort bereits einen Vortrag mit dem Titel „Dr. Satan's Echo Chamber: Reggae, Technology and the Diaspora Process" gehalten hatte.[1] Dass dieser Vortrag im Feld der Reggae Studies, Sound Studies und Sound System Studies große Wellen schlug, kam unvorhergesehen, doch ehrte mich zugleich und ist ein wichtiger Grund dafür, dass ich heute noch einmal eingeladen wurde. Bei der letzten Rückkehr präsentierte ich den Vortrag „When Echoes Return: Roots, Diaspora and Possible Africas (A Eulogy)", der damals das geplante Schlusskapitel eines weiterhin in Arbeit befindlichen Buchs war, in dem ich die Ideen von Dr. Satan auf eine Welt der technologischen Umbrüche übertragen wollte, die zuerst in der Soundproduktion des Reggae hörbar geworden war, aber zugleich über die politischen Annahmen dieses Genres hinausweist.[2] In diesem Buch geht/ging es um ein anderes Afrika als das in der jamaikanischen Musik evozierte und erfundene Bild; ich nannte den Vortrag einen Nachruf, weil ich glaubte, dass neue Visionen von Afrika entstanden waren, die den Vorstellungswelten des Schwarzen diasporischen Denkens und dessen kulturellen Ausdrucksformen voraus waren. Zentral für dieses anhaltende Projekt ist das Argument, dass die eigentliche Stärke des Motivs der Wurzel

[1] Louis Chude-Sokei, *Dr. Satan's Echo Chamber: Reggae, Technology and the Diaspora Process*, Kingston: International Reggae Studies Centre, University of the West Indies 1997.

[2] Louis Chude-Sokei, „When Echoes Return: Roots, Diaspora and Possible Africas (A Eulogy)", in: *Transition: An International Review* 104 (2011), S. 76–92.

nicht in der Behauptung eines Orts, einer Wahrheit, einer Kultur oder Geschichte liegt, sondern in seiner Rolle als Metapher – denn schließlich ist dieses Motiv für das gesamte politische Spektrum gleichermaßen nützlich, für den Rassismus wie für den Antirassismus, für den Imperialismus wie für den Nationalismus, für den Essenzialismus wie für den Faschismus, für den Fundamentalismus wie für den Neoliberalismus.

Auf die eine oder andere Art berufen sich oder erheben all diese Ideologien nämlich Anspruch auf Wurzeln. Ich wollte also zu diesem Thema zurückkehren, weil Wurzeln heute im Fokus unserer weltpolitischen Situation stehen, die von historisch beispiellosen Migrationsbewegungen gekennzeichnet ist, besonders in den USA und fraglos auch in Europa, wo die Ertrinkenden im „Schwarzen Mittelmeer", wie Alessandra di Maio es nannte, an die vor Generationen im „Schwarzen Atlantik" Ertrunkenen erinnern.[3] Diese globalen Bewegungen prägen auch weite Teile der zeitgenössischen Musik – ein Beleg dafür ist etwa, dass in Neapel und in Europa eine solch dynamische Reggae- und Soundsystem-Subkultur existiert. Doch selbst wenn Musik Wurzeln verweigert oder ausblendet, verschanzt sie sich dafür meist in ihren eigenen Fiktionen oder Konstruktionen von Ursprünglichkeit und Authentizität. Schließlich sind Wurzeln beweglich und veränderlich und werden in der Sphäre der politischen und musikalischen Imagination auf promiskuitive Weise benutzt; der starke Wunsch danach, sie aufzuspüren, zu bestätigen, zu beanspruchen oder sie zurückzuweisen, ist stets Anzeichen einer radikalen Transformation (Wurzeln kommen besonders dann zur Geltung, wenn sie bedroht oder herausgefordert werden).

Für all jene, für die Musik der zentrale Ort politischen Empowerments, historischer Sensibilisierung und kultureller

[3] Alessandra Di Maio, „The Black Mediterranean: Migration and Revolution in the Global Millennium", öffentlicher Vortrag, African Studies Centre, University of California, Los Angeles, 7. Mai 2012.

Anerkennung ist, kann diese Promiskuität eine sehr destabilisierende Wirkung haben – nicht nur deshalb, weil sie die Möglichkeit einschränkt, durch Sound kulturelle oder ethnische Identitäten zu stärken oder soziale und historische Gerechtigkeit anzustreben, sondern weil sie in einer Zeit der Entwurzelung, Migration und beispiellosen kulturellen, politischen und technologischen Veränderungen eine schwierige Botschaft vermittelt: Auf Musik können zwar Ansprüche erhoben werden, doch Sound lässt sich nicht besitzen. Obwohl Sound aus spezifischen kulturellen und individuellen Erfahrungen heraus entstehen kann, berührt er stets auch etwas anderes und ist für andere da. Sound ist Widerhall, Rückkopplung, Schleife, Verzerrung. Er dreht sich um dich ebenso wie um den anderen. Dieser Punkt ist nicht für die Physik und Politik von Sound zentral, sondern auch für dessen Ethik.

In „When Echoes Return" argumentierte ich, dass die von Schwarzen außerhalb des afrikanischen Kontinents entworfenen Afrikas, trotz ihrer wichtigen politischen Geschichte, insofern Probleme aufwerfen, als sie insbesondere im Westen neu ankommende afrikanische Migrant*innen plötzlich mit Vorstellungen über sich selbst konfrontierten, die in der Schwarzen Diaspora entstanden sind. Mir ging es dabei nicht nur um mentale Bilder, sondern auch um gesellschaftliche Verpflichtungen sowie Formen des race-spezifischen Seins und der politischen Zugehörigkeit. Angesichts der schriftkulturellen Herausforderungen, denen die afrikanische Diaspora im 20. Jahrhundert begegnete, entfalteten sich diese Vorstellungen wohl mehr über Sound als durch irgendein anderes Medium oder Wissenssystem; zudem zirkulierten sie bereits seit den Anfangstagen der Tonaufnahmetechnik zwischen dem afrikanischen Kontinent und dem Westen (tatsächlich beklagte die westliche Ethnografie, als sie zu Beginn des 20. Jahrhunderts ‚native' oder ‚primitive' Klangwelten aufzeichnete, immer wieder den zersetzenden Einfluss der westlichen populären Musik auf indigene ‚tribale' Klänge; auch die aus der Tradition der Blackface-Minstrelsy hervorgegangene Musik hatte, anders als oft angenommen, bereits früh Einfluss auf den afrikanischen Kontinent und führte dazu, dass sich über neu entstehende Massenmedien imaginierte Beziehungen zu sonischen Repräsentationen Schwarzer Amerikaner*innen ausbildeten).

Diese Vorstellungen über Race, Zugehörigkeit und Identität entstanden aus dem heraus, was man sonische Afrikas nennen könnte, denn ihre Inspiration und Ausdruckskraft zogen sie vor allem aus der Heraufbeschwörung oder ausdrücklichen Anrufung des Kontinents und erzeugten dadurch politische Erwartungen gegenüber ihren Zuhörenden. Dies zeigte sich nicht nur, aber wohl am deutlichsten im Reggae, der bekannt für diese Art der Anrufung ist. Jazz, Calypso, Gospels, Spirituals, afrokubanische Musik – wohl alle dieser musikalischen Formen wirkten im Zeichen der Race-Solidarität oder kulturellen Kontinuität, doch vor der Entstehung des Reggae bedurften ihre rhetorischen oder diskursiven Afrikas dafür meist keiner Zustimmung, was deutlich macht, wie wenig Kontrolle der Kontinent über seine eigenen Repräsentationen hatte (diese Dynamik war auch entscheidend für die Politik des Panafrikanismus sowie den Äthiopianismus des 19. Jahrhunderts, mit dem die Rhetorik der ‚Rückkehr nach Afrika' ihren eigentlichen Anfang nahm). Dass sich die Situation inzwischen verändert hat, zeigen besonders die neue Stilrichtung Afrobeats sowie die verschiedenen elektronischen Musiken und Klangkulturen, die auf dem afrikanischen Kontinent entstanden sind. Durch sie hören wir Afrika, wie es sich in einem digitalen Kontext auf ein sehr spezifisches historisches Gebilde bezieht, nämlich sich selbst.

Wie ich wiederholt nachgezeichnet habe, entwickelte sich ‚Afrika' – der Ur-Sound – in der Diaspora zu einer Metapher der Entfernung, zu einem Raum, der von den widerhallenden Sehnsüchten jener unterdrückten Gruppen bevölkert und geprägt war, welche ihre lokalen Kämpfe nur auf universelle Wünsche zu projizieren wussten. Obwohl dieses ‚Afrika' einige Widerstandsbewegungen auf dem Kontinent inspirierte, schloss es auch oft Afrikaner*innen aus seinen sekundären race- und kulturspezifischen Bedeutungssystemen aus, weil es das diasporische Hören, die Echos gegenüber dem Sound priorisierte. In solchen karibischen oder diasporischen Klangwelten wurde Afrika daher etwa ausnahmslos in einer Vergangenheit verortet, die entweder einer rassifizierten romantischen Vision oder der einer kolonialen Ruine entspricht. Die kolonialen und neokolonialen Politiken Jamaikas, Kubas oder der Vereinigten Staaten waren bei diesen Anrufungen des Mutterlands grundsätzlich tonangebend, trotz der tatsächlichen historischen Versuche, tragfähige globale Widerstandsbewegungen aufzubauen.

Was sich Kontinentalafrikaner*innen von Sound erhoffen könnten, wurde dabei kaum je gefragt, sondern stets vorausgesetzt, wobei die Haut oft als dürftige Metapher für ideologische Solidarität oder kulturelle Kontinuität fungierte. Ich argumentierte dagegen, dass Afrikaner*innen über Sound etwas ganz anderes suchten und einforderten: keine Wurzeln, sondern Möglichkeiten; keine Ruinen, sondern Zukünftigkeit.

Der wichtigste Teil meiner Rückkehr hing jedoch weniger mit diesen akademisch geprägten Überlegungen zusammen, sondern mit dem gesamten Moment und Kontext: Das Schlüsselereignis war eine Exkursion – passenderweise in Begleitung von Michael Veal, dem Autor des einflussreichen Buchs *Dub: Soundscapes and Shattered Songs in Jamaican Reggae* (2007) – zu den Ruinen von Lee ‚Scratch' Perrys Black Ark Studio im Kingstoner Viertel Washington Gardens. Perry hatte das Studio 1979 angezündet, so erzählt er es, weil er von bösen Geistern oder Dämonen besessen war; anderen zufolge kam es erst viel später durch einen Unfall zu dem Feuer (wie auch 2015 bei dem Brand in seinem Studio in der Schweiz). Die Geschichte dieser

Ruine ist überlagert von Uneindeutigkeiten, Gerüchten, Lügen und Opportunismen, was ihren Mythos natürlich nur verstärkt. Und im Reggae gibt es wohl keinen größeren Mythenschmied als Lee Perry.

Das Black Ark Studio ist deshalb von so großer Bedeutung, weil es, so könnte man sagen, mindestens zwei Leben hatte: zunächst als Produktionsort von einigen der innovativsten Musikstücken der Geschichte und später als Ruine – als ein Ort, der zerstört wurde, um dessen Rätselhaftigkeit zu vertiefen, und der heute von widersprüchlichen Erzählungen über seine Entstehung (Was für ein Feuer? Wie kam es dazu? Wann genau?) umrankt ist und umgeben von Mythen des orthodoxen Rastafarianismus, der *racial pride*, der populären Science-Fiction und dessen Hallqualitäten wahlweise mit göttlicher Vision oder okkulten Praktiken in Verbindung gebracht werden – ganz zu schweigen davon, dass sich Black Ark inzwischen zu einer wenig vertrauenswürdigen Marke entwickelt hat, die skrupellos für kommerzielle Zwecke ausgeschlachtet wird.

All diese Bedeutungen und Assoziationen laufen zusammen in der Musik, die ‚Scratch' dort produzierte: der durch übersättigte Analogbandaufnahmen erzeugte Unterwasser-Sound, die Phasenverschiebungen, der exzentrische Einsatz von Chorus- und Halleffekten, aber auch die experimentellen, auf Soundsystems zugeschnittenen Dubs, die ihre Klangfülle bewusst überreizen und mit ihren Störgeräuschen fröhlich am Trommelfell kratzen. Dazu kommt natürlich noch sein eigenwilliger Gebrauch des Echos: Die Stimmen gleiten in und um den Mix herum, die Spuren früherer Takes und andere aufgezeichnete Ereignisse formen sich zu Texturen der Vergangenheit, wobei sie manchmal auch visionäre Ausblicke auf Dinge preisgeben, die da noch kommen sollten.

Perrys Obsession mit Collagen, Geräuschen und dichten Bedeutungssedimenten ist auch ein Kennzeichen seiner berüchtigten Gesangs-Performances, die von bewusster

Logorrhö bis zu ekstatischer Glossalie reichen; ebenso prägte sie seinen persönlichen Stil und seine Dekorvorlieben – wovon die Innen- und Außenwände des Hauses und die Trümmer der Black Ark weiterhin zeugen, darunter etwa Bilder des afrikanischen Kontinents sowie unzählige Bezüge zu Gewässern, zum Beispiel der Teich unter dem einstigen Schlagzeugpodest. Ich erinnere mich auch an mindestens zwei Darstellungen des Ichthys-Symbols, das so viel bedeutet wie Jesus Christus Gottes Sohn und Erlöser.

Die Ankunft an der Ruine des Black Ark Studio war wie die Rückkehr in die Wiege der Reggae-Metaphorik selbst – ein in Sound gegossener Metaphernkosmos, der derart gestaltet ist, dass er Erzählungen und Vorstellungswelten beherbergt, die aus dem kulturellen Erfahrungsschatz und der Ideengeschichte der Schwarzen Welt schöpfen, zugleich jedoch durch die Wirklichkeiten dieser Insel, dieser Stadt, dieses Orts gefiltert sind. Trotz des essenzialistischen Race-Begriffs der Rastafaris und des Schwarzen Nationalismus und der obsessiven Berufung auf die ‚Realität', welche die dort produzierte Musik oft kennzeichnete, war das Black Ark Studio ein Ort, an dem Wurzeln sorgfältig konstruiert wurden, um sich innerhalb dessen zu entfalten, was der Philosoph Don Ihde Mitte der 1970er Jahre als „auditive Imagination" bezeichnete – der Begriff geht zurück auf T.S. Eliot, der in den 1930er Jahren damit die innere, auditive Dimension der Dichtkunst beschrieb (die damit verwandt ist, was ausgebildete Komponisten einst das sehende Ohr oder das hörende Auge nannten).[4]

Durch die von Perry fetischisierte Technik wurden Wurzeln prismatisch und rekursiv, sodass sie mehr der Figur des Rhizoms ähnelten, die durch die Philosophie von Gilles Deleuze und Félix Guattari und das Werk karibischer Denker wie Edouard Glissant und Antonio Benítez Rojo bekannt geworden ist.

[4] Don Ihde, *Listening and Voice: Phenomenologies of Sound*, New York: State University of New York Press 2007.

Wenn Wurzeln, wie Deleuze und Guattari nahelegen, aus einer „baumförmigen" Ökologie hervorgehen, die auf Dualismen, Gegensätzen und totalisierenden Prinzipien basiert, dann brechen Dub und Black Ark mit diesen Annahmen, trotz ihres überzogenen Bekenntnisses zu organischen Mythen und totalisierenden Afrika-Signifikanten.[5] So ist es auch kein Zufall, dass Perry – schon bevor digitale Klangtechnologien nach Jamaika fanden – sein Studio immer wieder als Computer oder in anderen sehr technischen Begriffen beschrieb und dass einige der faszinierendsten Bildaufnahmen aus dieser Zeit ihn mit Patchkabeln und Drähten umwickelt zeigen, die scheinbar wie Ranken und Triebe um ihn herumwachsen.

Während unseres Besuchs war das Black Ark Studio – bis auf die Worte eines angeblichen Verwandten von Perry – in Stille gehüllt und rief jene Art von Empfindungen hervor, die Rose Macaulay in ihrem großartigen Buch *Zauber der Vergänglichkeit* (*Pleasure of Ruins*) aus dem Jahr 1953 inventarisierte. In ihrer Erkundung des „seltsamen Gefühls [...], das Menschen angesichts des Verfalls ergreift", schildert Macaulay, wie die Begegnung mit dem Nachleben ausradierter Städte und zerstörter Zivilisationen eine lustvolle Empfindung auslöst, die dem Menschen insofern eigen ist, als sie eine historisch bedingte Konfrontation mit Zeitlichkeit, Hybris und Scheitern bedeutet.[6] In Macaulays Darstellung – die durchzogen ist von Rhizomen, die sich Mauern und Bauwerke zurückerobern und so einst imperiale und koloniale Gebilde in die Natur und das Buschwerk zurückführen – sind Ruinen von Gespenstern bevölkert, die von jenen Besitz ergreifen, die ihr Nachleben betrachten. Sie hallen im Geiste nach, um sich so über die Zukunft zu legen (hier scheint der Begriff der Hauntologie durch, der sich

[5] Gilles Deleuze und Félix Guattari, *Tausend Plateaus: Kapitalismus und Schizophrenie*, übers. v. Gabriele Ricke und Ronald Voullié, Berlin: Merve-Verlag 1997.

[6] Rose Macaulay, *Zauber der Vergänglichkeit*, übers. v. Wolf-Dieter Bach, München/Zürich: Droemer Knaur 1966, S. 26.

von der Derrida'schen Dekonstruktion bis zu elektronischen Post-Dub-Klangwelten und dem Afrofuturismus, von ‚Scratch' über Tricky und Burial bis zum Werk des mittlerweile verstorbenen Kritikers Mark Fisher hindurchzieht).[7]

Natürlich weisen Ruinen eine akustische Dimension auf, nämlich das Echo – ein Phänomen, das nicht nur reflektierende Oberflächen benötigt, sondern in sich auch die materiellen Spuren dieser Oberflächen trägt. Ebenso wie die Ruine ist das Echo konnotiert mit Verfall, Verlust, der Gefahr des Verschwindens und der Vorahnung einer Welt, die nach dem Menschen kommt (wahlweise nach dem Anthropozän oder nach der Singularität). Sowohl Ruinen als auch Echos sind offensichtlich zeitgebunden.

Doch wie der große äthiopische Denker Teshome Gabriel in seinem meisterlichen Essay „Ruin and the Other: Towards a Language of Memory" schrieb, konfrontieren uns diese verfallenen Räume nicht nur mit menschlicher Größe und Scheitern, Ambition und Gewalt, sondern eröffnen uns historisch „Ungreifbares, solche feinen Stimmtönungen, die aus dem ausströmen, über das sich Stille gelegt hat".[8] Die Ruine ermöglicht daher „ein transkulturelles Verständnis zwischen Völkern, Races und Kulturen". Anders gesagt, wenn sich Kulturen, Nationen und Städte über die in ihnen herrschenden Vorurteile begreifen lassen, über ihre gebaute Festigkeit und ihre Mauern und Grenzen, dann werden all diese Dinge in der Ruinenwerdung durchlässig und damit zugänglich für diejenigen, die sie wiederbevölkern und umgestalten:

[7] Siehe Jacques Derrida, *Marx' Gespenster. Der Staat der Schuld, die Trauerarbeit und die neue Internationale*, übers. v. Susanne Lüdemann, Frankfurt a.M.: Suhrkamp 2004; Mark Fisher, „What is Hauntology?", in: *Film Quarterly* 66:1 (2012), S. 16–24; Mark Fisher, „The Metaphysics of Crackle: Afrofuturism and Hauntology", in: *Dancecult: Journal of Electronic Dance Music Culture* 5:2 (2013), S. 42–55.

[8] Teshome Gabriel, „Ruin and the Other: Towards a Language of Memory", 1993, https:// www.teshomegabriel.net/ruin-and-the-other/ [Letzter Zugriff: 21.11.2022].

> Tatsächlich können Ruinen auf eine Weise geteilt werden, die bei geschützten Bauten nicht möglich ist. Ein Gebäude, das restauriert und zum Denkmal werden soll, wird abgeschirmt, die Mauern und das Fundament werden gefestigt, außen herum werden Zäune zum Schutz aufgestellt. Uns stellt sich die Frage: Wovor wird es geschützt, vor wem? Ruinen dagegen können betreten werden; sie schließen nicht aus, auch wenn sie selbst ausgeschlossen, für unbrauchbar und unbedeutend erklärt worden sein können.[9]

Ich hatte – in den Momenten, in denen ich Perrys angeblichen Verwandten zum Schweigen bringen konnte – jenem „Ungreifbaren" gelauscht, das Gabriel beschreibt. Wie ich in *Dr. Satan's Echo Chamber* argumentierte, waren Reggae und besonders Dub schon immer Übungen im Zuhören; und was wir in dieser Musik erkunden und erspüren, ist vor allem Ungreifbares – die Gespenster und Stimmen, die durch den Äther schweben. Gabriel ging es stets darum, solche Spuren nachzuzeichnen, „Stilles zum Sprechen zu bringen, um auf eine neue kognitive Ebene zu gelangen".[10] Für ihn war Stille nie leer; und tatsächlich existiert absolute Stille auch nicht, wie der minimalistisch-experimentelle US-Komponist John Cage bekanntlich gezeigt hat. Zudem ist Zuhören für Gabriel – und da schließe ich mich an – eng verbunden mit Fragen um Race, Migration und Transkulturalität. So schreibt er:

> Wenn zwei miteinander konkurrierende Schallwellen aufeinandertreffen, erzeugen sie einen neuen Klang und entsprechende Momente der Stille [...]. An jenem Knotenpunkt, an dem sich dieser Raum der Stille befindet, finden wir die interessanten Geschichten. [...] [D]iese Punkte der Stille gab es immer in der Geschichte und in allen Kulturen. Ich meine

9 Ebd.
10 Ebd.

> damit Dinge, die nicht erfasst, nicht gesehen werden können, Dinge, von denen wir, obwohl sie nicht zu existieren scheinen, wissen, dass es sie gibt […]. Die Frage lautet also nicht, wessen Stimme, sondern welcher Art von Stimme wir zuhören.[11]

Obwohl der Tonmensch in mir versucht ist, zu fragen, ob es dabei nicht auch zur Phasenauslöschung kommen kann, gab ich mich im Black Ark Studio der Suche nach jenen gespenstischen Stimmen hin, die „ein transkulturelles Verständnis zwischen Völkern, Races und Kulturen" ermöglichen. Doch in der Ruine kreisten meine Gedanken vor allem um zwei Dinge: Natürlich dachte ich darüber nach, wie die Reggae- und Soundsystem-Kultur die Art und Weise verändert hatte, wie wir hören und aus Sound Bedeutung schöpfen, aber zugleich dachte ich an das heutige Afrika, an die neuen Migrations- und Vertreibungswellen, die von dem Kontinent ausgehen, und an die Geflüchteten, die oft nur knapp dem Genozid entkommen sind. Ich dachte darüber nach, wie diesen neuen Migrant*innen in Ländern wie Spanien, Griechenland oder Italien ein hässlicher Rassismus entgegenschlägt, und fragte mich unweigerlich, ob diese mit den Themen Race, Afrika und Diaspora verbundene Tragödie eines Tages in die Soundwelt des jamaikanischen Reggae und der globalen Soundsystem-Kultur einfließen würde, so wie das Trauma des transatlantischen Sklavenhandels die Schwarze Musik des 20. und 21. Jahrhunderts nachhaltig geprägt hat. Während ich den neuen afrikanischen Diasporas aufmerksam zuhörte und lauschte, gestaltete sich meine ‚Rückkehr' zur Black Ark zu einer Rückkehr im Geiste des martinikanischen Autors Edouard Glissant: Es ging dabei nämlich nicht um „die Rückkehr zum Traum vom Ursprung, zum unbeweglichen Einen des Seins", sondern zu dem „Punkt, von dem das Gewirr ausgeht", an dem wir die Vielschichtigkeiten und

[11] Ebd.

Widersprüche überhaupt erst entdecken, an dem wir uns entweder erneut zu dem verworrenen Knäuel bekennen, aus dem wir gestrickt sind, oder diese Auseinandersetzung ein für alle Mal sein lassen.[12]

Inzwischen sollte klar geworden sein, dass es bei diesem verworrenen Knäuel aus meiner Sicht schon immer um die umkämpfte Verbindung zwischen zwei zentralen Strängen ging – nämlich Race und Sound –, die sich historisch zwar wechselseitig spürbar werden lassen, bislang jedoch kaum in einen wesentlichen oder konstruktiven Zusammenhang gestellt wurden. Diese Verknüpfung von Race und Sound, die grundlegend für meine Arbeit im Feld der Literatur, Kultur, Musik und später der Technologie ist, tritt in der jamaikanischen Soundsystem-Kultur deutlich hervor – auf inhaltlicher und ideologischer Ebene in den Songtexten durch den Fokus auf Race und auf technologischer Ebene durch die Obsession mit den Werkzeugen klanglicher Reproduktion. Doch vor allem die für den Reggae bezeichnende Obsession mit Wurzeln und mit Afrika ist entscheidend dafür, dass sich der Zusammenhang von Race und Sound auf jene neuen Migrationsbewegungen verlagert, die vom Kontinent ausgehend zur Entstehung dessen führen, was einige afrikanische Forschende als „neue afrikanische Diaspora" bezeichnen.[13] Der Begriff ist auch deshalb bewusst provokativ gewählt, um diese zeitgenössischen globalen Migrationsmuster von jenen dominanten Vorstellungen einer Schwarzen Diaspora zu unterscheiden, die vor allem von Schwarzen aus der Karibik, den USA und Großbritannien formuliert und repräsentiert wurden. Diese aus der Sklaverei hervorgegangenen Vorstellungen haben unsere Hörgewohnheiten und Klangsensibilitäten spätestens seit dem frühen

[12] Edouard Glissant, *Zersplitterte Welten*, übers. v. Beate Thill, Heidelberg: Wunderhorn 1986, S. 34.
[13] Isidore Okpewho und Nkiru Nzegwu, *The New African Diaspora*, Bloomington: Indiana University Press 2009.

20. Jahrhundert stark beeinflusst. Wenn wir jedoch die kolonial-ethnografische Obsession mit ‚nativen' und ‚primitiven' Klangwelten als Beleg oder Anzeichen einer Evolution ernst nehmen, dann lässt sich argumentieren, dass die Fokussierung auf ‚Schwarzen Sound' oder, anders gesagt, die Race-Politiken des Zuhörens bis ins späte 19. Jahrhundert zu den Anfängen der Tonaufnahmetechnik zurückreichen.

Schwarze Menschen aus der mutmaßlich ‚alten' afrikanischen Diaspora scheuen sich oft vor der Auseinandersetzung mit den unterschiedlichen Visionen Afrikas, die im Gefolge (oder aus den Ruinen?) des Panafrikanismus entstanden sind, oder sie sehen sich durch ein Diaspora-Konzept im Zeichen der Pluralität herausgefordert – oder ignorieren es schlichtweg. Ein vielsagendes Beispiel dafür ist die Art und Weise, wie wir bestimmte Sounds heutzutage wahrnehmen: So wird etwa kaum anerkannt, dass ein Musikstil wie UK Grime ebenso sehr ein Produkt des Erbes der britischen Soundkultur ist wie das einer vorwiegend westafrikanischen migrantischen Jugendkultur, die sich in einem von afrokaribischen Menschen geprägten Kontext artikuliert.

Dass die „neue afrikanische Diaspora" in der Welt des Reggae und der Soundsystems ein zunehmend dringendes Thema geworden war, bemerkte ich auch, als ich immer öfter nach Europa eingeladen wurde und dort erlebte, wie Reggae-Festivals und Soundsystems aus dem Boden schossen und sich ein Ökosystem entwickelt hatte, das nicht nur deutliche Unterschiede sowohl zu britischen als auch jamaikanischen Wurzeln erkennen ließ, sondern ebenso das, was *back a yard* passierte, erweiterte und (ja, ich muss es sagen) bisweilen sogar übertraf. Bei diesen Veranstaltungen, bei denen man Jamaikaner*innen und dem jamaikanischen Patois immer viel Wertschätzung entgegengebrachte, begegnete ich mehr und mehr afrikanischen Migrant*innen am Rande der Gesellschaft – darunter etwa Dreadlocks tragende Angehörige (und natürlich auch angebliche Angehörige) der *Baye Fall*, eines Ablegers des islamischen Murīdīya-Ordens, oder jene sozial aufstrebenden und hart schuftenden Migrant*innen von der anderen Seite des Mittelmeers, die sich als Jamaikaner*innen ausgaben, um sich in ein gesellschaftliches Klima einzufügen, das gegenüber der sogenannten alten afrikanischen Diaspora (und ihrem Sound und Symbolismus) einladender ist als gegenüber der neuen.

Es zeigte sich schnell, dass diese Migrant*innen auf europäische Kulturen trafen, in denen es außerhalb der Musik- und Populärkultur nur wenig Wissen über die Denktraditionen und die Geschichte des Schwarzseins oder überhaupt über das Thema *race relations* gibt. Dies betrifft besonders ein Land wie Deutschland, wo es vor dem Hintergrund der Shoah schwierig ist, eine öffentliche Debatte über Rassismus und Migration führen, da diese Themen große Ängste auslösen. Jüngere Leute wirkten naiv und unwissend in Bezug auf die Komplexitäten von Kolonialismus und Rassismus, auch wenn sie sich bereitwillig damit auseinandersetzten. Die Beliebtheit des Reggae und der Soundsystem-Kultur hing irgendwie zusammen mit dem Wunsch, ein Problemfeld zu begreifen, das von Fragen um Race, Afrika, Migration, das Erbe des Imperialismus bis zu jener neuen neoliberalen Weltordnung reicht, die aktuell auf ihren eigenen Ruin zusteuert (schließlich waren und sind weite Teile der Musik eine in figurativer Sprache verfasste Aushandlung dieser Themen, was es ermöglicht, sie auf den jeweils eigenen Kontext zu beziehen, während sie einem zugleich äußerst fremd erscheinen).

Die historische Sonderrolle dieser ‚neuen' Afrikaner*innen kann leicht aus dem Blick geraten, vor allem angesichts der Bilder und Vorstellungen, die mit dem karibischen Schwarzsein, einer älteren Form von Diaspora, verbunden sind. Beide sind jedoch nicht aufeinander reduzierbar – ihr jeweils Spezifisches zu übergehen, bedeutet daher letztlich, sie innerhalb einer Hierarchie des Schwarzseins zu marginalisieren, was im

Diaspora-Kontext weit öfter vorkommt, als viele anerkennen oder sich eingestehen wollen. Diese Situation verlangte von mir und verlangt von uns – um auf Glissants Begriff der Rückkehr zurückzukommen – nicht „die Rückkehr zum Traum vom Ursprung, zum unbeweglichen Einen des Seins", sondern zu dem „Punkt, von dem das Gewirr ausgeht", nämlich zur Verbindung von Race und Sound. Auf diese Weise können wir einen vermittelnden Pfad zwischen den Schwarzen Diasporas abstecken oder ihre zerfransten Ränder weiter offenlegen. Denn Wurzeln für Kritik zu öffnen und es zu wagen, die monolithische Vorstellung einer Schwarzen Diaspora aufzubrechen, bedeutet im Grunde, eine Frage zu verkomplizieren, der sich nur wenige von uns stellen wollen oder können – nämlich, ob Race selbst ein Werkzeug oder Hindernis für den Community-Aufbau ist.

Sound ist dagegen weitaus durchlässiger und veränderlicher als Race und spielte schon immer eine zentrale Rolle für die Produktion von Kultur – was mich zuversichtlich stimmt, dass wir dort einen Weg in die Zukunft finden oder skizzieren werden. Wie Jacques Attali schon vor Jahren darlegte, hat Musik eine prophetische Dimension: Sie sagt nicht die Zukunft voraus, sondern lässt neue und im Entstehen befindliche soziale Formationen und kulturelle Beziehungen erahnen.[14] Musik artikuliert nicht das Reale, sondern das Mögliche, und reibt sich dabei an bestehenden Gefühlsstrukturen oder Gesetzen oder Machtverhältnissen oder konventionellen Identitätsbegriffen. Wenn die ‚alte' afrikanische Diaspora jene Entsprechungen zwischen Race und Musik forcierte, die das 20. und 21. Jahrhundert veränderten – und dadurch jenes gestalteten, was Alexander Wehiliye als sonische Afromoderne oder Tsitsi Jaji als afrikanischen „Stereomodernismus" bezeichnet, die beide wiederum Produkte dessen sind, was Paul Gilroy als

[14] Jacques Attali, *Noise: The Political Economy of Music*, Minneapolis: University of Minnesota Press 1985.

„Gegenkultur der Moderne" beschreibt –, dann können wir ebenso fragen: Was können/sollten/werden wir über die ‚neue' afrikanische Diaspora, die neue globale Migration und ihre grundlegenden Auswirkungen sagen?[15] Hat sie einen Sound? Wie klingen ihre Echos?

Hören wir eigentlich zu oder lassen wir alles andere außer unseren eigenen Stimmen ungehört?

Bevor Teshome Gabriel kurz nach meiner Rückkehr von der einstigen Black Ark verstarb, stellte er die kühne Behauptung auf, dass wir nicht nur lernen sollten, in den Ruinen einer imperialen Metropolenkultur zu leben, sondern auch Race selbst als Ruine zu begreifen, als einen Ort, an dem uns keine Wurzeln festhalten, sondern wo wir uns von anderen Stimmen verändern lassen, sofern wir unser Gehör in Demut üben und lernen zuzuhören. So utopisch dies klingt, bedeutet es für mich eine erneute Rückkehr, nicht jedoch zur Black Ark oder zum Reggae an sich, sondern zu dem, wonach die meisten von uns suchen, wenn sie neue Musik hören oder in eine fremde Kultur migrieren oder dem anderen ins Gesicht blicken – oder wenn sie durch zerklüftete Städte oder zerrüttete Zivilisationen streifen. Was wir heute suchen, ist etwas, dem wir schon immer gelauscht haben und das wir nun in den Ruinen der vielen Imperien neu entwickeln müssen: Wir können es Race oder Klasse oder Uptown oder Downtown oder Begehren oder Freiheit oder Identität nennen, doch in Wahrheit ist es schlicht und einfach – Community.

Dass viele Länder, Nationen und Regierungen heute offensichtlich unwillig oder zunehmend außerstande sind, neu angekommene Migrant*innen und Geflüchtete zu unterstützen,

[15] Alexander Wehiliye, *Phonographies: Grooves in Sonic Afro-Modernity*, Durham: Duke University Press 2005; Tsitsi Ella Jaji, *Africa in Stereo: Modernism, Music and Pan African Solidarity*, New York: Oxford University Press 2014; Paul Gilroy, *The Black Atlantic: Modernity and Double Consciousness*, Boston: Harvard University Press 1993.

erinnert uns daran, vor welchen Hintergrund Soundsystems anfangs entstanden: Es ging dabei um den Aufbau alternativer Institutionen, sonischer Gegenöffentlichkeiten und neuer Gemeinschaften, die sich der Tatsache völlig bewusst sind, dass Race unsere Hörweise bedingt, ebenso wie die Art, wie wir anderen begegnen und wie wir sie verstehen, wie unvollkommen auch immer. Wenn wir heute wirklich inmitten einer kulturellen und politischen Ruinenlandschaft stehen – sei es die des Spätkapitalismus, des Neoliberalismus, des Anthropozäns oder der Post-Singularität –, dann könnte das bedeuten, dass wir – um es mit dem großen trinidadischen Schriftsteller Earl Lovelace zu sagen – vielleicht endlich „am Rande des Zuhörens stehen".[16]

[16] Earl Lovelace, „We Are on the Verge of Listening", Interview von B.C. Pires, *The Caribbean Review of Books* (2011), http://caribbeanreviewofbooks.com/crb-archive/25-january-2011/we-are-on-the-verge-of-listening/ [Letzter Zugriff: 21.11.2022].

11. INVISIBLE MISSIVE MAGNETIC JUJU. ÜBER AFRIKANISCHE CYBERKRIMINALITÄT

> Als er ihnen sagte, ich sei noch am Leben, sagten meine Leute einfach, er solle mich durch die Macht seines ‚unsichtbaren, magnetischen Botschaft-Jujus' heimrufen, das einen verirrten Menschen von einem unbekannten Ort, wie weit entfernt dieser auch sei, zurückholen konnte, ob der Verirrte nun wollte oder nicht. Da sie ihn für seine Dienste im voraus bezahlt hatten, begann er die Macht des Jujus in den Nächten zu mir auszusenden, so daß mein Sinn sich wandelte und mein Wunsch heimzukehren jedesmal stärker wurde.
>
> – Amos Tutuola[1]

I

Auf vielen Marktplätzen in Nigeria gibt es Bereiche, die sich Computerdorf nennen. Du findest sie vor allem an Orten wie dem Alaba-Markt in Lagos an der Westküste, in Port Harcourt im ölverseuchten südlichen Nigerdelta oder auf dem berühmten Markt in Onitsha im Landesosten, wo du fast alles Mögliche kaufen kannst – sei es frisch gefangener Fisch aus dem Niger, gefälschte Medikamente, lokal hergestellte ‚Auslands'-Ware, sogar dubiose Flugzeugteile. Hinter roten Staubwolken erblickst du dort handgeschriebene Schilder mit Aufschriften wie „Computer-Reparatur", „Schnell-Programmierung" oder

[1] Amos Tutuola, *Mein Leben im Busch der Geister*, übers. v. Wulf Teichmann, Berlin: Alexander Verlag 1991, S. 139.

„Internet-Cáfe". Wenn du dich zwischen den Okada genannten Motorrad-Taxis hindurchschlängelst, die dort scharenweise herumfahren, musst du aufpassen, keinen der Tische umzurennen, auf denen zuhauf die Einzelteile von Mobiltelefonen verstreut liegen, mit denen du für ein paar Naira fast überall auf der Welt anrufen kannst. Das Computerdorf ist der Ort, wo sich der Digitalisierungsabfall des Westens und Ostens entweder zu Bergen von Kathodenstrahlröhren türmt und verrottet oder ausgeschlachtet auf den zahllosen Auslagetischen voller Kabelbündel und Platinen landet, die scheinbar nur darauf warten, Fotografen wie Andreas Gursky oder Chris Jordan vor die Linse zu kommen.

Es ist faszinierend, sich auszumalen, wie diese Geräteleichen mit ihren leeren Bildschirmen und all die zerschrammten Kleinteile hierhergelangt sind. Die Unmengen von schwarzem Glas muten an wie die Landschaft eines schlafenden Vulkans. Die ausrangierten Computer sind Spenden von westlichen Wohltätigkeitsorganisationen und religiösen NGOs und befinden sich hier nur zeitweise, denn in Nigeria finden solche Geräte auch Verwendung, wenn sie ihre eigentliche Funktion nicht mehr erfüllen oder bis zur Unkenntlichkeit zerstört sind. Vieles davon wurde in Ghana oder Südafrika eingekauft, doch auch aus China wird seit Langem beständig importiert, schon bevor die Volksrepublik damit begann, West- und Zentralafrika eifrig zu hofieren. Den überwiegenden Großteil dieser Geräte, Einzelteile und Komponenten haben allerdings jene geschäftstüchtigen Nigerianer*innen herschaffen lassen, die schon seit Ende der 1980er Jahre wissen, dass diese Generation von Westafrikaner*innen mehr noch als von Elend, Gewalt oder Korruption von einem Verlangen nach Online-Konnektivität gezeichnet sein würde, von einem rauschhaften Hunger nach geteilter Information.

Viele von ihnen erwarben ihre Computerkenntnisse fast ohne jede formale Ausbildung auf diesen oft verklärten

Schrottplätzen, wo sie lernten, an Geräten herumzubasteln, sie neu zu verkabeln und wiederherzurichten. Ihre Mentoren waren die zerlumpten Männer, die mit Lötkolben in der Tasche ihre Schubkarren voller Bildschirme, Kabel und Tastaturen vor sich herschoben, mit einem ähnlich irren Blick wie Juju-Männer, die von dem abscheulichen, illegal gebrannten Schnaps namens Ogogoro berauscht sind.

Dieser Hunger nach Information war nicht etwa eine Folge des fragwürdigen Genusses der Globalisierung, den das Satellitenfernsehen ermöglicht hatte, und verdankt sich auch nicht den Privilegien derjenigen, die sich glücklich schätzen konnten, zwischen Nigeria und London oder Westafrika und den USA hin- und herreisen zu können. Er ist vielmehr das Resultat einer kurzsichtigen nationalen Politik, die dem Land jahrzehntelang aufgezwungen wurde, und einer Reihe von Militärdiktaturen, die genau dann auf den Plan traten, als in der überentwickelten Welt das digitale Zeitalter anbrach. Dass der Staat damals die Verbreitung von Informationen und den Zugang zu ihnen vehement blockierte, stärkte das Verlangen nach globaler Konnektivität und wirtschaftlichem Wachstum, das bezeichnend für die letzten drei Jahrzehnte des gesellschaftlichen und kulturellen Lebens in Westafrika ist, für diese scheinbar nie enden wollende Zeit des ‚Nachtrauerns'.

Falls Nigeria eines Tages ernsthaft den Aufbau einer Tourismusindustrie erwägt, sollte es sich fernhalten vom klischeebeladenen Bild eines subtropischen Idylls, das Hitze, Rhythmus und Sex verheißt. An dem, was man frotzelnd das karibische Modell nennen könnte, haben sich Ghana und Kenia bereits versucht. Ebenso sollte Nigeria den ähnlich idyllischen, aber zunehmend bizarr anmutenden ‚Kulturwurzel-Tourismus' meiden – eine vor allem auf Afroamerikaner*innen zugeschnittene Mischung aus Pilgerwanderung und Tourismus, die ein spezifisch amerikanisches Verlangen nach käuflicher Identität und austauschbarer Geschichte bedient. Nigeria sollte sich eher der lukrativen Welt des Öko-Tourismus zuwenden. Damit meine ich nicht unbedingt die rührselige Zurschaustellung gefährdeter Spezies, zerbrechlicher Landschaften und Ökosysteme oder eine melodramatische Vorführung der Folgen der Sklaverei. Vielmehr sollte Nigeria seinen Tourist*innen zeigen, wo ihr Elektroschrott, die einst funkelnden Geräte aus Amerika, Europa und China, unweigerlich landet – nämlich im Computerdorf oder den in ihrem Schatten liegenden Computerfriedhöfen. Nichts außer den Bedürfnissen und der Fantasie derjenigen, die diesen Müll durchkämmen, sorgt für dessen Wiederverwertung, und es gibt keinerlei Anlagen, wo er aufbereitet und entsorgt werden könnte. Diesen Müll – unseren Müll – an einem Ort wie diesem zu erblicken, würde Dante ehrfürchtig erschaudern lassen.

Die Szenerie lässt auch unmittelbar an zwei andere Dinge denken, die auf gewisse Weise miteinander verbunden sind: Erstens jenen ästhetischen Kontrast zwischen afrikanischen Shantytowns und fremdartigen Maschinentechnologien, der Neill Blomkamps DISTRICT 9 inspirierte – ein großartiger Film, der allerdings Nigeria in ein sehr schlechtes Licht rückt. Und zweitens das inzwischen abgedroschene und dennoch weitsichtige ‚Cyberpunk'-Mantra: „die Straße findet für alles eigene Verwendungen".[2] Für diejenigen, die sich nicht mehr daran erinnern – es stammt aus der Feder des Science-Fiction-Autors William Gibson, der bekanntlich den Begriff des ‚Cyberspace' münzte. In seinem Roman *Neuromancer* beschreibt Gibson das Web als eine „Konsens-Halluzination" und entfaltet eine Welt von schwindelerregender Globalität, in der ‚der Westen' seine zentrale Rolle verloren hat und kritische Informationsnetzwerke mit gekapertem Technikabfall gehackt werden.[3]

[2] William Gibson, „Chrom brennt", in: ders., *Cyberspace*, übers. v. Reinhard Heinz, München: Heyne 1988, S. 209–236, hier S. 231.

[3] William Gibson, *Neuromancer*, übers. v. Reinhard Heinz und Peter Robert, Stuttgart: Tropen Verlag 2021, S. 22.

Da Nigeria mittlerweile als Brutstätte dessen gilt, was viele als größte Gefahr für den Datenautobahnverkehr betrachten, und da diese Gefahr überwiegend von ebenjenen Computerdörfern sowie den wellblechhüttenartigen Internetcafés ausgeht, erscheint es sehr passend, dass das erste Gesicht, das wir in *Neuromancer* klar erkennen können, das eines Westafrikaners mit Stammesnarben ist – ein stummer Zeuge seiner/unserer Zukunft.

Es scheint nicht weit hergeholt, zu argumentieren, dass Gibsons *Neuromancer* und andere Cyberpunk-Texte einen Film wie DISTRICT 9 und zahlreiche weitere zeitgenössische Science-Fiction-Erzählungen ermöglicht haben, die an nicht-westlichen Schauplätzen wie China, Brasilien, Indien, dem Nahen Osten und Afrika angesiedelt sind. Diese Texte entwerfen eine Welt, in der das Internet vom Geist fremder kultureller Vorstellungswelten in Beschlag genommen und in deren Bann gezogen wurde – so wie von den Voodoo-Göttern in Gibsons späterem Roman *Mona Lisa Overdrive*. Gibsons enigmatische Bezugnahme auf die karibische Musik und Kultur im Kontext digitaler Technologie und Web-Piraterie ist sehr aufschlussreich, um das Phänomen der afrikanischen Cyberkriminalität zu begreifen.

Wenn Bangalore mittlerweile glaubhaft als Silicon Valley Indiens bezeichnet werden kann, muss wohl ein ähnlicher Spitzname für Nigeria gefunden werden, denn eine wichtige Position in der Welt und Geschichte des Internets ist diesem Land ebenso sicher – zugegeben aus ganz anderen Gründen und für eher zweifelhafte Errungenschaften. Indiens technologischer Vorsprung verdankte sich teils dem kolonialen Erbe der englischen Sprache und einer sehr großen jungen Bevölkerung mit hohem Bildungsniveau. Für diese junge Generation von Inder*innen waren die Begriffe Moderne und Verwestlichung nicht unbedingt gleichbedeutend, und die Hinwendung zum Westen bereitete ihnen – anders als früheren Generationen, die für ihre koloniale Unabhängigkeit kämpften – nur wenig Angst vor dem Traditionsverlust. Dieselbe Dynamik stand auch hinter Nigerias Auftritt auf der Bühne des Internets.

Dazu kamen allerdings noch die nigerianischen Diktatoren, die das nationale Bildungssystem aushöhlten, den Braindrain befeuerten und das Land dermaßen abhängig vom Öl machten, dass alle anderen Impulse für eine eigenständige nationale Entwicklung im Keim erstickt wurden. Es war die Geburtsstunde der Kleptokratie. Von Anfang der 1980er bis Ende der 1990er Jahre war die Korruption in Nigeria so tief verwurzelt, dass sie fast schon wie eine Tradition anmutete. Dieser tragische Kurs führte dazu, dass, während sich Indien zum wichtigen Standort für die Auslagerung von Internetdiensten entwickelte, in Nigeria die heute legendäre Form des Vorschussbetrugs aufkam, die in Anlehnung an den entsprechenden Paragrafen des nigerianischen Strafrechts als 419-Scam bekannt ist. Diese Betrugsmasche entstand im Gefolge des Ölbooms der Diktatoren-Ära, doch erst mit der größeren Verbreitung von Computern war sie ausgereift und wurde allgegenwärtig. Dass sie in Form lokal verschickter handschriftlicher Briefe ihren Anfang nahm, sich mit der Einführung von Faxgeräten und dem Internet weltweit verbreitete und inzwischen dank SMS und Mobiltelefonen ungehemmt grassiert, zeugt davon, dass ihr Siegeszug in Westafrika mit der Entwicklung der Kommunikationstechnologie konvergierte.

Die 419-Schreiben wurden schon als korrumpierte Spielart des Briefromans des 19. Jahrhunderts – und ihre Verfasser als „frustrierte, auf Abwegen wandelnde Schriftsteller-Komplizen“ – beschrieben. Tatsächlich sind sie jedoch das öffentliche Gesicht eines mit digitalen Medien und Technologien vertrauten Westafrikas und stehen für die Weigerung der nigerianischen Bevölkerung, passiv darauf zu warten, dass ihr politisches System für Gerechtigkeit sorgt oder die Weltgemeinschaft ihre Wohltätigkeit beweist. Obwohl kaum jemand außerhalb von Nigeria die Briefe ernst nimmt, ist man stets verblüfft darüber, dass in so vielen Ländern Menschen aus sämtlichen Gesellschafts- und Bildungsschichten regelmäßig auf sie hereinfallen. Offiziellen Statistiken zufolge verursachen sie in den USA jährlich Schäden in Höhe mehrerer Milliarden Dollar, in Großbritannien sogar noch mehr. Nachdem die erste Scammer-Generation zunächst Singapur, Australien, die Ukraine und dann den Rest der Welt ins Visier genommen hatte, werden die Briefe inzwischen vor allem nach China und Indien verschickt, was zeigt, dass ihr Potenzial noch nicht ausgeschöpft ist. Da sich die weltweite Konjunktur nicht nur auf die Entwicklungshilfe auswirkt, sondern auch auf die Rücküberweisungen von nigerianischen Migrant*innen, die eine wichtige Stütze für die Wirtschaft des Landes sind, sollten wir uns darauf gefasst machen, dass mehr und mehr dieser leicht skurrilen, seltsam ernsthaften E-Mails unsere Posteingänge verstopfen und uns versprechen werden, in eine Welt einzutauchen, die vielleicht tatsächlich so aufregend instabil ist, wie sie scheint. Diese Mails entwerfen eine Welt, die in ihrer Ausdehnung so märchenhaft wie lukrativ ist. In dieser Welt hat es nichts Abwegiges, wenn etwa eine Mail von Ban Ki-moon im Namen der Vereinten Nationen auf unserem Bildschirm auftaucht oder das Schreiben einer aufgewühlten Gattin eines in Bedrängnis geratenen Ex-Präsidenten oder das eines Pastors, dessen Kirchengemeinde von einem genozidalen Staat unterdrückt wird, der uns vage vertraut vorkommt.

Indem sie das Internet zu einem unsicheren Dickicht des kulturübergreifenden, ökonomischen Austauschs gestaltete, hat sich diese Betrugsmasche in unsere kulturelle Landschaft eingebrannt. Es ist beeindruckend, wie mühelos sich diese Mails in die globale populäre Imagination und Medienumwelt eingefügt haben. Wir machen uns über sie lustig, und sie amüsieren uns. In Amerika gibt es Leute, die sie sammeln und präsentieren und manchmal sogar Zeit und Arbeit darin investieren, sich ähnlich gekünstelte und bisweilen ziemlich rassistische ‚Anti-Scams' auszudenken. Am merkwürdigsten ist jedoch, dass sich diese Mails in unser Leben und den Alltag von Banken, Gesetzgebern, FBI, Interpol, Scotland Yard, der Royal Canadian Mounted Police und unzähliger Privatbürger*innen eingeschrieben haben, ohne dass es uns im Geringsten verwunderte, dass diese Form der Cyberkriminalität aus einem Land kommt, wo es keine flächendeckende Strom- und Wasserversorgung, wenig Zugang zu Computertechnologie und kein nennenswert ausgebautes Straßennetz gibt und wo der Großteil der Bevölkerung von weniger als einem Dollar pro Tag lebt.

Um es noch deutlicher zu machen: Selbst mit einer schnellen Verbindung kann es in einem Internetcafé in Nigeria viele Stunden dauern, einen einzigen Song von iTunes herunterzuladen, oder sogar mehrere *Tage,* um ein einfaches Dokument abzurufen. Dennoch gelang den 419-Scammern von dort aus der drittgrößte Bankraub der Geschichte, als sie 1998 die brasilianische Banco Noroeste um Millionen prellten. Sie plünderten Merrill Lynch, gaben sich als Regierungsvertreter aus, schröpften Staatsbeamte und fügten dem Ruf von Nigeria und seinem legalen Wirtschaftssektor irreparablen Schaden zu. Sie trieben die Kunst des Nachbaus von Webseiten fast bis zur Perfektion und fluteten die Welt mit gefälschten Schecks und dem Traum vom plötzlichen Geldregen. Zuletzt gingen die Scammer dazu über, Amerikaner*innen als Strohleute für ihre Betrugskampagnen einzuspannen. Obwohl es bei all dem um mehr als um die Briefe geht, zeigte sich deren wichtige Rolle etwa 2002, als das US-Justizministerium anordnen ließ, sämtliche aus Nigeria ankommenden Briefstücke am JFK-Flughafen zu überprüfen. Geschätzt 70 Prozent waren Betrugsschreiben.

Die 419-Scammer fungieren nicht zuletzt als Vorhut der nigerianischen Gangs, deren Schwerpunkt die internationale elektronische und Finanzkriminalität ist. Die heruntergekommenen, kargen Internetcafés, wo von früh bis spät der ohrenbetäubende Lärm tragbarer Generatoren dröhnt und Scammer ein und aus gehen, können nicht darüber hinwegtäuschen, dass es sich um ein System mit zahllosen Außenposten, Scheinorganisationen und Hierarchien handelt. Festnahmen, Fälle von Scheckbetrug und Geldwäsche sowie massive Verluste in über 38 Ländern stehen in Zusammenhang mit den 419-Scams. Dieses größtenteils online organisierte System ist das Herzstück der – wie es ein Journalist nannte – „erfolgreichsten Finanzbetrugskultur aller Zeiten".[4]

Es fällt schwer, angesichts all dessen unbeeindruckt zu bleiben. Dieses Betrugssystem sollte uns Anlass sein, gängige Annahmen über die sogenannte digitale Kluft zu hinterfragen, ebenso wie das weiterhin bestehende Stereotyp über passive Afrikaner*innen, deren einzige Tugend ihr Leid sei. Sie sind die Menschen, die Thomas Friedman nicht bedachte, als er in seinem bejubelten Buch *Die Welt ist flach* die Wunder der Globalisierung und des Internets pries – wobei auch er einige 419-Mails erhalten haben dürfte. Das wirft die Frage auf, ob die Tatsache, dass wir die Scams so anstandslos hingenommen und aus ihnen Stoff für Witze gemacht haben, etwas damit zu tun haben könnte, wie die westliche Welt grundsätzlich auf Afrika und dessen Bevölkerung blickt. Dies scheint insofern plausibel, als die Scammer sowie ihre Fake-Webseiten, gefälschten Dokumente und ihr vertracktes globales Netzwerk aus einem Land kommen, das wir nicht mit ausgeklügelter Technologie oder einer solch ausgeprägten Fähigkeit zur Arglist verbinden. Daher nehmen wir sie auch weiterhin nicht ernst. Tatsächlich arbeiten viele dieser Briefe mit genau dieser Mischung aus vermuteter ‚afrikanischer' Unschuld und Bestechlichkeit. Sie preschen vor mit einer ungestümen, überzeichneten Naivität, die mühelos die Vorsicht derjenigen aushebelt, die auf sie hereinfallen. Denn wie könnte dich jemand mit einer solch grauenvollen Grammatik schon täuschen?

4 Misha Glenny, *McMafia. Die grenzenlose Welt des organisierten Verbrechens*, München: DVA 2008, S. 234.

Es ist eine ganz klassische Betrugsmasche. Die erste Regel lautet, dass du dein Opfer davon überzeugen musst, du seist ein Vollidiot. Was einfach ist, weil die meisten Weißen vor Afrikaner*innen – anders als vor Afroamerikaner*innen – keine Angst haben. Die zweite Regel besagt, dass du dein Opfer in eine Verschwörung verwickeln musst, in der ihr beide kurz davorsteht, euch schuldig zu machen, oder sogar bereits längst schuldig seid. Dieses Spiel entfaltet sich meist über einen ausgedehnten Zeitraum und erfordert ein vielschichtiges Täuschungsspiel, bei der das Opfer zunehmend mehr hineininvestiert, während der Schwindler die Inszenierung weitertreibt. Die verschwörerische Vertrautheit hält das Spiel über längere Zeit und größere Entfernungen am Laufen, genauso wie sie die Bedingung für einen der verblüffendsten psychologischen Aspekte dieser Masche ist: Nachdem erst einmal ein bestimmter Geldbetrag gezahlt worden ist, fällt es immer leichter, noch mehr zu zahlen. Aus Verzweiflung wird eine aggressive Form des Vertrauens. Die Opfer stellen ihre Angreifbarkeit schamlos zur Schau und verfeuern blindlings ihr Geld. Ab einer bestimmten Verlustschwelle bleibt ihnen nur noch, auf Wunder zu hoffen. Da diese Fälle selten bei den Behörden gemeldet und aus Scham auch sonst kaum irgendwem anvertraut werden (was Gerüchten zufolge ein Grund dafür sein soll, dass diese Masche in den letzten Jahren in Japan so erfolgreich war), werden die weltweiten Ausmaße dieser Betrugsform meist konservativ geschätzt.

Der verschwörerische Tonfall ist aber auch zentral für die Ethik der Betrüger, die in Nigeria Yahoo Boys genannt werden – eine Anspielung auf den bei ihnen äußerst beliebten Mail-Anbieter, der im Land als einer der ersten kostenlos verfügbar war. Wenn der Erfolg der 419-Scams vor allem damit zusammenhängt, wie die westliche Welt auf Afrika und Afrikaner*innen blickt, dann zeugt diese Betrugsform auch davon, wie Afrikaner*innen häufig auf die überentwickelte Welt blicken. Die Yahoo Boys wissen fraglos, dass sie gegen das Gesetz verstoßen, aber sie glauben nicht unbedingt, damit ein Verbrechen zu begehen. Denn ihre Briefe zu beantworten, heißt zuzustimmen, mit offenen Augen, aber geblendet von der eigenen Gier. Schließlich ist die dir angebotene Summe viel zu hoch, um legal zu sein. In der Regel stellen die Briefe heraus, dass die Transaktion in einer Art transnationaler Grauzone abläuft, sodass Eile und Geheimhaltung geboten seien. Das gilt jedoch nur im Fall des Vorschussbetrugs. Es gibt zahllose Betrugsformen, die anders funktionieren, aber dennoch ziehen die Yahoo Boys fast immer dieselbe Begründung heran. Wenn du mit ihnen ins Gespräch kommst, während du durch die Kultursphäre streifst, die um sie herum in Lagos entstanden ist – die Bierstuben und Nachtclubs auf der Allen Avenue, die chinesischen Restaurants im Vorort Ikeja oder die Wohnviertel in Victoria Island, wo das echte Geld zu bestaunen ist –, dann ist die Moralität ihres Handelns ein bestimmendes Thema.

In gewisser Weise überrascht das nicht, erst recht nicht, wenn man bedenkt, dass Nigeria ein kaum säkularisiertes Land ist. Die Yahoo Boys sind durchweg religiös und zumeist christlich, da dieses Betrugsmilieu größtenteils im Süden und Südwesten Nigerias angesiedelt ist. Der überwiegend muslimisch geprägte Norden war schon immer zurückhaltend und ablehnend gegenüber westlicher Bildung und Technologie, weshalb es auch viele als selbstverständlich betrachten, dass die Igbo sich die 419-Scams ausgedacht haben müssen. Die Igbo waren eine der ersten Gruppen in Nigeria, die sich dem Christentum und der westlichen Bildung zuwandten. Sie sind am häufigsten von der genozidalen Gewalt aus dem Norden betroffen und bekamen sie vor allem während des nigerianischen Bürgerkriegs zu spüren. Seit dem Ende des Krieges im Jahr 1969 fühlen sie sich um ihre Teilhabe am Wohlstand und an der politischen Macht des Landes betrogen.

Der religiöse Aspekt muss auch deshalb erwähnt werden, weil in Amerika einige abenteuerlich-spekulative Journalist*innen und paranoide Kommentator*innen – mit Verweis darauf, dass

Nigeria eine der weltweit größten muslimischen Bevölkerungen hat – behaupten, die Scams seien eine Form von Cyberterrorismus, um al-Qaida zu finanzieren. Dass Osama Bin Laden zu jener Zeit öffentlich dazu aufrief, die Radikalisierungsbestrebungen in Nigeria voranzutreiben, machte es nicht besser. Die Yahoo Boys sind allerdings Marktfundamentalisten und keine religiösen Fanatiker. Statt nach Mekka beten sie wohl eher in Richtung Seattle, wo der Hauptsitz von Bill Gates' Microsoft-Konzern liegt.

Die Fixierung auf ethische Fragen ist jedoch nicht überraschend, denn das Thema Moral führt, wenn es in Zusammenhang mit Afrika, dem Westen und verbrecherischem Handeln diskutiert wird, unausweichlich zur Kolonialgeschichte zurück. So unaufrichtig und verlogen ihre Argumente bisweilen wirken, haben die meisten Yahoo Boys eine klare Haltung bezüglich der Kontinuität bestimmter Formen von ökonomischer und politischer Herrschaft. Oder zumindest zeigen sie, wie geübt sie im Diskurs um Schuld und Unschuld, globale Viktimisierung und Verantwortung sind. Die 419-Scams berühren also unweigerlich jenes fadenscheinige und fragwürdige System der Auslandshilfe- und -kredite und Wohltätigkeitprogramme, das die anhaltende Unterentwicklung des afrikanischen Kontinents stützt. In den Blick geraten dabei auch die komplexen und oft unzulänglichen Strategien, die viele Menschen auf dem Kontinent verfolgen, um an ihrer eigenen misslichen Lage etwas zu verändern.

II

Oyinbo man I go chop your dollar,
I go take your money disappear
419 is just a game,
You are the loser I am the winner …

Nkem Owoh, „I Go Chop Your Dollar“

Olu Maintains Hip-Hop-gewürzte 419-Scammer-Hymne „Yahoozee“ inspirierte zahlreiche Nachahmer, doch der Legendenstatus der Yahoo Boys verdankt sich vor allem dem Song „I Go Chop Your Dollar“ des Schauspielers und Comedians Nkem Owoh. „Yahoozee“ ist in der nigerianischen Diaspora übrigens auch deshalb so berüchtigt, weil es ein Online-Video gibt, dass den ehemaligen US-Außenminister Colin Powell dabei zeigt, wie er 2008 bei einer Kulturveranstaltung in London zu dem Song tanzt. Powell scheint zwar komplett ahnungslos über die Bedeutung des Songs und seines Texts, doch dass er gerade zu diesem Lied tanzt, um seine Aussagen über „Black Pride“ und „African Pride“ zu unterstreichen, macht das Video umso aberwitziger. Denn Powell richtete sich damit an ein Afrika, das wohl kaum dem Bild des erhabenen Kontinents entsprechen dürfte, das er vor Augen hatte.

Anders als „Yahoozee“, dessen Video die von Anfang bis Mitte der 1990er Jahre beliebte Bling-Bling-Ästhetik afroamerikanischer Hip-Hop-Musikvideos imitiert (eine weiterhin leider sehr stilprägende Ära für große Teile der nigerianischen Popmusik), gibt Owohs ansteckender und leichtfüßiger Song das ethische Koordinatensystem der 419-Scammer sehr genau wieder – tatsächlich sogar so genau, dass der Song in Nigeria schnell verboten wurde. Erwähnenswert ist auch, dass (der für die Bühnenfigur des Osoufia bekannte) Owoh seinen Durchbruch mit der Verfilmung von Chinua Achebes 1958 erschienenem Roman *Things Falls Apart* hatte – ein Klassiker, der in Nigeria, wenn nicht gar in ganz Westafrika eine zentrale Rolle für die historische Rahmung der Kolonialismus-Debatte spielt. Dazu kommt, dass Owoh 2007 von der niederländischen Polizei festgenommen wurde, weil er angeblich an einem massiven 419-Scam in Zusammenhang mit Lotterie- und Migrationsbetrug beteiligt gewesen sei, auch wenn er vorerst wieder freigelassen wurde.

Die meisten Nigeria*innen haben an „I Go Chop Your Dollar [Ich werde deine Dollars essen]“ ihre diebische Freude oder finden das Lied schlichtweg peinlich. Für die Yahoo Boys ist es eine Hymne, deren Botschaft lautet, dass diejenigen, für die „poverty no good at all [Armut überhaupt nicht gut]“ ist, sich durch den Online-Betrug keines Verbrechens schuldig machen, sondern „just a game [nur ein Spiel]“ spielen, bei dem einzig der „mugu“ – ein nigerianischer Slang-Begriff für Opfer, Trottel, Idiot oder Depp – etwas verliert. Der höhnische Refrain „you be the mugu, I be the master [du bist der mugu, ich bin der Herr]“ verdeutlicht diese Spielregel und die Lust an der Rollenumkehr, die es in diesem Fall ermöglicht, leichtes Geld zu verdienen und damit endlos prahlen zu können. Die historische Figur des gierigen *oyinbo* – der „Fremde/weiße Mann“ – ist hier der Verlierer und Übertölpelte, während der gerissene afrikanische Trickster, der sich die Technologie des weißen Mannes aneignet, schließlich der Gewinner ist oder sein kann.

Unabhängig davon, ob sich die Yahoo Boys dessen bewusst sind oder nicht, ist diese Umwertung der Werte, wie Frantz Fanon in *Die Verdammten der Erde* bekanntlich schilderte, entscheidend für jene koloniale Urszene, in der der „Eingeborene“ als „Quintessenz des Bösen“ erscheint und der Kolonialherr als Ursprung all dessen, was gut ist. Mit Rückgriff auf den großen deutschen Antiphilosophen Friedrich Nietzsche könnte man Owohs Umwertung als eine Form des *Ressentiments* beschreiben, bei dem der Aspekt der Missgunst, wie auch bei Nietzsche, deutlich mitschwingt. Sich einem Status quo zu widersetzen, bedeutet oftmals, dessen Moralbegriffe umzukehren. Es bedeutet, bereitwillig, wenn nicht gar lustvoll Böses zu tun oder zumindest das Wertesystem umzuwerten, das Gut und Böse definiert. Das ist der zweite Teil.

Im weiteren Verlauf des Songs hören wir, dass „When Oyinbo play wayo [Wenn der Oyinbo wayo spielt]“ – „wayo“ bedeutet Trick, Spiel oder Betrügerei –, dann nennen sie es „einen neuen

Stil", aber wenn gewöhnliche Nigerianer*innen dasselbe tun, „them go dey shout: bring 'am, kill 'am, die [rufen sie: Bringt sie her, tötet sie, sterbt!]". Owoh erkennt darin nicht nur Heuchelei, sondern auch eine Dynamik, die nur durch jene erste Umkehrung ermöglicht wird, bei der Afrikaner*innen sich die ‚verdorbenen' westlichen Werte zu eigen machen oder sie hinnehmen. Die westliche Welt hat aus dieser Perspektive also kein Recht dazu, irgendein Land als korrupt zu bezeichnen; und sie wäre naiv, sich nicht einzugestehen, dass der Widerstand gegen ihre Macht nicht auch Verbrechen einschließen oder gar erfordern wird.

Wenn all das wie eine vertraute Form der Selbstrechtfertigung anmutet, wie eine Behauptung race-basierter oder kultureller Unschuld, um ein zweifelhaftes Anliegen zu verfolgen, hat das seinen Grund. Wir haben davon oft in der existenzialistischen Literatur gelesen, von Dostojewski über Camus und Jean Genet bis zu Richard Wright. Doch *gehört* haben wir davon vor allem im Reggae und Hip-Hop, in Formen Schwarzer Musik, die Verbrechen häufig als tatsächlichen oder figurativen Akt des Widerstands oder der Befreiung darstellen und in denen ‚Unterdrückung' allzu oft als Rechtfertigung für fast alles Mögliche dient. Was dabei stets unerwähnt bleibt, ist, dass viele Opfer solcher Verbrechen selbst Schwarze sind und in denselben Communitys leben wie die Betrüger. Die Yahoo Boys sind auch nicht dafür bekannt, ihre Beute umzuverteilen. Sie reinvestieren so gut wie nie in das Gemeinwohl, suchen jedoch Anschluss an eine protzige westafrikanische Elite, die sie mit ihrer Protzigkeit noch überbieten. Der echte nigerianische Robin Hood lässt weiter auf sich warten. Natürlich werden die kolonialpolitischen Begründungen der Yahoo Boys damit größtenteils unglaubwürdig, aber nicht komplett, denn ihre historische Logik ist nur schwer von der Hand zu weisen. Trotzdem bleibt festzuhalten, dass die Yahoo Boys sklavisch und unverhohlen einer Elite nacheifern, die neben dem westlichen Kolonialismus unmittelbar mitverantwortlich für Nigerias Unterentwicklung ist.

Auch letzteres dürfte einem insofern vertraut vorkommen, als Reggae und Hip-Hop, trotz ihres revolutionären Gestus, oft mehr von ökonomischem Neid getrieben scheinen als vom Wunsch nach sozialer Gerechtigkeit. Daher überrascht es nicht, dass Reggae und Hip-Hop (neben R&B) sehr wichtige kulturelle Einflüsse für das transnationale Phänomen der Yahoozee sind. Erstaunlich ist, dass dieses Milieu bislang ohne die für die organisierte Kriminalität typische Gewalt ausgekommen ist. Dazu muss gesagt werden, dass Nigerianer*innen stolz darauf sind, Gewalt grundsätzlich abzulehnen (dennoch flackern im Landesnorden vereinzelt religiöse/ethnische Konflikte auf, ganz abgesehen von den entsetzlichen Steinigungen und Verbrennungen von Dieben auf Marktplätzen, die viel zu oft vorkommen, als dass sie noch Beachtung finden würden). Die Yahoo Boys praktizieren daher eine Bling-Bling-Kultur ohne tödliche Folgen – sie sind eher nach Diddy als nach Fiddy geraten. Die meisten von ihnen betrachten die Internet-Kriminalität, ohne Übertreibung gesagt, als eine Form von Reparationszahlung – jedoch nicht unbedingt für die Sklaverei, da ihre Traumata nur entfernt mit denen afroamerikanischer, karibischer oder europäischer Schwarzer zusammenhängen. Diese sind als ‚diasporische' Schwarze zugleich *oyinbo* und *mugu*. Von Weißen unterscheidet sie dabei lediglich, dass sie sehr leicht auf eine, nun ja, Black- oder African-Pride-Rhetorik hereinfallen.

Besonders der frühere Militärdiktator Ibrahim Babangida spielte eine Rolle für das Heranwachsen der Generation der 419-Scammer. Als 1990 unter seiner Herrschaft der Fremdwährungsmarkt und das Bankensystem in Nigeria dereguliert wurden, begann der Naira – die ohnehin unbeständige einheimische Währung – seinen Sinkflug. Infolgedessen wurde es für Nigeria unausweichlich, Auslandskredite aufzunehmen. Die 419-Scammer fingen damals an, sich offensiv den entfernteren

Zonen des globalen Kapitals zuzuwenden, die sie als Auswüchse einer inzwischen auch in Nigeria legitimen Kultur der ‚krummen Geschäfte' betrachteten. Die von den Yahoo Boys beanspruchten Reparationen beziehen sich also auf jene Zeit, als man sie um ihr Stück am ‚nationalen Kuchen' betrogen hat. In einer Kultur, in der Tradition sowohl Anspruchshaltung als auch Erpressung bedeuten kann, haben sie es auf ihren Anteil an jenen Hilfsgeldern abgesehen, die von ihrer korrupten Führung veruntreut wurden, vor allem von Babangida, dessen Milliardenvermögen weiterhin spurlos verschwunden ist und der unlängst androhte, erneut ‚Präsident' werden zu wollen! Die Yahoo Boys fordern auch ihren Anteil an den Öleinnahmen, an denen sich die Führungselite immer wieder ungeniert bediente, und an dem Vermögen, das durch den Handel mit Gold, Kupfer, Kautschuk und Zinn angehäuft wurde. Und wie viele andere in der Kongo-Region erheben sie Anspruch auf das Coltan (Kolumbit-Tantalit), das für die Herstellung unserer Mobiltelefone, Spielkonsolen und Laptops unerlässlich ist und um das inmitten der Elektroschottberge einiger Computerdörfer so erbittert gehandelt wird, dass es schon mehr als beängstigend ist.

Obwohl ihre Ursprünge also bis in 1980er Jahre zurückreichen, tauchen die Yahoo Boys erst seit einigen Jahren in Songs und Videos auf, was darauf hindeutet, dass die Scams nicht eher Ikonenstatus entwickelten, bevor sich die Bedeutung der Zahl 419 von einer informellen juristischen Kurzformel zum Symbol einer Weltanschauung und eines Lebensstils verschoben hatte. In Nigeria steht 419 inzwischen für weit mehr als Betrug und Online-Kriminalität und bezieht sich auf einen gerissenen Schachzug oder eine eigenwillige, zwielichtige, aber dennoch beeindruckende Herangehensweise an Dinge. Davon zeugen etwa Alltagsformulierungen wie „Spiel kein 419 mit mir!" oder „Hast du gesehen, wie er ihr einen 419 aufgebunden hat?". Ebenso werden damit Menschen beschrieben, die weit über ihre Verhältnisse leben. Denn ihre Versessenheit auf Prunk, Pomp, Geld und Autos – was während des nigerianischen Ölbooms in den 1960er Jahren als High Life bezeichnet und namensgebend für einen Musikstil wurde – ruft in einem Land mit einer solch dramatischen Kluft zwischen den Wohlhabenden und denjenigen, die den Wohlstand nur bestaunen können, zwangsläufig Argwohn hervor.

Die geringschätzige oder ambivalente Haltung der meisten Nigerianer*innen gegenüber den 419-Scams steht in Gegensatz dazu, dass diese Betrugsform und das mit ihr entstandene Milieu einen großen Einfluss auf die gegenwärtige Kultur und Gesellschaft des Landes hatten. Das wird heute noch deutlicher, da inzwischen auch in anderen afrikanischen Ländern Ableger dieses Online-Betrugssystems entstanden sind. Das Kürzel 419 verweist daher nicht nur auf eine Gesinnung, sondern auf das Heranwachsen einer ganzen Generation. Man muss nur der Spur des Geldes folgen und nachzeichnen, was es alles ermöglicht hat oder welche sozialen oder historische Kontexte es mitgestaltete. Die Generation 419 ist mit der Nollywood genannten nigerianischen Filmindustrie großgeworden, die in den frühen 1990er Jahren mit Videokassetten klein anfing, aber inzwischen mehr Filme als die US-Filmindustrie produziert und nur noch von Bollywood übertroffen wird. Als die Militärdiktatoren den Zugang zu Informationen blockierten, bewog dies viele Nigerianer*innen vor allem dazu, ihre eigenen Inhalte zu produzieren. Wie in Bollywood sind Raubkopien amerikanischer US-Filme und Medien dabei ein ebenso natürlicher wie lukrativer Bestandteil des nigerianischen Filmmarkts. Parallel zu den 419-Scams entstand in Nigeria außerdem eine sehr umtriebige städtische Musik- und Populärkultur, die nicht länger darauf angewiesen ist, Vorbilder oder Anerkennung im Westen zu suchen, sondern in Subsahara-Afrika inzwischen eine ähnlich prägende Rolle spielt wie einst die afroamerikanische Kultur. Auch wenn Nigeria vielleicht nicht die in Subsahara-Afrika gehegte Erwartung erfüllen konnte, sich neben dem freien Südafrika zur wirtschaftlichen und politischen Supermacht auf dem Kontinent zu entwickeln, könnte es dieses Versprechen durch seinen heutigen kulturellen Einfluss schließlich dennoch teilweise einlösen.

In Wahrheit haben die Yahoo Boys durchaus Sympathisanten. Darunter sind nicht nur all jene, die davon profitieren, dass die Scams die einheimische Wirtschaft ankurbeln, sondern auch diejenigen, die den Einfallsreichtum hinter der ausgeklügelten Betrugsmasche bewundern, und diejenigen, die nicht umhinkönnen, darin eine Art historischer Gerechtigkeit am Werk zu spüren. Es fällt erneut schwer, unbeeindruckt zu bleiben, erst recht, wenn man weiß, dass Bankpräsidenten und eigentlich hochgebildete Geschäftsleute aus dem Westen nach Lagos reisten, um dort Geldzahlungen zu leisten und Öllieferverträge zu unterzeichnen, die weniger wert waren als die roten Dreckklumpen unter ihren Schuhsohlen; oder wenn man von den fantastischen Inszenierungen derjenigen weiß, die diese Gäste begrüßen und sie in Limousinen vom Flughafen zu Hotels eskortieren, während sie beiläufig den Namen eines Rockstars wie Bono fallen lassen oder ihren angeblichen Mentor, den Ökonomen Jeffrey Sachs zitieren, obwohl sie oft nicht einmal einen Schulabschluss haben.

Es hat etwas Tragikomisches, dass so viele, nachdem sie sich die Rhetorik internationaler Entwicklungshilfe und westlicher schuldbehafteter Wohltätigkeit angeeignet haben, damit angeben, ihre eigene NGO zu leiten, aber eigentlich nur in die eigene Tasche wirtschaften. Es fällt schwer, nicht von einer Mischung aus Ehrfurcht und Abscheu ergriffen zu sein, wenn man die pixeligen Tränen von Männern und Frauen vor Webcams sieht, die sich irgendwo im Mittleren Westen der USA oder in einer Londoner Vorortsiedlung vor Gram verzehren, weil ihre große Liebe in weiter Ferne gegen Naturgewalten oder ein Heer von Gottlosen ankämpft oder sich bei der Arbeit für ihre Kirchengemeinde/die UN/die Regierung/das Friedenskorps so sehr aufopfert, dass es schmerzlich unangemessen wäre, ihr nur wenige Hundert Dollar zu überweisen.

Die 419-Scammer wissen zudem, dass viele ihrer bekanntesten Kritiker*innen ebenso von der Betrugskultur profitieren. Denn durch den Erfolg der Scams entstand letztlich ein Wirtschaftszweig, der fast ähnlich bedeutend wie die Ölindustrie ist, und in einem Land wie Nigeria lässt sich ein solch großangelegtes Wirtschaftshandeln immer auch bis in die höchsten gesellschaftlichen und politischen Kreise verfolgen. Diese unliebsame Entdeckung machte auch Nuhu Ribadu, der frühere Vorsitzende der nigerianischen Kommission zur Bekämpfung von Wirtschafts- und Finanzverbrechen (Economic and Financial Crimes Commission, EFCC) und der vielleicht vertrauenswürdigste und folglich gefürchtetste Mensch in Nigeria. Ribadu hatte nämlich darauf hingewiesen, dass obwohl in vielen Ländern Hunderte nigerianischer Bürger in Zusammenhang mit den Scams verhaftet worden sind, in Nigeria bislang keine einzige Person deswegen vor Gericht gestellt oder verurteilt worden war. Als er daraufhin eine Kampagne zur Bekämpfung der Betrugskartelle und der allgemeinen Korruption lancierte, bezahlte er dafür nicht nur fast mit seinem Leben, sondern wurde 2007 vom Präsidenten schmachvoll ‚versetzt'. Er hatte es gewagt, zu weit oben herumzuschnüffeln und etwas öffentlich zu machen, das in Nigeria längst öffentlich bekannt war, nämlich dass die 419-Scams nicht die Ursache einer umfassenden Betrugskultur sind, sondern nur ihr weltweit deutlichstes Symptom.

Mittlerweile haben sich die Scams als dermaßen langlebig und einträglich erwiesen, dass die Yahoo Boys in Nigeria fast schon eine gesonderte gesellschaftliche Klasse darstellen. Ihr Lebensstil definiert sich vor allem durch teure Autos und Kleidung sowie durch eine Party- und Promikultur samt Zeitschriften und Nachtklubs. Einige von ihnen haben es auf diesem Weg auch geschafft, an begehrte berufliche Positionen zu kommen, manchmal sogar in Banken. Zu dieser Quasi-Klasse gehören aber nicht nur tatsächliche Betrüger, sondern auch diejenigen, die von diesem Lebensstil profitieren oder indirekt an ihm beteiligt sind. Viele junge, attraktive Frauen werden etwa in sogenannte Romance Scams verwickelt, bei denen die Betrüger die eigentlichen E-Mails oder Textnachrichten verfassen, aber ihren Opfern dann die Profilbilder oder Webcam-Fotos dieser Frauen schicken (wenn sie nicht einfach auf online gefundene Bilder von Models oder Popstars zurückgreifen). Daneben gibt es auch Frauen, die diese Scams selbst abwickeln – eine über große Distanzen hinweg praktizierte Form zölibatärer Prostitution.

Dem Lebensstil der Scammer frönen inzwischen auch popkulturelle Figuren wie Nkem Owoh und Olu Maintain, die mit ihren Songs maßgeblich zu der mythischen Aura beigetragen haben, die heute die Yahoo Boys umgibt. Wenn man sich anschaut, wie im Reggae schon lange Rude Boys gefeiert und im Hip-Hop Gangster und Gauner glorifiziert werden, erscheint diese Form der Mythisierung nur wenig überraschend, vielleicht sogar etwas wohlfeil.

Wie die meisten Gangster und Rude Boys und ebenso wie die Bad Johns in Trinidad und die Tsosits in Südafrika befinden sich die Yahoo Boys jedoch am unteren Ende der kriminellen Karriereleiter. Im größeren Zusammenhang betrachtet fällt es schwer, ihnen ihre Träumerei oder öffentliche Prahlerei zu missgönnen. Kaum einer von ihnen besitzt überhaupt einen Computer. Diejenigen, die über die schotterigen, dürftig gepflasterten Straßen von Lagos preschen, während aus ihren Geländewagen Songs von D'banj, P-Square, Olu Maintain oder R. Kelly dröhnen, hatten entweder sehr viel Glück oder stehen zu weit oben in der Hierarchie, als dass sie die Internetcafés aufsuchen würden, wo die EFCC jederzeit eine Razzia durchführen kann oder gelegentlich auch ausländische Journalist*innen anzutreffen sind. Die echten Yahoo Boys stehen so gerade eben noch über den sogenannten Area Boys, die in Lagos umherziehen und nach *irgendeiner* Gelegenheit suchen, um etwas Geld zu machen. Die Yahoo Boys sind es, die im Schützengraben die Stellung halten: Von früh bis spät sitzen sie Stunde um Stunde in den Internetcafés, wo sie ihre maßgeschneiderten E-Mail-Extraktoren laufen lassen, tagtäglich Tausende von E-Mails versenden und auf den einen Treffer warten, der ihr Opfer ein paar Dollar, Pfund oder Yen kostet, sie aber mehrere Wochen lang über Wasser hält.

Obwohl die Scams mit astronomischen Beträgen locken – im Gegenzug für einige Hundert Dollar werden Milliarden versprochen – und insgesamt auch Milliarden mit ihnen erbeutet werden (die Betrugssumme lag allein in den USA im Jahr 2009 geschätzt bei 9,3 Milliarden Dollar), fällt für die einzelnen Yahoo Boys jeweils nur eine wesentlich bescheidenere Summe ab. Wenn sie organisiert sind, kann ihr Anteil im dreistelligen Bereich liegen, und wenn sie einem Betrugsring angehören, vielleicht auch im vierstelligen. Denn die meisten Opfer fallen nur ein einziges Mal auf die Masche herein und halten sich dann fern von ihr. Wenn du etwa einmal die 200 Dollar ‚Bearbeitungsgebühr' bezahlt hast – damit der ‚Vermittler' oder die ‚Frau Ex-Präsidentin' dir die unzähligen Millionen überweisen kann, die du natürlich nur zwischenzeitlich auf deinem Konto aufbewahren und dafür entsprechende Zinsen erhalten sollst –, dann bist du nächstes Mal wohl vorsichtiger.

Ähnliches gilt für den sogenannten Überzahlungsbetrug, bei dem dir zum Beispiel für deine auf eBay oder Craigslist angebotene Ware eine viel höhere Summe gezahlt wird, als du eigentlich verlangt hattest. Du sendest den Differenzbetrag natürlich zurück, denn in Nigeria ist es ja so schwer, an US-Dollar zu kommen, und den einheimischen Banken kann man dort beim besten Willen nicht vertrauen. Nachdem du den beeindruckend echt aussehenden Scheck (samt Siegel und korrektem

Namen des Bankpräsidenten) auf dein amerikanisches Konto eingezahlt und dem Käufer die Ware und den Differenzbetrag geschickt hast, erfährst du später, dass deine Bank herausgefunden hat, dass der Scheck gefälscht war, sodass die Transaktion letztlich auf deine Kosten geht.

Nicht lachen – es funktioniert.

Und fangen wir erst gar nicht an mit den Scams, die in andere Scams intervenieren, um dich zu warnen, dass du betrogen wurdest, und dir versprechen, dass du im Gegenzug zur Zahlung von Betrag X das Geld zurückerhalten wirst, das dir diese Betrüger abgenommen haben, die Nigerias Ruf in den Dreck ziehen ... Diese Scams sind dann angeblich von einem EFCC-Vertreter oder von Nuhu Ribadu, wenn nicht gar vom Staatspräsidenten selbst unterschrieben.

Das sind nur die einfachen Betrügereien, die von denen am unteren Ende der Hierarchie begangen werden und denen die meisten Menschen außerhalb von Nigeria zum Opfer fallen. Andere Methoden sind jedoch gefragt, um die Banco Noroeste auszunehmen, Millionen auf Konten in den Cayman Islands zu schleusen oder wie einige 419-Scammer in hochwertige internationale Immobilien zu investieren, die sich sonst höchstens die Diktatoren und ihre Gattinnen leisten können. Solche großangelegten Scams erfordern viel Planung, Recherche und einen ganzen Stab an Komplizen. Sie sind mit einem so hohen Organisationsaufwand verbunden, dass man damit Lagos zu einem sich selbsttragenden, schuldenfreien Stadtstaat umbauen könnte. Doch der entscheidende Punkt ist, dass nur wenige Dollar aus dem Ausland nötig sind, um eine Bande von Yahoo Boys eine Woche lang zu finanzieren; und wenn du haufenweise mit Menschen zu tun hast, die entweder nichts von den Scams wissen oder sich einfach nicht vorstellen können, dass etwas an ihnen faul sein könnte, dann wird dir schließlich klar, dass auf einem globalen Markt jede Minute ein *mugu* geboren wird. Sie gehen tagtäglich millionenweise online.

Trotz der beachtlichen Leistungen ihrer Nation und ihrer Diaspora werden Nigeria*innen nun leider stets auf irgendeine Art und Weise mit den 419-Scammern in Verbindung gebracht. Das betrifft vor allem die jüngere Generation, die für sich selbst inzwischen die umstrittene Bezeichnung Naija wählt, um sich von jener älteren Generation abzugrenzen, die zwischen westlicher Wohltätigkeit und lokalem Autoritarismus festhängt. Die jüngere Generation zeigt nach außen hin überdeutlich, dass sie dem Mitleid der Welt sehr ablehnend und der Politik der ‚großen Männer' äußerst misstrauisch gegenübersteht. Da in einigen Ländern jedoch schon diese Art Stolz als verdächtig gilt, ist die Bezeichnung Nigerianer mancherorts in Verruf geraten, ungeachtet der überwältigenden Zahl von Nigerianer*innen, die einen legitimen Beitrag zu ihrer Kultur und Wirtschaft leistet. Es kommt daher nicht selten vor, dass sich nigerianische Arbeiter in Südafrika als Ghanaer ausgeben oder dass gesetzestreue Migrant*innen aus Nigeria zusammenzucken, wenn sie nach ihrem Ausweis gefragt werden. Mittlerweise ist die Bezeichnung ähnlich bedeutungsgeladen und anrüchig, wie Jamaikaner es in den 1970er und 1980er Jahren in der nordatlantischen Welt war, als die Musik und Kultur des Reggae in mitunter bösartiger Weise mit der Verbreitung berüchtigter transnationaler Drogengangs assoziiert wurden. Dass der Reggae damals ins digitale Zeitalter überging, während der genretypische Panafrikanismus und Afrozentrismus in den Hintergrund gerieten, erinnert auch entfernt an Gibsons *Neuromancer* mit seinen staatenlosen Rastafaris, die im Weltraumexil digitalen Dub hören und vergeblich darauf hoffen, das einst in Afrika vermutete Zion zu finden.

Durch die Möglichkeit, alles Denkbare von Musikproduktions- bis hin zu Film- und Videoschnittsoftware zu kopieren, herunterzuladen und anzueignen, prägt die Generation Naija weiterhin den afrikanischen Kontinent, so wie vor ihnen die 419-Scammer den virtuellen ‚achten Kontinent' des Internets neu vermessen haben. Es ist diese Kulisse eines kontinentalen Wettbewerbs, die maßgeblich ist für den xenophoben Tenor eines Films wie DISTRICT 9, der in Nigeria umgehend verboten wurde. Zugegebenermaßen wurden solche Darstellungen von Nigerianer*innen auch dadurch bestärkt, dass kriminelle Gruppen aus Nigeria unmittelbar nach dem Ende der Apartheid nach Südafrika expandierten. Dass ein afrikanischer Science-Fiction-Film Nigerianer*innen als dermaßen gewalttätig und primitiv darstellt, steht jedoch in direktem Widerspruch dazu, dass nigerianische Menschen in Afrika eigentlich als kultiviert gelten. Ihr technisches Können war teils ein Grund dafür, dass sie von Südafrika zunächst umworben wurden, als das Land versuchte, seine Wirtschaft jenseits rassistischer Prinzipien neu zu erfinden. Dass nigerianische Kriminelle in DISTRICT 9 als zu krankhafter Gewalt neigend dargestellt werden, ist mehr als eine Überzeichnung. Die in Nigeria entstandene kriminelle Energie wird dabei nämlich mit jener Form von Gewalt gleichgesetzt, die bei der Zerschlagung jamaikanischer Drogenbanden zum Einsatz kam. Vielleicht erklärt das auch, warum der nigerianische Verbrecherboss in DISTRICT 9 so aussieht, als ob er aus dem paranoiden Anti-Drogenbanden-Film ZUM TÖTEN FREIGEGEBEN (1990) stammt, in dem Steven Seagal gegen zugedröhnte, voodoo-praktizierende Rastafaris kämpft, die auch nicht vor Menschenopfern zurückschrecken.

Doch vielleicht werden sich die Parallelen zwischen afrikanischer Cyberkriminalität und jamaikanischer Musikkultur letztlich als prophetisch erweisen. Dass ein Land wie Jamaika, das über nur sehr wenig technologische Infrastruktur verfügt, einen ungeahnten Einfluss auf High-Tech-Soundproduktionen haben sollte, macht es unmöglich, das Phänomen der 419-Scams zu ignorieren. Und dass eine kriminalitätsbelastete und wirtschaftlich gebeutelte Stadt wie Kingston zu einem Ort werden sollte, wo ein kolonialisiertes Volk auf digitale und elektronische Medien setzt, um ihre eigenen Befreiungs-,

Erinnerungs- und Sehnsuchtsmythen zu schmieden und eine eigene Kulturindustrie aufzubauen, muss ebenso bedacht werden, wenn wir uns auf das vorbereiten, was da noch kommen mag. Und irgendetwas wird kommen. Denn trotz ihrer Vertrautheit mit Computern und dem Internet und obwohl im roten Staub der Computerdörfer immer neue Generationen von Yahoo Boys heranwachsen, hat noch keiner von ihnen selbst ein System *gehackt*.

Nun, bislang jedenfalls nicht.

Oder wie man in früheren Weltreichen zu sagen pflegte: *Ex Africa semper aliquid novi* – Immer etwas Neues aus Afrika.

12. DR. SATAN'S ECHO CHAMBER: LOUIS CHUDE-SOKEI IM GESPRÄCH MIT MICHAEL MCMILLAN

Michael McMillan (MM): Du erwähntest deine hybride Herkunft aus Nigeria und Jamaika. Wie hat diese in deine kulturelle Prägung, soziale Positionierung und transdisziplinäre Forschungspraxis hineingespielt?

Louis Chude-Sokei (LCS): Jetzt, wo ich bereits mein Memoir veröffentlicht habe (*Floating in A Peculiar Way*, Houghton Mifflin Harcourt 2021), kann ich ruhig zugeben, dass meine Arbeit schon immer stark autobiografische Züge hatte. Sie basiert auf meinen Erfahrungen mehrerer unterschiedlicher Schwarzer Identitäten, Kulturen und Geschichten, die ich aus nächster Nähe, in ihrem Umfeld oder als Außenstehender kennenlernte. Sie alle hängen mit Rassismus und Kolonialismus zusammen, auch wenn die jeweilige historische Perspektive auf diese Themen verschieden ist und die Auseinandersetzung mit ihnen manchmal ganz unterschiedlich abläuft. Ich würde zu dieser biografischen Mischung noch Afroamerika hinzunehmen, weil ich mich schon immer als halb-nigerianisch, halb-jamaikanisch und halb-afroamerikanisch beschrieben habe – eine mathematisch gewagte, doch absolut treffende Gleichung.

Vom Panafrikanismus bis zur Diaspora, vom Kontinent über die Mittelpassage bis zu den ‚neuen' Welten folgte meine Arbeit also stets meiner tatsächlichen Migration und meinen sich dabei verändernden Geschmacksvorlieben sowie den Themen, die ich im Laufe dessen für mich entdeckte. Das bedeutet, dass ich mich selbst nie in einer bestimmten Form des Schwarzseins ‚verwurzeln' konnte oder wollte, zumal die Vorstellung von Schwarzen Wurzeln auch in der Schwarzen Diaspora selbst umstritten ist (wir sind es gewohnt, Afrika und Diaspora als feststehende, eindeutige und geschlossene Gebilde zu betrachten, obwohl beide stets fragmentiert und umkämpft sind, nicht nur aufgrund von Kolonialismus und weißer Vorherrschaft, sondern auch weil es eine solche Vielfalt an Schwarzen Erfahrungswelten und Gegenstrategien zu Kolonialismus und weißer Vorherrschaft gibt).

MM: Das bringt mich zur Vorstellung der Schwarzen Diaspora als einem Prozess des „sich verändernden Selben", die verbunden ist mit Stuart Halls Idee der Diaspora als Metapher, Paul Gilroys Konzept des Schwarzen Atlantik und Kobena Mercers „rhizomatischem Netzwerk ästhetischer Austauschprozesse und Anleihen". All diese Ansätze unterscheiden sich deutlich von der Vorstellung von Afrika als einem Schmelztiegel gleichartiger sozialer und kultureller Bedeutungen. Was denkst du, wie diese Ideen im Sound der Soundsystem-Kultur zum Ausdruck kommen?

LCS: Der Schlüsselbegriff ist hier das *Rhizomatische* – um genauer zu sein, der von Deleuze und Guattari entwickelte Begriff davon –, verstanden als etwas, das ‚Baumstrukturen', wie sie es nennen, erweitert und herausfordert, da diese Bedeutungssysteme auf Wurzeln und Beständigkeit fixiert sind. Oder – wie Edouard Glissant in seiner karibischen Variation auf Deleuze und Guattari sagen würde – die auf den Ursprung und die Rückkehr fixiert sind. Gerade weil Diaspora eine Metapher ist – so wie Race und oft auch Afrika –, habe ich mich auf literarische und klangliche Strömungen der Kulturproduktion konzentriert. Durch die Literatur und die Theorie konnte ich mich mit der Politik der Metapher vertraut machen und sie auf die materielle Sphäre der Kultur ausdehnen.

Es ist schließlich kein Zufall, dass Hall, Gilroy und in geringerem Maße auch Mercer sich mit Kultur befassen, denn eben in der Sphäre der Kultur verwandeln sich Metaphern und gewinnen dabei an Materialität und ‚Realität' hinzu – wobei Letztere, auch wenn sie in der jamaikanischen Volkskultur fetischisiert wird, meist eine weitere Metapher darstellt. Die genannten Autoren nehmen auch Bezug auf die Soundsystem-Kultur oder zumindest auf den Reggae. Das gilt ebenso für Glissant. Denn für Menschen, die aus einer mündlichen Geschichtstradition kommen und nicht unbedingt Zugang zur Schriftkultur hatten, die in kolonialen Gesellschaften Klassen- und Machtunterschiede markierte, war Musik schon immer das bevorzugte Feld, um kulturelle Bedeutungen herzustellen. Sie dient also nicht nur dem individuellen künstlerischen Ausdruck, sondern vor allem der kollektiven Bedeutungsproduktion. Und da der Reggae zu meiner Zeit voller figurativer Bezüge zu Afrika, Race, Kolonialismus und Migration war – ganz abgesehen von den ebenso metaphorischen Realitäten rund um die Themen Sex, Geschlecht und Gewalt –, war es unvermeidlich, dass ich mich von der Musik angezogen fühlte. Wenn du dich ernsthaft mit der Musik und der eng an ihr beteiligten Community befasst, zieht es dich geradezu in die Welt der Soundsystems hinein.

Für einen rastlosen Migranten wie mich war diese Musik mein ganzes Leben lang fast das Einzige, das ich mir als Heimat vorstellen konnte oder was dem theoretisch entsprach. Musik bietet dir schließlich diese sonderbare Mischung aus Zugehörigkeit und Fremdsein. Durch sie kannst du gleichzeitig innerhalb und außerhalb einer Kultur stehen. Musik ist zudem ein Raum der Sehnsucht und des Begehrens. Mir war immer klar, dass die für den Roots Reggae bezeichnende melancholische Sehnsucht – nach Heimat, Stabilität, Einigkeit, Afrika und Zion – ebenso wie das weniger melancholische Begehren – nach körperlicher Nähe, Sex, Männlichkeit, Weiblichkeit, Rache und Genugtuung – durch ein metaphorisches Afrika erzählt wurden und in Form von Sound zum Ausdruck kamen.

MM: Was bedeutet das Echo als Metapher in Bezug auf die ‚Wissenschaft' des Reggae und Dub, die du im Kontext der sonisch-diasporischen Migration der Soundsystem-Kultur in *Dr. Satan's Echo Chamber* nachzeichnest?

LCS: Echo ist Wiederholung, Reziprozität. Es bedeutet, ein repliziertes, verdoppeltes, gedubbtes Selbst zu sehen/hören. Es steht auch für einen Narzissmus, bei dem du nur dich selbst hörst und in deiner eigenen Geschichte und deinen Vorurteilen gefangen bist und von ihnen heimgesucht wirst.

Der Ansatz, den ich in *Dr. Satan's Echo Chamber* (1997) und *The Sound of Culture* (2016) verfolgte, knüpfte an diesen Prozess an. Es geht dabei um einen Migrationsprozess, bei dem die materielle Seite der Soundsystem-Kultur (und nicht nur ihre Metaphorik) sagen wir etwa von Jamaika nach England in einem kolonialen/post-imperialen Kontext wandert oder von Jamaika in die New Yorker Bronx, wo sie zum Hip-Hop mutiert. Daraufhin wandert diese Musik mitsamt ihrer Ikonografie und ihrem Produktionsstil wieder ‚zurück nach Afrika' und hilft dort den lokalen Musikszenen schließlich dabei, sich zu den Afrobeats von heute weiterzuentwickeln – all dies bildet eine Art diasporischer Echokammer voller Reflexionen und Interpretationen. Dazu kommen noch Reflexionen von Reflexionen, Interpretationen von Interpretation, Nachhall-, Verzerrungs- und Sättigungseffekte sowie Lärmquellen, die sich alle entlang verschiedener räumlicher, zeitlicher und historischer Dimensionen ausbreiten.

Dieser Prozess wurde jedoch nicht mit dem Reggae erfunden, sondern lässt sich bis ins späte 19. Jahrhundert zurückfolgen, als mit der Entstehung der Tonaufnahmetechnik die Bedeutungen Schwarzer Körper in Bewegung popularisiert und erweitert wurden. Das zeigte sich bereits in der Blackface-Minstrelsy, mit der ich mich in meiner Arbeit ausführlich befasst habe, vor allem in *The Last ‚Darky'* (2005). In diesem Buch untersuche ich, wie karibische Migrant*innen stereotype Bilder afroamerikanischer Identität in einem Kontext inszenieren, der sowohl von Schwarzer Solidarität als auch von gegenseitigen Vorurteilen zwischen Schwarzen geprägt ist. Dennoch verkörpert der Reggae, mehr noch als der Jazz, diesen problematischen, aber auch produktiven, einem Ping-Pong-Echo ähnelnden Prozess. Der Reggae hat wie keine andere indigene kulturelle Form dazu beigetragen, diese Metaphern und Narrative in den globalen Kanon populärer Schwarzer Vorstellungswelten zu transportieren.

MM: In *The Sound of Culture* bringst du das faszinierende Argument vor, dass Sound die wichtigste Verbindung zwischen Race und Technologie darstellt und sich als solche bis ins Jazz Age und die Ansätze eines primitivistischen Modernismus nachverfolgen lässt, die im Kontext neuer Technologien der Massenkultur aufkamen. Wie drückt sich der Afrofuturismus in Stilen wie Jazz, Reggae, Hiphop und der elektronischen Tanzmusik durch diese Verbindung von Race, Maschine und Technologie aus?

LCS: Nun, die Technologie ist – ganz gleich, ob du Zugang zu ihr hast oder nicht, doch besonders wenn du keinen direkten Zugang zu ihr hast – ein Zeichen für die ‚Zukunft'. Auch sie ist eine Metapher – für Entwicklung, für Macht und vielleicht für den ‚Westen', aber zweifellos für eine Ideenkonstellation, die denjenigen, die außerhalb von ihr stehen, als sehr reizvoll erscheint, weshalb sie hoffen, diese Ideen nachzubilden oder zu variieren.

Die Tonaufnahmetechnik ist von Anfang des 20. Jahrhunderts bis heute der für Schwarze wichtigste Zugangsweg zur Technologie geblieben. Die Fähigkeiten von Schwarzen wurden in dieser Hinsicht kaum je infrage gestellt, und während der Entstehung dieser Technologie kam schon sehr früh die Behauptung der *Überlegenheit* von Schwarzen auf. Natürlich galten Schwarze Körper als äußerst animalisch, was auch die Fetischisierung Schwarzer Körper und Tänze in der Hochphase des Primitivismus erklärt; doch vor allem die Diskussion der Überlegenheit Schwarzer Gesangsdarbietungen, etwa in Bezug auf frühe Schallplattenaufnahmen, sowie die Reproduktionen der Schwarzen Bildwelten des Minstrels und die Popularität der für die Minstrel-Shows aufgenommenen Coon Songs waren maßgeblich dafür, das Band zwischen dem ‚*Negro*' und dem ‚sprechenden Automaten' zu Anfang des 20. Jahrhunderts zu besiegeln.

In Medien und Kultur erhielt die Verbindung von Schwarzsein und Technologie ihre Berechtigung also über den Sound. Schwarze setzten sich daraufhin mit dieser Verbindung auseinander, um damit die moderne Welt durch populäre Musik zu bekräftigen, zu unterwandern oder umzukehren – besonders auffällig war das in der Frühphase des Jazz, der, obwohl er heute als ‚organisch' gilt, in den 1920er Jahren als Musik des Maschinenzeitalters und der industriellen Epoche wahrgenommen wurde (genauso wie dazugehörigen komplexen, synkopierten Tanzbewegungen). Reggae, Hip-Hop, Techno und andere Spielarten eines Schwarzen Sounds beruhen allesamt auf jener Verbindung von Race und Technologie, die zu Ende des 19. und Anfang des 20. Jahrhunderts entstand (zu dieser Zeit entwickelte sich auch das Genre, das in den frühen 1920er Jahren schließlich als Science-Fiction bezeichnet wurde).

Der ‚*Negro*' wurde dabei vor allem mit einem wilden Tier assoziiert oder kontrastiert, aber auch mit der Maschine und dem Roboter, dem geistlosen Automaten und der seelenlosen Kreatur. Hier entdecken wir auch das Fundament und die Grundelemente dessen, was als Afrofuturismus bezeichnet werden konnte/sollte. Schwarze eigneten sich dabei über den Sound die Technologie und ihre figurativen Bedeutungen an, um die Erfahrungen und Visionen von Race zu artikulieren und dadurch Zukünfte zu entwerfen, die unmittelbare Produkte einer von Schwarzen Menschen neu bewerteten Vergangenheit sind. An diesem Aspekt wird auch deutlich, dass der Afrofuturismus längst nicht so futuristisch ist, wie innerhalb dieser Strömung oft angenommen. Tatsächlich reicht diese Dynamik mindestens zurück bis zu den *New Negroes*, die mit der Harlem Renaissance aufkamen. Durch den Bezug auf den

Jazz und auf Afrika versuchten Schwarze, eine zukunftsorientierte politische und kulturelle Transformation zu bewirken – vor dem Hintergrund, dass nach der Sklaverei viele Schwarze aus den US-Südstaaten und der Karibik nach New York und in andere Ostküstenstädte migriert waren.

MM: Könntest du etwas über deinen Begriff der Schwarzen Technopoetik in Bezug auf die Soundsystem-Kultur erzählen? Mich interessiert besonders, in welcher Beziehung der Dub-Reggae zum Science-Fiction-Genre steht, dessen Entstehungsgeschichte mit Race, Maschine, Technologie und dem kolonialen Machtverhältnis zwischen Sklavenhalter und Sklave (Roboter) verknüpft ist.

LCS: Bei der Schwarzen Technopoetik geht es um die Synthetisierung der metaphorischen Bezüge zwischen Schwarzen und Maschinen, die ich bereits ansprach. Während die Geschichtsschreibung oft nahelegt, Maschinen und Technologien seien ‚weiß' konnotiert und ausschließlich Kolonialherren/Sklavenhalter hätten über sie verfügt, liegt mein Fokus auf jenen kulturellen Praktiken, die Technologie als privilegierten Ort eines Schwarzen Zugangs zur Kulturproduktion fetischisieren. Diesen Aspekt gilt es nun auch über das Feld des Sounds hinaus anzuerkennen und weiter zu erkunden.

Wenn wir uns mit Schwarzer Musik nur auf der Ebene von Rhythmus, Gesang, Texten oder ihrer Protesthaltung befassen, dann übersehen wir oft – und das ist zentral für mein Argument –, dass Soundproduktion mit Informationsverarbeitung und Programmierung zu tun hat, das heißt, mit technologischer Virtuosität. Die von mir betrachteten ‚Ghetto'-Praktiken bewirkten eine Art Feedback-Loop, als nämlich die Schwarzen kulturellen Präferenzen, die beim Gebrauch dieser Technologien zum Tragen kamen, in einen umfassenderen Produktionskreislauf neu eingeschrieben wurden – als etwa Mainstream-Produzenten und -Unternehmen ihre eigenen Produkte so umgestalteten, dass sie empfindlicher wurden, was die Basswiedergabe oder tonale Sättigung betrifft. Es geht dabei also nicht nur um Schwarze Neudefinitionen dessen, wie Sound entsteht, sondern auch darum, wie Technologien konsumiert und durch rassifizierte Inhalte domestiziert werden (die obsessive Bezugnahme auf die Coon Songs und die Ikonografie des Blackface-Minstrels im Zuge der Vermarktung von Schallplatten und Musiknotationen im frühen 20. Jahrhundert war dabei nur der Anfang). Diese Praktiken wurden zwar nicht mit den jamaikanischen Soundsystems erfunden, aber zweifellos durch sie verstärkt.

Zum Thema Science-Fiction: Als Reggae und Hip-Hop in den 1980er Jahren ins digitale Zeitalter übergingen, tauchten Dub-Musik, Rastafaris und andere Elemente karibischer Kulturen immer öfter in wegweisenden weißen Science-Fiction-Werken auf (bekanntlich vor allem in William Gibsons Cyberpunk-Erzählungen, aber auch im Werk von Emma Bull und in unzähligen Filmen). Das zeugt davon, dass sich diese Genre-Strömung auf die Geschichte des ‚kreolischen' Gebrauchs von Technologien einstimmte, um dadurch ihre Fiktionen von Raum – des Weltalls, aber auch der psychologischen Innenräume –, sowie von Race und Wissenschaft zu artikulieren. Ich habe mich aus mehreren Gründen nicht näher mit Schwarzer oder afrofuturistischer Science-Fiction befasst, doch einer davon war mein Eindruck, dass eine grundsätzliche Geschichte dieses Genres noch aussteht. Worauf ich damit hinauswill, ist, dass dieses Genre schon seit seinen Anfangstagen – also lange bevor der Afrofuturismus aufkam – mit Race und Kolonialismus verbunden ist. Race war sozusagen schon immer in die DNA von Genres wie Science-Fiction, Fantasy und Horror eingeschrieben.

Und was die Dub-Musik betrifft: Dieser Klangkosmos war von Anfang an voller Bilder von Robotern und Raumschiffen oder Aufnahmestudios, die wie Schaltzentralen aussehen, und Tontechnikern sowie Produzenten, die sich als Wissenschaftler oder Chemiker inszenieren, und dergleichen. All diese Dinge erzählten die Geschichte einer Schwarzen Technopoetik, die in populären Vorstellungswelten, vor allem in denen der Arbeiterklasse, sehr viel Anklang fand. Diese Geschichte war auch die eines indigenen Science-Fiction-Untergenres, das über die Musik und die Soundsystem-Kultur zum Ausdruck kam, bei der es aber eindeutig um mehr als nur um Musik ging. Die Dub-Musik stand durch ihre Obsession mit Weltraum, Echo, Geräusch und Gedächtnis in einem Dialog mit dem Problemfeld rund um Race, Afrika, Kolonialismus und Technologie. Ich habe es mir zur Aufgabe gemacht, die Geschichte all dieser Zusammenhänge zu schreiben – eine Geschichte, die stets diasporisch war und ist, vom Jazz bis zu jenen Literaturen des 19. und 20. Jahrhunderts, in denen Geschichten von Schwarzen und Maschinen, aber auch Schwarzen als Maschinen erzählt werden. Denn durch das Erbe der Science-Fiction ist die Sprache von Herren und Sklaven auch in unsere heutigen Diskurse um Robotik und künstliche Intelligenz eingelagert. Diese Geschichte ist – ich wiederhole es noch einmal – nicht nur älter als der Afrofuturismus, sondern *älter als die Science-Fiction selbst!*

TEXTNACHWEIS

Abgesehen von der Einleitung sind die Texte, die hier zum ersten Mal in deutscher Übersetzung vorliegen, zuvor an anderen Orten, von Printzeitschriften bis zu Onlineforen, erschienen. Ich danke diesen Medien sehr herzlich für ihre Unterstützung und die Genehmigung, die Texte übersetzen und hier nachdrucken zu lassen. An manchen Texten wurden leichte Veränderungen vorgenommen.

„Creolization and Machine Synthesis: Mouse on Mars and AAI", *CTM Festival Magazine* (2021)

„Race and Technology: A Creole History", *Technospheres Magazine* (2017)

„George Washington's Mammy", *The Believer Magazine* (2014)

„The Uncanny History of Minstrels and Machines: 1835–1923", Stephen Johnson (Hg.), *Burnt Cork: Traditions and Legacies of Blackface Minstrelsy*, Amherst: University of Massachusetts Press (2021)

„Race and Robotics", Teresa Heffernan u.a. (Hg.), *Cyborg Futures: Cross-disciplinary Perspectives on Artificial Intelligence and Robotics*, London: Palgrave MacMillan (2019)

„Machines and the Ethics of Miscegenation", *Glass Bead Journal* (2019)

„Blackness and Becoming: Edouard Glissant's *Retour*", *The Black Scholar* (2018)

„Foreign Negro Flash Agents: Eric Walrond and the Discrepancies of Diaspora", Louis Parascandola, Carl Wade (Hg.), *Eric Walrond: A Critical Heritage*, Mona: University of the West Indies Press (2012)

„Wilson Harris: An Ontological Promiscuity", *ASAP/J*: The Open-access platform of ASAP/Journal (2018)

„Return to the Echo Chamber: Race, Sound and the Future of Community (Excerpt)", *The Journal of World Popular Music* (2021)

„Invisible Missive Magnetic Juju: On African Cyber-Crime", *The Fanzine* (2010)

„Dr Satan's Echo Chamber: Louis Chude-Sokei in Conversation with Michael McMillan", *Writers Mosaic* in *Sonic Vibrations* (2021)

ÜBERSETZERNOTIZ

Die Übersetzungen der in diesem Buch abgedruckten Essays orientieren sich bei der Schreibweise zentraler Begriffe weitgehend an den Originaltexten von Louis Chude-Sokei. Das Adjektiv schwarz steht in Großschreibung, wenn es sich auf soziale und kulturelle Formen, Strömungen und Gruppen bezieht, und in Kleinschreibung, wenn es auf äußerliche Merkmale wie die Hautfarbe verweist. Der englische Begriff *race* wird in der Übersetzung als Race beibehalten, um dessen vieldeutige, umkämpfte Geschichte und damit verbundene kritische Praktiken der Begriffsaneignung anklingen zu lassen. Der mit biologistischen Bedeutungen befrachtete deutsche Begriff der Rasse kann diese Geschichte nicht abbilden und wird daher nur in seltenen Ausnahmen benutzt, um auf Vorstellungen vermeintlich natürlicher Rassen Bezug zu nehmen. Heute zumeist als abwertend betrachtete Bezeichnungen wie *Negro* werden in der Übersetzung beibehalten, wenn sie mit historischen Kontexten verknüpft sind, in denen ihre Umdeutung zu affirmativen Selbstbezeichnungen eine wesentliche Rolle spielte. In deutscher Fassung vorliegende Quellen werden unter Angabe der entsprechenden Übersetzungsnachweise zitiert; alle anderen Zitate aus nicht auf Deutsch erschienenen Quellen gebe ich in eigener Übersetzung wieder. In „Race und Robotik“ wird eine Passage aus Norbert Wieners *The Human Use of Human Beings* (1950) zitiert, die in der 1952 erschienenen, gekürzten deutschen Ausgabe von Wieners Buch nicht enthalten ist und daher ebenfalls in eigener Übersetzung wiedergegeben wird.

Utku Mogultay, Februar 2023

IMPRESSUM

Technologie und Race erscheint im August Verlag. Der August Verlag ist ein Forum für Theorie im Schnittpunkt von Philosophie, Politik und Kunst. Seit 2021 ist der August Verlag ein Imprint von Matthes & Seitz Berlin.

August Verlag
august@augustverlag.de
www.augustverlag.de

Erste Auflage Berlin 2023

Gestaltung und Satz: Selitsch Weig
Druck: GGP Media GmbH, Pößneck

Die Deutsche Nationalbibliothek verzeichnet diese Publikation in der Deutschen Nationalbibliografie; detaillierte bibliografische Daten sind über http://dnb.d-nb.de abrufbar
Printed in Germany

ISBN 978-3-7518-9011-3

BISHER ERSCHIENEN

Georges Canguilhem
DIE ERKENNTNIS DES LEBENS
ISBN 978-3-941360-00-6

Marietta Kesting,
Aljoscha Weskott (Hg.)
SUN TROPES
Sun City and (Post-)Apartheid Culture in South Africa
ISBN 978-3-941360-04-4

Anselm Haverkamp
BEGREIFEN IM BILD
Methodische Annäherung an die Aktualität der Kunst (Antonello da Messina, August Sander)
Kleine Edition 1
ISBN 978-3-941360-02-0

Barbara Vinken
EINE LEGENDE DER MODERNE
Flauberts *Einfaches Herz*
Flaubert Lectures I
Kleine Edition 2
ISBN 978-3-941360-03-7

Volker Pantenburg
RÄNDER DES KINOS
Godard – Wiseman – Benning – Costa
Kleine Edition 3
ISBN 978-3-941360-08-2

Jacques Rancière
DER HASS DER DEMOKRATIE
Kleine Edition 24
ISBN 978-3-941360 01-3

Alain Badiou
KLEINES TRAGBARES PANTHEON
ISBN 978-3-941360-06-8

Maria Muhle, Kathrin Thiele (Hg.)
BIOPOLITISCHE KONSTELLATIONEN
ISBN 978-3-941360-05-1

Jean Starobinski
GESCHICHTE DER MELANCHOLIE-BEHANDLUNG
ISBN 978-3-941360-09-9

Thomas Khurana,
Christoph Menke (Hg.)
PARADOXIEN DER AUTONOMIE
Freiheit und Gesetz I
ISBN 978-3-941360-10-5

Juliane Rebentisch,
Dirk Setton (Hg.)
WILLKÜR
Freiheit und Gesetz II
ISBN 978-3-941360-11-2

Christoph Menke
RECHT UND GEWALT
Kleine Edition 4
ISBN 978-3-941360-14-3

Jonathan Culler
WHY FLAUBERT?
and Jacques Neefs
LOVE, GODS, WARS
A modern epic prose
Flaubert Lectures II
Kleine Edition 5
ISBN 978-3-941360-15-0

Thomas Schestag
REALABSENZ, SCHATTEN
Flauberts Erziehung:
Zur *Education Sentimentale*
Flaubert Lectures III
Kleine Edition 6
ISBN 978-3-941360-16-7

Jalal Toufic
VOM RÜCKZUG DER TRADITION NACH EINEM UNERMESSLICHEN DESASTER
Kleine Edition 7
ISBN 978-3-941360-24-2

Branden W. Joseph
THE *ROH* AND THE COOKED
Tony Conrad and Beverly Grant in Europe (with an Essay by Tony Conrad)
ISBN 978-3-941360-18-1

Alexander García Düttmann
NAIVE KUNST
Ein Versuch über das Glück
Kleine Edition 8
ISBN 978-3-941360-13-6

Alain Brossat
PLEBS INVICTA
Kleine Edition 9
ISBN 978-3-941360-07-5

Jacques Rancière
UND DAS KINO GEHT WEITER
Schriften zum Film
ISBN 978-3-941360-19-8

Anselm Haverkamp
DIE ZWEIDEUTIGKEIT DER KUNST
Zur historischen Epistemologie der Bilder
Kleine Edition 10
ISBN 978-3-941360-23-5

Beate Söntgen, Gabriele Brandstetter
RENAISSANCEN DER PASSION
Flaubert Lectures IV
Kleine Edition 11
ISBN 978-3-941360-22-8

Isabelle Graw, Peter Geimer
ÜBER MALEREI
Eine Diskussion
Kleine Edition 12
ISBN 978-3-941360-28-0

Jacques Rancière
BÉLA TARR. DIE ZEIT DANACH
Kleine Edition 13
ISBN 978-3-941360-26-6

Björn Quiring (Hg.)
THEATRUM MUNDI
Die Metapher des Welttheaters von Shakespeare bis Beckett
ISBN 978-3-941360-17-4

Georges Canguilhem
DAS NORMALE UND DAS PATHOLOGISCHE
ISBN 978-3-941360-20-4

Thomas Khurana (Hg.)
THE FREEDOM OF LIFE
Hegelian Perspectives
Freiheit und Gesetz III
ISBN 978-3-941360-21-1

Eva Horn, Michèle Lowrie (Hg.)
DENKFIGUREN / FIGURES OF THOUGHT
Für / For Anselm Haverkamp
ISBN 978-3-941360-32-7

Andreas Fischer-Lescano
RECHTSKRAFT
Kleine Edition 14
ISBN 978-3-941360-29-7

Simon Rothöhler
HIGH DEFINITION
Digitale Filmästhetik
Kleine Edition 15
ISBN 978-3-941360-25-9

Stefanos Geroulanos, Todd Meyers
EXPERIMENTE IM INDIVIDUUM
Kurt Goldstein und die Fragen des Organismus
Kleine Edition 16
ISBN 978-3-941360-30-3

Rüdiger Campe, Christoph Menke, Anselm Haverkamp
BAUMGARTEN-STUDIEN
Zur Genealogie der Ästhetik
ISBN 978-3-941360-38-9

Friedrich Balke, Rembert Hüser
REISEN MIT KAFKA
Paris, Weimar
Kleine Edition 17
ISBN 978-3-941360-39-6

Jacques Lacan
STRUKTUR. ANDERSHEIT. SUBJEKTKONSTITUTION
Lacanian Explorations I
Kleine Edition 18
ISBN 978-3-941360-37-2

Leon Filter
BIEGEN
Mit einem Essay von Helmut Draxler
Kleine Edition 19
ISBN 978-3-941360-36-5

Volker Pantenburg u.a. (Hg.)
WÖRTERBUCH KINEMATOGRAFISCHER OBJEKTE
ISBN 978-3-941360-33-4

Jacques Rancière
DIE WÖRTER DER GESCHICHTE
Versuch einer Poetik des Wissens
ISBN 978-3-941360-42-6

Slavoj Žižek
THE WAGNERIAN SUBLIME
Four Lacanian Readings of Classic Operas
Lacanian Explorations II
Kleine Edition 20
ISBN 978-3-941360-41-9

Volker Pantenburg (ed.)
CINEMATOGRAPHIC OBJECTS
Things and Operations
ISBN 978-3-941360-34-1

Frédéric Paul
SARAH MORRIS
CAPITAL letters read better for Initials
ISBN 978-3-941360-46-4

David Joselit
NACH KUNST
ISBN 978-3-941360-47-1

Alexander García Düttmann
GEGEN DIE SELBSTERHALTUNG
Ernst und Unernst des Denkens
ISBN 978-3-941360-49-5

Eva Geulen
AUS DEM LEBEN DER FORM
Goethes Morphologie und die Nager
ISBN 978-3-941360-40-2

Daniel Loick
DER MISSBRAUCH DES EIGENTUMS
Kleine Edition 21
ISBN 978-3-941360-54-9

Georges Canguilhem
REGULATION UND LEBEN
Kleine Edition 22
ISBN 978-3-941360-43-3

Maria Muhle, Christiane Voss (Hg.)
BLACK BOX LEBEN
ISBN 978-3-941360-44-0

Astrid Deuber-Mankowsky
QUEERES POST-CINEMA
Yael Bartana, Su Friedrich, Todd Haynes, Sharon Hayes
Kleine Edition 25
ISBN 978-3-941360-55-6

Felix Trautmann (Hg.)
DAS POLITISCHE IMAGINÄRE
Freiheit und Gesetz V
ISBN 978-3-941360-31-0

Eric L. Santner
GESETZ UND PARANOIA
Freud, Schreber und die Passionen der Psychoanalyse
Lacanian Explorations III
ISBN 978-3-941360-53-2

Christoph Menke
RECHT UND GEWALT
Erweiterte Neuauflage
Kleine Edition 26
ISBN 978-3-941360-14-3

Richard Baxstrom, Todd Meyers
VIOLENCE'S FABLED EXPERIMENT
Kleine Edition 27
ISBN 978-3-941360-57-0

Christoph Menke
AM TAG DER KRISE
Kolumnen
Kleine Edition 29
ISBN 978-3-941360-62-4

Anne von der Heiden,
Sarah Kolb (Hg.)
LOGIK DES IMAGINÄREN
Diagonale Wissenschaft nach
Roger Caillois
Band 1: Versuchungen durch Natur, Kultur und Imagination
ISBN 978-3-941360-58-7

Katja Müller-Helle (ed.)
THE LEGACY OF TRANSGRESSIVE OBJECTS
ISBN 978-3-941360-64-8

Samo Tomšič
THE LABOUR OF ENJOYMENT
Towards a Critique of Libidinal Economy
Lacanian Explorations IV
ISBN 978-3-941360-56-3

Gilles Deleuze, Claire Parnet
DIALOGE
ISBN 978-3-941360-48-8

Anne Sauvagnargues
ETHOLOGIE DER KUNST
Deleuze, Guattari und Simondon
Kleine Edition 30
ISBN 978-3-941360-60-0

Eric Fassin
REVOLTE ODER RESSENTIMENT
Über den Populismus
Kleine Edition 31
ISBN 978-3-941360-68-6

Jörg Dünne
KOSMOGRAMME
Geohistorische Skalierungen romanischer Literaturen
Kleine Edition 32
ISBN 978-3-941360-69-3

Christian Maurel
FÜR DEN ARSCH
Mit einem Essay von Peter Rehberg
Kleine Edition 28
ISBN 978-3-941360-63-1

Anna Häusler, Elisabeth Heyne,
Lars Koch, Tanja Prokić
VERLETZEN UND BELEIDIGEN
ISBN 978-3-941360-70-9

Jörg Kreienbrock
DAS MEDIUM DER PROSA
Studien zur Theorie der Lyrik
ISBN 978-3-941360-66-2

Ludger Schwarte
DENKEN IN FARBE
Zur Epistemologie des Malens
ISBN 978-3-941360-71-6

Henning Trüper
SEUCHENJAHR
Kleine Edition 33
ISBN 978-3-941360-83-9

Hanna Hamel
ÜBERGÄNGLICHE NATUR
Kant, Herder, Goethe und die Gegenwart des Klimas
ISBN 978-3-941360-80-8

Peer Illner (ed.)
UNWORKING
ISBN 978-3-941360-67-9

Gilles Châtelet
LEBEN UND DENKEN WIE DIE SCHWEINE
ISBN 978-3-941360-79-2

Didier Debaise
VOM REIZ DES MÖGLICHEN
Natur als Ereignis
ISBN 978-3-941360-78-5

Martina Dobbe und
Francesca Raimondi (Hg.)
SERIALITÄT UND WIEDERHOLUNG: REVISITED
ISBN 978-3-941360-75-4

Johanna Bussemer, Katja Kipping
GREEN NEW DEALS
ALS ZUKUNFTSPAKT
Die Karten neu mischen
Kleine Edition 37
ISBN 978-3-941360-88-4

Hanna Sohns und
Johannes Ungelenk (Hg.)
BERÜHREN LESEN
ISBN 978-3-941360-84-6

Hervé Guibert
ZYTOMEGALIEVIRUS
Krankenhaustagebuch
Kleine Edition 36
ISBN 978-3-941360-87-7

Hervé Guibert
DEM FREUND, DER MIR DAS LEBEN
NICHT GERETTET HAT
ISBN 978-3-941360-86-0

Alexander García Düttmann
DIE HOFFNUNGSLOSEN
ISBN 978-3-941360-90-7

Saidiya Hartman
DIESE BITTERE ERDE
(IST WOMÖGLICH NICHT,
WAS SIE SCHEINT)
ISBN 978-3-941360-91-4

Hannes Bajohr
SCHREIBENLASSEN
Texte zur Literatur im Digitalen
ISBN 978-3-94136-097-6

Leander Scholz
DIE REGIERUNG DER NATUR
Ökologie und politische Ordnung
ISBN 978-3-94136-096-9

Niklaus Largier, Anja Lemke (Hg.)
THEORIEN DES MÖGLICHEN
ISBN 978-3-94136-074-7

Kathy Acker, McKenzie Wark
DU HAST ES MIR SEHR ANGETAN
E-MAILS 1995/96
ISBN 978-3-94136-099-0

Julian Radlmaier
BLUTSAUGER
ISBN 978-3-7518-9004-5

Anna Häusler
SZENEN DER HERABSETZUNG
Tragik und Ideologie
ISBN 978-3-94136-098-3

Volker Pantenburg
AGGREGATZUSTÄNDE
BEWEGTER BILDER
ISBN 978-3-94136-095-2

Jeffrey Jerome Cohen
STEIN
Ökologie des Nichthumanen
ISBN 978-3-7518-9005-2

Georges Canguilhem
ÜBER MAURICE HALBWACHS
Mit einem Essay von Henning
Schmidgen
Kleine Edition 41
ISBN 978-3-7518-9007-6

Roger Caillois, Sarah Kolb (Hg.),
Anne von der Heiden (Hg.)
DER MYTHOS UND DER MENSCH
ISBN 978-3-7518-9006-9

Olivia Sudjic
EXPONIERT
Kleine Edition 34
ISBN 978-3-94136-082-2

McKenzie Wark
REVERSE COWGIRL
ISBN 978-3-7518-9010-6